经济管理类课程教材 金融系列

金融工程

郭彪 何林 编著

中国人民大学出版社
·北京·

出版说明

改革开放以来，中国的金融走上了高速发展的快车道，获得了前所未有的发展，有关院校都开设了金融课程，以便培养我国急需的人才。

一套高质量的教材是提高教学质量的前提之一。教材规定了教学内容，是教师授课取材之源，是学生求知和复习之本，没有优秀的教材，就无法提高教学质量。中国人民大学出版社推出“经济管理类课程教材·金融系列”，旨在推动国内金融人才培养工作的开展。

组织编写这套教材时，我们遵照以下原则：

1. 教材实行本土化。为了更快地与国际接轨，许多人主张采用“拿来主义”原则，直接引进国外的教材。实践证明，我国与发达国家相比，国情不同，文化背景不同，思维方式不同，语言表达方式不同，广大的专家教授一致认为：我们培养的是中国金融人才，是为中国的金融服务的，教材还是本土化为宜，学生应在了解我国现状之后，再学习国外的知识，把中国的背景知识与国际接轨才是我们最需要的。该套教材均为本土原创作品。

2. 精选作者，保证教材质量。金融与国家的政策联系紧密，应用性强，培养的学生既要懂理论，又要会应用，既要与国际接轨，又要考虑中国的国情。该套教材涵纳全国“政产学研”方面的作者，从源头上保证了这套书的质量。

3. 要始终保持教材的“精”与“新”。现代金融日新月异，课程设置不断变化。该套教材根据形势的发展，不断推出新课程教材，并不断修订、完善。

4. 形式多种多样，方便教材使用者。

总之，这套教材紧密结合当前国内外金融研究的最新成果与金融政策发展的实际情况，全面讲述金融基本理论和基本知识。我们相信“经济管理类课程教材·金融系列”的推出，能够为读者掌握现代金融知识、国家培养人才起到应有的作用。

中国人民大学出版社

前言

金融工程学是一门集金融理论、数理建模与技术工具于一体的综合性学科。它以无套利定价为核心原理，以金融衍生工具为主要研究对象，强调通过工程化和结构化的方式解决金融实践问题，是实现金融创新和风险管理的重要抓手。随着全球金融市场不断深化发展，金融工程已成为现代金融体系不可或缺的关键组成部分。

近年来，习近平总书记就金融工作发表了一系列重要讲话和指示，深刻指出金融是国家核心竞争力的重要组成部分，强调要坚持把服务实体经济作为根本宗旨，强化金融监管，防范化解金融风险，推进金融高质量发展。习近平总书记的重要论述不仅为新时代金融强国建设指明了方向，也为金融教育和人才培养提供了根本遵循。本教材在理念设计和内容安排上积极贯彻落实这些重要精神，力求在传授知识的同时，引导学生深刻理解新时代金融工作的历史使命。

编写本教材的初衷源于作者在多年教学与科研工作中对金融工程教学实践的深入思考。一方面，当前金融工程在理论与应用层面不断取得突破，但在本科阶段的教学中，学生往往缺乏对其系统性与逻辑性的整体把握；另一方面，现有教材或偏重理论公式推导，或偏重程序实现，难以在严谨建模与真实金融场景之间建立有效连接。因此，我们力求编写一本既贴近本科生认知规律，又系统性强、理论与实践并重、具有中国特色价值引导功能的金融工程教材。

全书共十二章，从金融工程的基本概念和资本资产定价模型出发，逐步讲解远期、期货、期权、互换等衍生工具及其定价技术，系统呈现从单步和多步二叉树、布莱克-斯科尔斯-默顿模型到蒙特卡罗模拟法、希腊字母敏感性分析与结构化产品定价的完整知识链条。本教材将教学内容与建模工具紧密结合，力求在知其然的基础上引导学生知其所以然。

本教材在内容与形式上有以下特色：

第一，思政元素强化价值引导。教材通过中国本土案例分析和专题讨论，引导学生树立正确的金融价值观，理解金融服务实体经济是金融行业的根本宗旨和核心理念。

第二，兼顾理论深度与操作性，注重能力培养。每章都设置有学习目标、章前引例、练习题栏目，强调从抽象模型到实际应用的能力转化，帮助学生逐步具备金融建模、风险定价与衍生品分析能力。

第三，拓展教学边界，构建数字化学习体系。配套教学 PPT、代码与微课视频。通过二维码呈现，实现内容可视化、过程可操控，提升学生的学习主动性与课堂互动性。

本教材既适用于金融学、经济学、财务管理、金融数学、金融工程、金融科技等专业的高年级本科生，也可供相关专业研究生和金融从业者参考使用。对于希望提升建模能力、理解金融衍生品与风险管理机制的学习者而言，本书也是一份结构完整、逻辑清晰的学习资源。

金融工程不仅是一门技术性极强的学科，更是一门具有价值导向与责任担当的实践性学科。我们希望通过本教材的学习，学生不仅能掌握前沿知识和建模工具，更能坚定理想信念，增强服务国家战略、服务实体经济的使命意识，成长为具有国际视野和家国情怀的新时代金融人才。

本书由郭彪、何林两位教师共同编写，在此要特别感谢所有参与数据整理、程序开发和教学反馈的学生团队成员。同时也衷心感谢对本书提出宝贵修改建议的同行专家。

由于时间仓促、能力有限，书中难免存在疏漏之处，诚请广大读者批评指正，以助日后修订完善。

目 录

第1章

金融工程概述

学习目标

- 理解金融工程的定义，了解金融工程学与金融学的差异。
- 理解无套利分析原理的应用，工程化和结构化手段的运用，以及量化型技术的使用对金融工程发展的支撑性作用。
- 了解金融工程学应用的领域和金融工程师的工作内容。

章前引例

美国长期资本管理公司（Long-Term Capital Management，简称 LTCM）是一家长期从事固定收益类产品交易的对冲基金。与一般基金通过承担一部分系统性风险获得收益的特征不同，对冲基金往往通过对冲策略将系统性风险对冲掉，并通过发现价格的偏离特征进行交易而获利。你了解 LTCM 从事对冲交易的原理吗？LTCM 策略设计中成功的经验和失败的教训分别是什么？这对我国发展对冲基金和开展对冲交易有哪些启示？通过本章的学习，你将了解对冲基金的运作原理和潜在风险，并学习一些金融工程在对冲策略设计和风险管理中的应用。

本章中，我们首先给出金融工程的定义，以及其在研究范式方面与金融学的差异。与金融学相比，金融工程更加注重无套利分析原理的应用、工程化和结构化手段的运用以及量化型技术的使用。在此基础上，介绍支撑金融工程发展的金融理论和技术方法。最后，通过一些有代表性的案例介绍金融工程应用的领域。

1.1 金融工程的定义

金融工程的思想早在数百年前就已经出现，而金融工程发展成为一门独立的金融学科是在20世纪80年代末和90年代初。1991年国际金融工程师协会（International Association of Financial Engineer，简称 IAFE）的成立，标志着金融工程学科的正式确立。

根据美国金融学家约翰·芬纳蒂（John Finnerty）在1988年为金融工程做出的解释，金融工程包括以下三个层面的内容：新型金融工具的设计和创造，创新型金融过程的设计和开发，针对企业整体金融问题的创造性解决方案。第一个层面的创新是最高程度的，往往体现为新型金融工具的创设。例如第一份利率互换合约、第一份房屋抵押转手证券和第一份期权合约的创设等等。第二个层面的创新程度次之，通常表现为原有金融思想和技术在新领域的应用。例如碳交易衍生品的开发等等。第三个层面主要是针对客户的特质性需求提供适宜的结构化金融产品。例如，客户具有保底型投资需求的情况，即客户要求在保证最低回报的情况下分享一定的资本市场的上行收益。在这种情况下，需要组合股票和看跌期权构建组合保险策略来满足客户的特定需求。以上金融创新活动均属于金融工程的研究范围。

约翰·马歇尔（John Marshall）和维普尔·班赛尔（Vipul Bansal）在《金融工程》① 一书中，在约翰·芬纳蒂对金融工程定义的基础上，将其包含的领域进行了延拓。他们认为，金融工程不仅包括公司和金融机构层面，也包括富有创造性的零售层面，即消费者层面。前者主要涉及并购活动中引入的垃圾债券和结构化设计，以及衍生品交易中的对冲策略和为金融机构及企业设计的风险管理方案；而后者则包括了满足最低收益保证要求的组合保险策略等。在下面的章节中，我们将针对这些金融工程的应用领域，选取具体的案例进行说明。

林清泉在《金融工程》② 一书中，也给出了金融工程的定义。金融工程是以一系列的现代金融理论作为基础，通过运用一定的金融技术研究和解决特殊问题，从而满足金融市场上特定的风险规避、风险管理和效率提高的需求。其结果是产生了创新性的金融产品和创造性的解决方案。

由金融工程的定义我们不难看出：与传统的金融学不同，金融工程更加注重无套利分析原理的应用、工程化和结构化手段的运用，以及量化型技术的使用。

1.2 支撑金融工程发展的金融理论和技术方法

在金融学的研究范畴里，资产的价格是由市场供需均衡形成的。现代金融理论的标志性创新为哈里·马科维茨（Harry Markowitz）③ 在 1952 年提出的投资组合理论。其首次将风险-收益二元函数作为优化目标，并通过数理优化方法得到了资产的最优配置方案。在此基础上，得到了资产定价的基础。

作为金融工程学的开端，首先是 20 世纪 50 年代后期莫迪利阿尼（F. Modigliani）和米勒（M. Miller）④ 提出的企业价值与其资本结构无关的 MM 定理。该定理的推演过程首次用到了无套利（no-arbitrage）分析方法。无套利均衡不同于传统的以供需均衡建立的均衡。无套利均衡分析的思想是：当市场价格发生偏离时，通过构建套利组合可以获得无风险收益。此时，无论投资者的风险偏好如何，都会积极构建套利头寸。这种构建套利头寸的行为会助推市场价格发生变化，并最终恢复到均衡状态。这个不存在无风险套利机会的均衡状态即为无套利均衡状态。在套利机会消除后所确定的均衡价格与参与者的风险偏好

---

① 马歇尔和班赛尔. 金融工程［M］. 宋逢明等译. 北京：清华大学出版社，1998.

② 林清泉. 金融工程［M］. 北京：中国人民大学出版社，2005.

③ Markowitz，H. Portfolio Selection［J］. The Journal of Finance，1952，7（1）：77－91.

④ Modigliani，F.，Miller，M. The Cost of Capital，Corporation Finance and the Theory of Investment［J］. The American Economic Review，1958，48（3）：261－297.

无关。此时，资产的价格由其他资产价格决定，偏离这种价格即会产生无风险套利机会。当市场上投资者的风险偏好发生变化时，会同时影响所有资产的价格，而不同资产价格之间的平衡关系是不会改变的。

无套利均衡的概念体现了金融市场均衡的核心特性，成为金融工程学中的一项主要分析工具。在二叉树方法中，复制定价和风险中性定价法是无套利均衡分析原理的关键应用，证实了资产价格是由其他资产的价格决定的，而与投资者的风险偏好无关。此外，20世纪70年代，布莱克（Black）和斯科尔斯（Scholes）① 提出的期权定价公式（B-S公式）也采纳了无套利均衡分析的对冲理念。这个公式与投资组合理论一同被誉为“华尔街的两次数学革命”。

在实务中，工程化和结构化手段的使用也是金融工程学作为一门独立学科的标志性特征。金融工程结构化设计的载体是市场上现有的金融工具。例如远期、期货、期权和互换这些金融工具具有不同的风险和收益特征。这些金融产品的报酬函数有些是线性的，有些是非线性的。特别地，这些金融工具可能在高阶的层面上有更为复杂的特质。通过将这些金融产品分解为基础单元，则可以更好地凸显其某些特征。例如房屋抵押转手证券的价格随着利率的变化呈现复杂的凹凸性特征。投资银行通过将这种衍生品分解为IO（interest only，票息部分）和PO（principal only，本金部分）进行单独出售，即创造出了负久期和负凸度的资产。这些分解出来的基础单元受到包括对冲基金在内的机构投资者的欢迎。机构投资者将这些基础单元进行组合又可以创造出满足客户异质性风险-收益需求的产品。当然，在此过程中，价格的厘定等工作要遵循无套利均衡的基本原理。

得益于信息技术的飞速发展，复杂的结构化设计和程序化交易策略被具有强大运算能力的计算机自动执行。对量化手段的不断创新以及对人工智能等先进技术的探索应用也是金融工程学科焕发长久活力的重要基础。

1.3 金融工程应用的领域与案例

在本节中，我们将通过一些有代表性的案例介绍金融工程应用的领域。同时，也将介绍有风险的案例，这警示我们作为金融工程从业者一定要坚守职业道德规范，一定要帮助客户守住风险底线，创设合理的能够满足风险管理需求的金融产品。这些案例分别为：（1）在兼并重组私有化领域，利用结构化方案设计完成交易的案例。（2）在金融交易领域，利用对冲技术进行投资的案例。（3）在衍生品交易领域，由于风险管理职能的缺失而导致巨大风险的案例。（4）在公司层面，由于套期保值策略失败遭受巨大损失的案例。（5）在零售层面，为客户开发的组合保险策略。

1.3.1 在兼并重组私有化领域，利用结构化方案设计完成交易的案例

某公司实施员工持股计划，计划将部分股权出售给员工，以提高员工工作的积极性。

① Black，F.，Scholes，M. The Pricing of Options and Corporate Liabilities [J]. Journal of Political Economy，1973，81 (3)：637-654.

但员工对该项计划反应冷淡。即使股票以折价 10%的价格出售，也仍然有部分员工不愿意参与。公司求助于投资银行帮助设计结构化方案，以达成这一交易。投资银行通过对双方的调研获知：公司管理层对公司未来发展前景持肯定态度，不愿意给出更大的价格折扣做私有化方案。而员工则认为公司未来发展情况不明朗，认为持有公司股票风险太高。其不愿意购买的行为无疑增加了公司对员工流动性和工作积极性的忧虑。

投资银行通过调研交易双方的基本判断和心理预期，最终设计了如下方案：公司对员工持股计划提供 4 年的 25%回报率的最低保证，同时，股权所代表的表决权不受影响。对于公司承担保底责任的报酬，其将获得员工股票价格上涨带来的资本利得的 1/3，而另外 2/3 的资本利得由职工获得。最终，这一方案获得了双方的肯定，员工持股计划交易顺利完成。对于员工，其主要是担忧公司可能出现经营不善而股价大幅下跌的情况。因而，4 年 25%的保底收益对员工是重要的激励。对于公司，其对股价的预期是比较乐观的。因此，虽然为员工提供了保底保障，但公司认为这种概率是非常小的。此外，还可获得 1/3 的资本利得报酬，公司认为这是非常有利的方案。在此案例中，公司和员工对公司的前景和股价的走势存在异质性判断。结构化方案设计可以满足双方的需求并提供足够大的激励，以顺利完成交易。

1.3.2 在金融交易领域，利用对冲技术进行投资的案例

美国长期资本管理公司（LTCM）的对冲策略思想为：发现国家基本情况趋同，但国债收益率出现大幅偏离的券种，进行低买高卖的操作，以期在收益率趋同后获取利润。1996 年，LTCM 发现意大利、丹麦和希腊等国的国债价格较低，而德国的国债价格较高。因此，其选择做多意大利等国的债券，同时做空德国债券。随着欧元的启用，上述国家债券与德国债券的息差缩小。LTCM 在做多和做空交易中均实现了获利。由于低买高卖的策略需要的初始资金很少，杠杆的引入提高了获利的量级。

对冲策略的有效性在很大程度上依赖于资产价格偏离特征恢复正常的程度。如果价格偏离特征进一步加剧，则投资者可能遭受巨大的损失。1997 年，LTCM 通过量化模型发现美国30 年国债和 29 年国债的息差出现了较大偏离。30 年国债的价格明显偏高。于是，LTCM 的策略为卖出 30 年国债同时买进 29 年国债，以期息差缩减后获利。随着欧洲和俄罗斯经济危机的爆发，投资者更加偏好美元资产和长期资产。而 30 年国债是极具代表性的长期美元资产，其发行频率和交易量都较 29 年国债更加优秀，遂成为主要的投资标的。这进一步推升了美国 30 年国债的价格和两种债券的息差。可见，LTCM 的对冲策略在两个标的上均失败了。最终导致 LTCM 破产的事件为 1998 年的错误判断。随着亚洲金融危机的缓解，其判断发展中国家国债与美国国债的息差会缩小，于是大量购买了俄罗斯国债，并卖空了美国国债。随着国际石油价格的下降，俄罗斯经济恶化，投资者转投美国和德国等国债券作为避险资产配置。在此次交易中，LTCM 的杠杆接近 60 倍，并导致了 43 亿美元的亏损，最终被美林证券收购。在此案例中，我们了解了对冲策略的设计机制，也充分感受到了杠杆交易带来的巨大风险。

1.3.3 在衍生品交易领域，由于风险管理职能的缺失而导致巨大风险的案例

巴林银行是一家历史悠久、资产雄厚的银行。至 1992 年，巴林银行的总资产已经达

到 59 亿英镑，核心资本在全球银行中位列第 489 位。同年，一位名叫尼克·里森的交易员到巴林银行新加坡分行工作，并代理客户从事衍生品交易。他初次代理交易失误出现在日经指数期货合约产品上。他将客户委托的买进 20 手日经指数期货合约误认为是卖出 20 手合约。按照当日的收盘价计算，损失为 2 万英镑。此时，按照一般的风险管理规则，应该及时将损失向总公司汇报。但在投机心理驱使下，里森决定利用错误账户"88888"进行汇报，以掩盖这个失误。而事后也证明巴林银行对这个账号的监控是非常不足的。由于日经指数持续攀升，此空头仓位损失由 2 万英镑增至 6 万英镑。此时里森更不敢将此失误向上呈报了。

为了赚回足够的钱来补偿所有损失，里森选择承担越来越大的风险，并开始从事大量跨式交易。跨式交易是一种衍生交易策略，当资产价格稳定时可以获利，而当资产价格大幅下跌或者上升时均会产生损失。当时日经指数稳定，里森在初始阶段获得了一定的盈利。如果他能就此停止交易，那么，巴林银行的历史也会改写。但是，从 1993 年开始，日经指数呈现单边上升的趋势。至 1994 年 7 月，跨式交易的亏损已经高达 5 000 万英镑。里森进一步铤而走险，通过伪造花旗银行的存款填补缺口。我们可以看到，这个时期的风险管理制度已经全面瘫痪。进而，巴林银行为风险管理制度的缺失付出了惨重的代价。1995 年 1 月，神户发生大地震，日经指数大幅下跌，里森大量买进日经指数期货并卖出日本债券，期望从价格回归中获利。至 1995 年 2 月，日经指数持续下跌，而日本债券价格持续上升。此时期货多头风险敞口已高达 6 万手。最终，巴林银行因亏损 6 亿英镑而宣告破产。从此案例中，我们了解到了衍生品的巨大威力和金融风险管理的重要性。

1.3.4　在公司层面，由于套期保值策略失败而遭受巨大损失的案例

2006 年 3 月，中信泰富与澳大利亚采矿企业达成合作协议。预计到 2010 年，资本开支加上各项运营费用将达到 26 亿澳元。为降低其在未来支付过程中所面临的汇率风险（由澳元汇价上涨带来的成本增加），中信泰富在 2007 年便着手购买以澳元为标的的数份杠杆式累积外汇期权合约（Knock Out Discount Accumulator，简称 KODA）进行对冲。这是一种结构极为复杂的金融衍生品，是一种奇异期权。相对于传统的期权产品，奇异期权对到期收益特征、附加期权激活或终止机制等进行了创新。而金融创新在带来便利性的同时也会带来更为隐蔽的风险，对企业做出正确的决策造成了一定的干扰。

总体来讲，KODA 这种复杂的障碍期权具有以下特征。首先，买入价格较低。其次，存在卖出价格，当标的资产价格高于约定价格时，合约终止。最后，合约包含一个累积购买条款。即在资产价格低于行权价时，需双倍购买标的资产。通过对合约特性的了解，一个基本判断为：对于公司意欲对冲的风险敞口，该产品由于合约达到提前终止条件而无法完成对冲。而由于存在累积购买条款，又可能被动购买了数倍于风险敞口的衍生品，远远超出了风险对冲的要求。最终，中信泰富公司由于选择了这种定价不合理且风险与收益不对等的产品而引致了大额损失。本案例的重要启示是：金融工程师的重要工作职责是为客户设计风险对冲的金融工具和提供风险管理服务。公司层面的金融工程师一定要帮助客户配置和设计能够满足风险管理需求的合理的金融产品。

1.3.5 在零售层面，为客户开发的组合保险策略

变额年金保险最早出现于20世纪50年代，90年代后由于风险对冲技术的发展和各类最低保证的相继出现，开始快速发展。具体而言，对于年金保险的购买者，在市场指数下跌时，其希望获得保底的收益；而在市场指数上涨时，则希望分享指数上行的收益。为了满足客户的需求，保险公司开发了带有最低保证的变额年金产品，并得到了良好的市场反馈。但是，这也对投资策略的设计提出了挑战。客户需要一种非线性的报酬函数，需要有针对性地设计量化投资策略。为了满足变额年金的管理需求，多种组合保险策略应运而生。这是一类常用的动态资产配置策略。通过组合保险策略，既确保了最低的回报率，又不会失去从市场有利变动中获利的机会。

受到期权定价公式和对冲思想的启发，鲁宾斯坦（M. Rubinstein）和利兰德（H. Leland）[①] 通过动态复制看跌期权和股票的组合来模拟客户需求的非线性报酬函数，即为最初的组合保险策略。进而，有代表性的CPPI（Constant Proportion Portfolio Insurance）[②] 和 TIPP（Time Invariant Portfolio Protection）[③] 策略被提出。CPPI与TIPP策略通过对交易机制和若干参数的设定来进行动态的调整资产配置，以满足客户的特定回报需求。这两种策略不需要像复制期权一样对波动率等参数进行精确的估算，在实务中具有更大的便捷性。值得注意的是，以上组合保险策略都带有助涨助跌的特性。即在市场表现好的时候，策略信号为增持风险资产；反之，在市场表现差的时候，策略信号为减持风险资产。在极端市场情况下，大量的同质化交易需求很容易造成股票价格的断崖式下跌。1987年10月19日，美国股市崩盘。一部分原因在于遵照组合保险模型进行交易的投资者巨额抛盘。当然，组合保险交易策略对新兴市场仍然是有魅力的。

通过以上案例不难看出，金融工程可以发挥作用的领域非常广阔。随着多种金融衍生品的推出和量化基金的设立，我国的金融工程行业正处于蓬勃发展的阶段，金融创新不断涌现。作为年轻的学者，要树立在金融工程领域工作的自信心和自豪感，积极投身金融工程研究和实务，为行业的发展贡献力量。

1.4 本章小结

本章介绍了金融工程的定义。金融工程包括以下三个层面的内容：新型金融工具的设计和创造，创新型金融过程的设计和开发，针对企业整体金融问题的创造性解决方案。与金融学相比，金融工程更加注重无套利分析原理的应用、工程化和结构化手段的运用以及

---

① Rubinstein，M.，Leland，H. E. Replicating Options with Positions in Stock and Cash [J]. Financial Analysts Journal，1981，37（4）：63－72.

② Black，F.，Perold，A. F. Theory of Constant Proportion Portfolio Insurance [J]. Journal of Economic Dynamics and Control，1992，16（3－4）：403－426. Perold，A. F.，Sharpe，W. F. Dynamic Strategies for Asset Allocation [J]. Financial Analysts Journal，1988，44（1）：16－27.

③ Estep，T.，Kritzman，M. TIPP：Insurance without Complexity [J]. Journal of Portfolio Management，1988，14（4）：38.

量化型技术的使用。

在理论层面，支撑金融工程发展的主要理论为无套利分析方法。无套利均衡分析的思想是：当市场价格发生偏离时，通过构建套利组合可以获得无风险收益。此时，无论投资者的风险偏好如何，都会积极构建套利头寸。这种构建套利头寸的行为会助推市场价格发生变化，并最终恢复到均衡状态。

在实务层面，工程化和结构化手段的使用是金融工程学作为一门独立学科的标志性特征。金融工程结构化设计的载体是市场上现有的金融工具。通过将这些金融产品分解为基础单元，可以更好地凸显其某些特征。机构投资者将这些基础单元进行组合又可以创造出满足客户异质性需求的产品。当然，对量化手段的不断创新和对人工智能等先进技术的探索应用也是金融工程学科焕发长久活力的重要基础。

练习题

1. 案例研究：中信泰富海外投资衍生品发生巨亏事件。
2. 利用我国股票市场的实际数据，对比测算多种组合保险策略的有效性。

第2章

资本资产定价模型

学习目标

- 了解马科维茨投资组合理论的基本假设、模型构建思想和主要结论。
- 了解资本市场线和证券市场线的经济学含义。
- 能够利用马科维茨投资组合理论的建模思想构建最优投资组合。

章前引例

假设你计划帮助投资者在20只沪深300成分股上做一个资产配置，以实现均值-方差效用的最优化。不同的投资者有不同的预期收益，你能结合投资者的要求给出最优的资产配置方案吗？本章的学习将有助于你构建最优的投资组合，以帮助投资者实现效用最大化。

在本章中，我们首先介绍马科维茨的投资组合理论。其首次提出了均值-方差的二元优化目标。即在满足一定预期收益率的要求下，通过资产配置实现方差的最小化，并得到由最优均值-方差组合构成的有效前沿。该理论揭示了可以通过分散化投资降低非系统性风险的重要原理。在此基础上，我们将投资标的拓展为 n 种有风险资产和1种无风险资产，并得到了资本资产定价模型（Capital Asset Pricing Model，简称CAPM）的基本结果。CAPM阐述了投资者采用马科维茨的理论及进行投资管理的条件下市场均衡状态的形成，并使用线性关系表达资产的预期收益与风险之间的理论关系。其中，资本市场线给出了在同时存在无风险资产和风险资产的条件下，最优资产配置方案的形式。而证券市场线则揭示了证券的风险与收益之间的关系，提供了资产定价的依据。

2.1 投资组合理论的发展和基本假设

马科维茨1952年①提出的投资组合理论被认为是现代金融学的发端，开启了现代投资组合理论的先河。马科维茨提出的投资组合理论揭示了通过分散投资降低风险的原理。在前人的研究中，投资者把预期收益最大化作为优化目标。马科维茨首次提出了均值-方差

① Markowitz，H. Portfolio Selection [J]. The Journal of Finance，1952，7 (1)：77 - 91.

的二元优化目标。即在满足一定预期收益率的要求下，通过资产配置实现方差的最小化，并得到由最优均值-方差组合构成的有效前沿。在本章中，我们先介绍投资组合理论的基本假设，以及在效用函数设定方面的创新价值。

投资组合理论的基本假设有以下几点。首先，资本市场是有效的。市场有效性是指在一个强势有效的市场中，价格已经充分反映了所有过去的、公开的和内部的信息。在新的信息出现以前，股票的价格满足随机游走的规律。其次，资本市场的证券都是有风险证券。证券的收益率是不确定的随机变量且满足正态分布。投资者对证券收益率的均值和方差，以及不同证券收益率的协方差存在一致的预期。再次，证券交易都是无限可分的，同时交易本身不会对价格产生影响。最后，市场允许卖空。以上是投资组合理论的基本假设。在后续的研究中，一些假设条件，比如卖空的限制和收益率一致预期等诸多限制都被放松，以期更为真实地反映市场和投资者决策的真实状况。

投资组合理论重要的创新价值在于建立了一个均值-方差的二元决策函数。在介绍投资组合理论之前，先介绍投资者在预期收益率-标准差构成的二元象限中的效用无差异曲线。

如图 2 - 1 所示，投资者的效用与预期收益和风险两个维度相关。更大的收益和更小的风险能够提供更大的效用。因此，投资者效用的无差异曲线是向右上方倾斜的。小标准差和小收益率的组合及大标准差和大收益率的组合可以形成等价效用。这也反映了风险与收益是正相关的这一重要结论。此外，左上方的无差异曲线代表更大的效用。

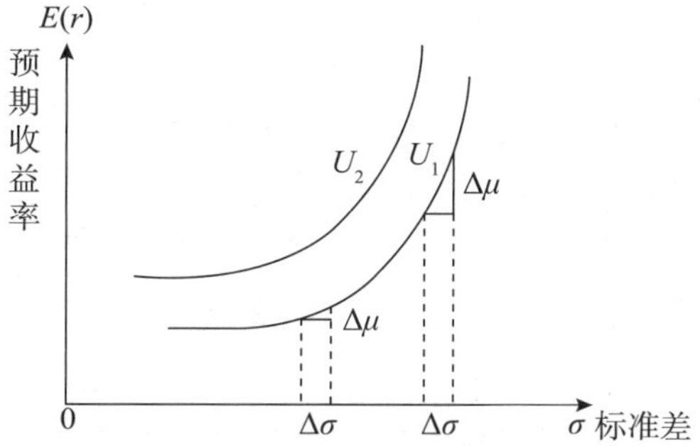

图 2 - 1　投资者的效用无差异曲线

接下来讨论效用无差异曲线为下凸形状的合理性。如图 2 - 1 所示，我们在标准差较小和较大的区域各取 $\Delta\sigma$ 的增量。对于增加的风险（标准差），需要一定的预期收益率作为补偿。在风险较低的区域，需要的风险补偿 $\Delta\mu$ 较小。而在风险较高的区域，需要的风险补偿 $\Delta\mu$ 则较大。因此，投资者效用的无差异曲线为下凸形状。至此，我们得到了一组投资者效用的无差异曲线。对于风险厌恶程度更高的投资者，其对承担风险要求更大的风险补偿。这种类型投资者的效用无差异曲线的下凸程度更大。对于不同类型的投资者，最终选择的投资组合（风险与收益的组合）应该是其无差异曲线与投资组合能够实现的有效前沿的切点。此时，投资者能够达到的效用是最大的。

2.2　分散投资可以降低非系统性风险的量化描述

接下来，我们采用两种证券的投资组合来展示分散投资可以降低风险这一原理。

如图 2-2 所示，我们考虑股票 1 和股票 2 组成的证券组合。这里选取三种有代表性的情况：相关系数 $\rho=1$ 表示两种股票的收益率是完全正相关的，相关系数 $\rho=0$ 表示两种股票的收益率是不相关的，相关系数 $\rho=-1$ 表示两种股票的收益率是完全负相关的。接下来，按照 ω 和 $1-\omega$ 的比例在股票 1 和股票 2 上做配置。同时，令 ω 在 [0，1] 上做一个遍历，则可以得到若干两只证券的组合。计算证券组合的预期收益率和标准差，并绘制于图 2-2 中。对于 $\rho=-1$ 的情况，分散投资起到了良好的风险分散效果。对于特定的配置比例，可以将组合的标准差降为 0，这是由两只股票收益率完全负相关的性质保证的。对于 $\rho=1$ 的情况，组合的标准差与两只股票标准差的组合始终保持如下关系：$\sigma=\omega\sigma_1+(1-\omega)\sigma_2$。在这种情况下，分散投资并不能有效分散风险。这是由于两只股票的收益率是完全正相关的。此时，风险是一种系统性风险。对于包括 $-1<\rho<1$ 的情况，均有以下关系成立：

$$\sigma<|\omega\sigma_1+(1-\omega)\sigma_2| \tag{2.1}$$

由此可见，组合的标准差不会大于标准差的组合，即分散投资有降低风险的功效。

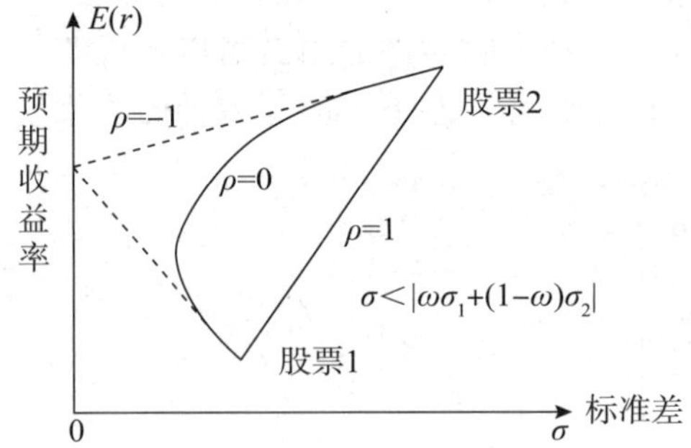

图 2-2 证券组合的预期收益率和标准差

进而，我们采用一个 n 种股票等权重投资的例子来研究分散投资降低风险的机理。即揭示分散投资可以消除非系统性风险这一重要原理。假设有 n 只股票，股票 i 和股票 j 收益率的协方差为 $\sigma_{i,j}$，$i=1$，…，n；$j=1$，…，n。为了简单起见，假设投资组合中每种股票的权重均为 $\frac{1}{n}$，则组合的方差为：

$$\begin{aligned}\sigma^2&=\sum_{i=1}^{n}\sum_{j=1}^{n}\frac{1}{n^2}\sigma_{ij}=\frac{1}{n^2}\sum_{i=1}^{n}\sigma_{ii}+\frac{1}{n^2}\sum_{i=1}^{n}\sum_{j=1,\ j\neq i}^{n}\sigma_{ij}\\&=\frac{1}{n^2}\sum_{i=1}^{n}\sigma_{ii}+\frac{n^2-n}{n^2}\left[\frac{1}{n^2-n}\sum_{i=1}^{n}\sum_{j=1,\ j\neq i}^{n}\sigma_{ij}\right]\end{aligned} \tag{2.2}$$

(2.2) 式的第一项与单只股票方差的和有关，这部分是影响特定资产收益的风险因素，反映了股票的非系统性风险。当组合中股票的个数 n 足够大时，第一项的值趋近于 0。(2.2) 式的第二项与两只不同股票间的协方差的和有关，这部分是影响所有资产收益的风险因素，反映了股票的系统性风险。其中，$\bar{\sigma}\equiv\frac{1}{n^2-n}\sum_{i=1}^{n}\sum_{j=1,\ j\neq i}^{n}\sigma_{ij}$ 是协方差的均值，表示系统性风险的大小。当组合中股票的个数 n 足够大时，第二项的值趋近于这个协方差的均值。即

$$\lim_{n\to\infty}\sigma^2=\lim_{n\to\infty}\left\{\frac{1}{n^2}\sum_{i=1}^{n}\sigma_{ii}+\frac{n^2-n}{n^2}\left[\frac{1}{n^2-n}\sum_{i=1}^{n}\sum_{j=1,\ j\neq i}^{n}\sigma_{ij}\right]\right\}=\bar{\sigma}$$

由此可见，通过分散化投资可以消除非系统性风险，而系统性风险是不能被消除的。

至此，我们了解了分散化投资可以降低风险的原理。在实务中，FoF（Fund of Fund，基金的基金）是一种有效的投资品。这种投资品通过在证券基金上做配置，实现了更大范围的风险分散，有着较好的投资绩效。接下来，我们将展示马科维茨投资组合理论的推导过程，并建立有效前沿的形式。

2.3　马科维茨投资组合理论

马科维茨在 1952 年的论文《投资组合选择》中首次提出了投资组合理论，揭示了投资证券获得回报与承担风险之间的关系，并因此荣获了 1990 年诺贝尔经济学奖。理论建立了收益-方差的二元优化目标，即在收益一定的条件下，通过资产配置，实现风险的最小化；或者在风险一定的条件下，通过资产配置，实现收益的最大化。根据我们在优化方法中学到的经验，带约束的二次优化问题比较易于处理。接下来，我们将优化问题的第一种表述方法刻画为一个数学优化问题。

已知有 n 种股票，预期收益率分别为 μ_i，$i=1$，…，n。股票 i 和股票 j 的协方差为 $\sigma_{i,j}$，$i=1$，…，n；$j=1$，…，n。在每一种股票上的资产配置比例为 ω_i，$i=1$，…，n。那么，投资者的优化问题为：

$$\min_{0\leqslant\omega_i\leqslant 1}\sigma^2=\sum_{i=1}^{n}\sum_{j=1}^{n}\omega_i\omega_j\sigma_{i,\ j} \tag{2.3}$$

$$\text{s. t.}\quad \sum_{i=1}^{n}\omega_i\mu_i=\mu;\ \sum_{i=1}^{n}\omega_i=1 \tag{2.4}$$

式中，μ 为组合的预期收益率，σ^2 为组合的方差。(2.4) 式为优化问题需要满足的两个约束条件。其一为组合的预期收益率满足的条件，其二为资产配置比例的归一化条件。至此，投资者的投资组合问题转化为一个带约束的二次优化问题。该类问题可以通过拉格朗日乘子法进行求解。首先，构造拉格朗日函数为：

$$L=\sum_{i=1}^{n}\sum_{j=1}^{n}\omega_i\omega_j\sigma_{i,\ j}-\lambda_1\left(\sum_{i=1}^{n}\omega_i\mu_i-\mu\right)-\lambda_2\left(\sum_{i=1}^{n}\omega_i-1\right) \tag{2.5}$$

优化问题 (2.3) 和 (2.4) 中的最优配置比例满足如下方程组：

$$\frac{\partial L}{\omega_i}=0,\ i=1,\ \cdots,\ n;\ \frac{\partial L}{\lambda_1}=0;\ \frac{\partial L}{\lambda_2}=0 \tag{2.6}$$

方程组 (2.6) 中有 $n+2$ 个方程和 $n+2$ 个未知数，存在唯一解 $\omega_i(\mu)$，$i=1$，…，n。注意，这里的最优配置比例 $\omega_i(\mu)$ 是预期收益率 μ 的函数。即任意给定一个组合要求的预期收益率，存在唯一一组使得组合方差最小的配置比例。同时，将所得的最优配置比例代入组合方差的计算公式 (2.3) 中，即可得到组合的最小方差，它同样也是预期收益率 μ

的函数。将每组预期收益率和最小方差的组合绘制在图像中，即得到了投资组合的有效前沿。这里，我们略去了有效前沿满足函数形式的推导。有兴趣的读者可以自行完成推导过程。所得结论为：在预期收益率 μ 和方差 σ^2 构成的二元象限中，有效前沿为一条抛物线的上半部分。而在预期收益率 μ 和标准差 σ 构成的二元象限中，有效前沿为一条双曲线的上半部分。其中，舍弃下半部分的原因是上半部分的组合在相同的方差（标准差）下有更大的预期收益率。图 2-3 展示了在预期收益率 μ 和标准差 σ 构成的二元象限中，有效前沿的形式。

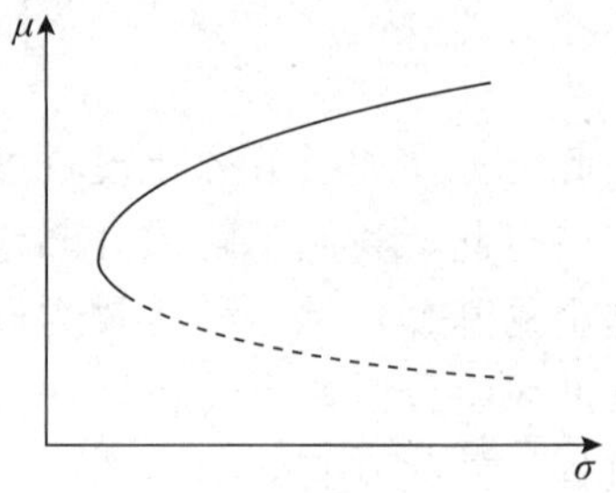

图 2-3　投资组合的有效前沿

至此，我们得到了有效前沿的具体形式。有效前沿是投资者通过资产配置能实现的最优的情况。那么，结合前述讨论的投资者的效用无差异曲线的形式，其最终选择的投资组合配置方案应该是效用无差异曲线与有效前沿的切点 p^*。投资者最优资产组合的示意图如图 2-4 所示。此时，投资者能够实现最大的效用。对于不同的投资者，其效用的无差异曲线的形状是不同的。U_1 所示为风险厌恶程度更高的投资者的效用无差异曲线，而 U_2 为风险厌恶程度更低的投资者的效用无差异曲线。两者与有效前沿的切点不同。前者的最优资产组合为一个较小收益率和方差的组合，而后者的最优资产组合为一个较大收益率和方差的组合。由此，我们知道资产组合的有效前沿涵盖了所有在满足一定收益要求的条件下风险最小的资产组合。而投资者具体的选择与其风险偏好程度，即效用无差异曲线的形式有密切的联系。投资者最终会选择无差异曲线与有效前沿的切点作为最优的资产配置选择。在实务中，基金公司为投资者进行资产的配置。一方面，基金公司通过分散投资和组合管理构建有效前沿；另一方面，基金公司也会通过一些调查问卷判断投资者的风险态度，从而决定具体的资产配置方案。

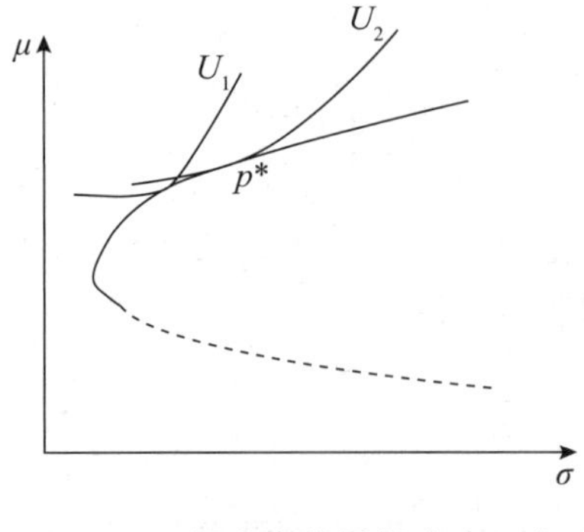

图 2-4　投资者的最优资产组合

2.4　两基金分离定理

在本节中，我们将介绍两基金分离定理的内容，并给出一个逻辑上的证明方法。两基金分离定理的表述为：在所有有风险资产组合的有效投资组合边界上，任意两个分离的点都代表两个分离的有效投资组合，而有效投资组合边界上任意其他的点所代表的有效投资组合都可以由这两个分离的点所代表的有效投资组合的线性组合生成。该定理有重要的经济学含义。试想，在一个有效市场中，有两只投资基金的投资效果达到了有效前沿。但是，对于具有异质风险偏好的投资者，其最优选择可能并不是这两只基金的收益率-方差组合。那么，可以通过在两只基金上各配置一定的比例来满足投资者对风险和收益的异质性需求。

接下来，我们将从逻辑上论证两基金分离定理的合理性。已知有两只基金 1 和 2 的预期收益率-标准差组合达到了有效前沿。接下来，我们按照 ω 和 $1-\omega$ 的比例在基金 1 和基金 2 上做配置。同时，令 ω 在 [0，1] 上做一个遍历，则可以得到若干两只基金的组合。根据数学知识，我们知道遍历得到的组合的预期收益率-标准差组合是一条双曲线。进而，我们研究这条双曲线与有效前沿的关系。根据前述研究结论，有效前沿也是一条双曲线。两条双曲线经过相同的两个点（即基金 1 和基金 2 的预期收益率-标准差组合），则它们的关系只有两种：重合或相交。在图 2-5 中，我们展示了在两只基金上做遍历配置生成的双曲线，以及其与有效前沿的关系。

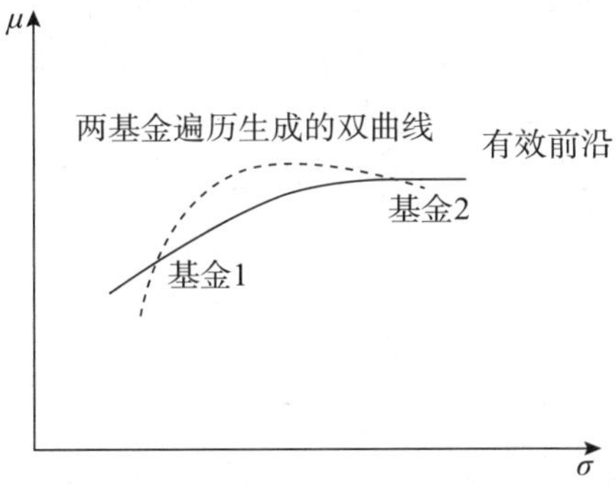

图 2-5　两基金遍历生成的双曲线与有效前沿的可能关系

结果表明：如果两条双曲线是相交的关系，则遍历生成的双曲线会有一部分出现在有效前沿的上方。这表明遍历组合实现了比有效前沿更好的投资绩效，与有效前沿的含义出现了矛盾。因此，两条双曲线只可能是重合的关系。即有效前沿上任意两个分离的各自代表有风险资产的点可以通过组合配置生成整个有效前沿。理论上，如果两家不同的共同基金都投资于风险资产，且都经营良好，即它们的收益-风险关系达到了有效前沿，那么，通过在两只基金上各配置一定比例就可以满足所有投资者的投资需求。

2.5　资本市场线和证券市场线

2.5.1　资本市场线

本节中，我们将介绍重要的资本资产定价模型（CAPM）。CAPM 是由威廉·夏普

(William Sharpe)[①]、约翰·林特纳(John Lintner)[②] 和简·莫辛(Jan Mossin)[③] 共同提出的。CAPM 阐述了投资者采用马科维茨的理论及进行投资管理的条件下市场均衡状态的形成,使用线性关系表达了资产的预期收益与风险之间的理论关系。其中,资本市场线给出了在同时存在无风险资产和风险资产的条件下,最优资产配置方案的形式。而证券市场线则揭示了证券的风险与收益之间的关系,提供了资产定价的依据。CAPM 是资产定价领域重要的理论基石。

首先,我们介绍资本市场线的推导过程和主要结论。对于理论的假设与投资组合理论的假设基本是一致的,包括市场是有效的,投资者对资产的收益率存在一致预期,投资者的交易是没有摩擦的,同时,交易不会引起资产价格的变化,且允许卖空。两者的不同之处为:市场存在 n 种有风险资产和 1 种无风险资产。投资者需要构建在风险资产和无风险资产上的配置比例,以获得最大的效用。

我们从逻辑上分析上述优化问题。在图 2-6 中,无风险资产对应的预期收益率-标准差组合 $(0, r_f)$ 位于 y 轴上。而 n 种有风险资产组合的最优配置应该出现在有效前沿上。试想,如果有风险资产配置后的预期收益率-标准差组合出现在有效前沿的下方,那么一定可以找到在这个组合正上方的有效前沿上的组合。而这个有效前沿上的组合与无风险资产进行配置后可以实现更高的效用。由此,基本判断为最优资产配置方案为无风险资产与有效前沿上的点构成的组合。那么,具体会取到有效前沿上的哪个点呢?我们连接反映无风险资产预期收益率-标准差组合的点与有效前沿上的点,这将形成一组由同一个点出发的射线。其中,能够产生最大效用的射线是与有效前沿相切的。我们将切点记为 M,并称之为市场组合。

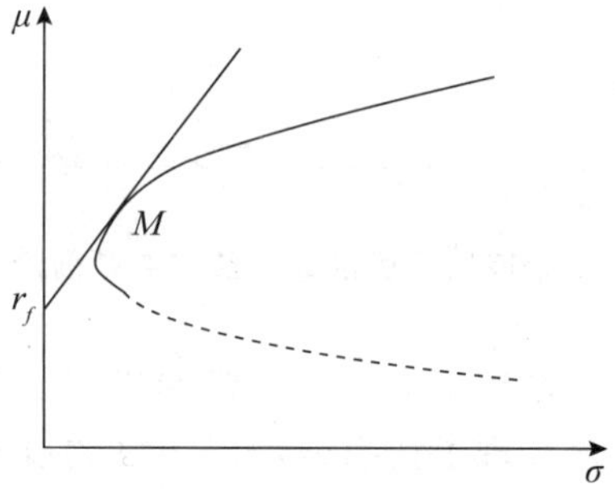

图 2-6 资本市场线

图 2-6 所示的射线为无风险资产与有风险资产组合的有效前沿,即为资本市场线。无论投资者的风险偏好程度如何,其都会选择市场组合 M 和无风险资产的组合配置。而对于具体的配置方案,与投资者效用的无差异曲线有关。投资者最终的选择为其效用无差

---

① Sharpe, W. F. Capital Asset Prices: A Theory of Market Equilibrium under Conditions of Risk [J]. The Journal of Finance, 1964, 19 (3): 425-442.

② Lintner, J. Security Prices, Risk, and Maximal Gains from Diversification [J]. The Journal of Finance, 1965, 20 (4): 587-615.

③ Mossin, J. Equilibrium in a Capital Asset Market [J]. Econometrica: Journal of the Econometric Society, 1966, 34 (4): 768-783.

异曲线与资本市场线的切点。在（0，r_f）点和 M 点之间的线段上的点，表示在市场组合 M 和无风险资产上的配置比例都在［0，1］区间。而位于从市场组合 M 出发的射线上的点，表示在无风险资产上的配置比例小于 0，而在市场组合上的配置比例大于 1。此时为借贷进行投资的情况，适合风险厌恶程度较低的投资者，其效果为收益和风险都相应增大。

接下来，我们给出资本市场线的代数表达式。假设 p 为资本市场线上的一点，其在市场组合上的配置比例为 ω_M，在无风险资产上的配置比例为 $1-\omega_M$，则有 $\sigma_p=\omega_M\sigma_M$。由于组合 p 位于（0，r_f）点和 M 点确定的射线上，因此，组合 p 的预期收益率 $E(r_p)$ 和标准差 σ_p 满足下述方程：

$$E(r_p)=r_f+\frac{[E(r_M)-r_f]}{\sigma_M}\sigma_p \tag{2.7}$$

式中，$E(r_M)$ 和 σ_M 分别为市场组合 M 的预期收益率和标准差。在（2.7）式中，当 $\omega_M=1$ 时，组合 p 退化为市场组合 M；当 $\omega_M=0$ 时，组合 p 退化为无风险资产。此外，资本市场线的斜率为 $\frac{E(r_M)-r_f}{\sigma_M}$，这是判定资产收益率的重要指标——夏普比率（Sharpe ratio）。从图 2-6 的结论来看，资本市场线的夏普比率是最大的。

最后，我们讨论一下市场组合 M 的构成。市场组合 M 应具有以下性质：每种市场上的所有风险证券都在这个组合中，并且每种证券所占的份额都与其市值占所有证券总市值的比例相同。可以将市场组合直观地理解为一种全市场指数。但需要注意的是，市场上也有一些指数包含了所有的证券，但却是等权重的，这并不是市场组合 M。这个结论也给出了指数化投资的依据。接下来，给出上述结论的一个逻辑上的证明。我们假设有某种风险证券 i 没有包含在市场组合 M 中。而根据资本资产定价理论告诉我们的经验，投资者只会选择市场组合 M 或者无风险资产。那么，证券 i 由于没有投资需求而引起价格下降和收益率上升。收益率的上升会引起证券 i 的预期收益率-标准差组合上升，最终会回到市场组合 M 中。

资本市场线回答了在有效市场中如何做资产配置的问题。在有效市场中，通过在全市场指数和无风险资产间做配置，即可以实现效用的最大化。

对于投资组合有效前沿和证券市场线的数值模拟，给出以下 R-语言程序，供读者参考。

```
绘制有效前沿及证券市场线
#安装所需要的包
require(quadprog)
require(pedquant)
require(quantmod)
require(xts)
rm(list=ls)
#####
#以下列四只股票为例，说明绘制有效前沿的步骤。
#东山精密 002384.SZ，贵州茅台 600519.SH，比亚迪 002594.SZ，统一股份 600506.SH
```

```
mt<- md_stock(symbol = c("002384.SZ","600519.SH","002594.SZ","600506.SH"),
                  from = "2019-01-01",
                  to = "2021-09-30",
                  source = "163")
#将收盘价转化为时间序列
DSJM <-xts(mt$`002384.sz`$ close,order.by = as.Date(mt$`002384.sz`$ date))
DSJM_ret=dailyReturn(DSJM)
GZMT <-xts(mt$`600519.sh`$ close,order.by = as.Date(mt$`600519.sh`$ date))
GZMT_ret=dailyReturn(GZMT)
BYD <-xts(mt$`002594.sz`$ close,order.by = as.Date(mt$`002594.sz`$ date))
BYD_ret=dailyReturn(BYD)
TYGF <-xts(mt$`600506.sh`$ close,order.by = as.Date(mt$`600506.sh`$ date))
TYGF_ret=dailyReturn(TYGF)

#合并构成投资组合
myportfolio <- merge(DSJM_ret,GZMT_ret,BYD_ret,TYGF_ret)
N =ncol(myportfolio)#统计股票数
#求解投资组合的均值协方差
mean_vec <- apply(myportfolio,2,mean,na.rm = TRUE)
mean_vec
cov_mat = cov(myportfolio,use="complete.obs")
sd_vect = sqrt(diagcov_mat)
#构建约束条件:包括等式和不等式约束
#设置约束矩阵
Amat = cbind(rep(1,N),mean_vec,diag(1,nrow=N))
#length为绘制投资组合线提供的样本数
muP = seq(min(mean_vec)+.00001,max(mean_vec)-.00001,length=300)
#投资组合预期收益
sdP = muP
#投资组合权重
weights =matrix(0,nrow=300,ncol=N)
#求解与设置预期收益率对应的最优组合权重
for(i in 1:length(muP))
{
  bvec = c(1,muP[i],rep(0,N))#有 x 只股票就需要 rep(0,x)
  result =
    solve.QP(Dmat=2*cov_mat,dvec=rep(0,N),Amat=Amat,bvec=bvec,meq=2)#
二次规划求解最优组合权重
```

```
  sdP[i] = sqrt(result $ value)
  weights[i,] = result $ solution
}
par(mfrow = c(1,1))
## plot the efficient frontier(and inefficient frontier)
plot(sdP,muP,type="l",xlab="risk",ylab="reward",xlim = c(0.015,0.025))#这里的 xlim 为 x 轴的显示范围,需要跑出来试试大小是否合适,若需要调整 y 轴显示范围,可通过 ylim 设置
#画证券市场线
mufree = 0 # 设置无风险利率,无风险利率为 y 轴截距
points(0,mufree,cex=4,pch="*")  # 显示无风险利率
sharpe =(muP-mufree)/sdP # 计算夏普比率
ind =(sharpe == max(sharpe))# 找出最大夏普比率
print(weights[ind,])# 找出切线组合
abline(a = mufree,b = sharpe[ind],lwd=2,lty=2,col = "blue")
points(sdP[ind],muP[ind],cex=4,pch="*")# 显示切线投资组合
ind2 =(sdP == min(sdP))# 计算最小风险组合
points(sdP[ind2],muP[ind2],cex=2,pch="+")# 显示最小风险组合
ind3 =(muP > muP[ind2])
lines(sdP[ind3],muP[ind3],type="l",xlim=c(0,5),ylim=c(-0.2,2),lwd=4,col = "red")  # 画出有效前沿
```

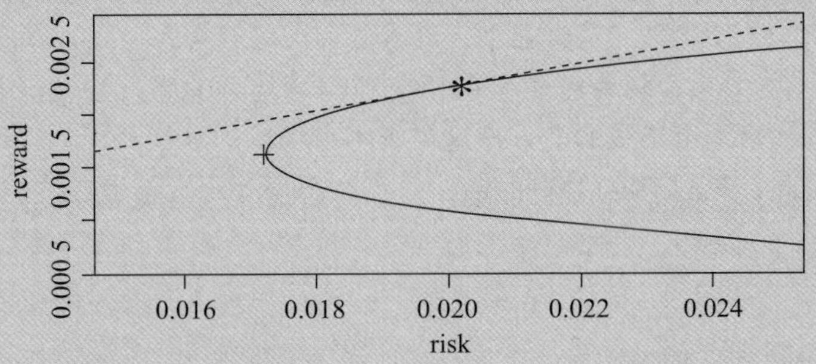

2.5.2 证券市场线

接下来，我们将介绍证券市场线的推导过程和主要结论。证券市场线的主要功能是给出单只有风险证券的风险与收益之间的关系，并提供资产定价的依据。首先，我们采用宋逢明教授在《金融工程原理：无套利均衡分析》[①] 一书中提供的方法来推导证券市场线的形式。

对于待定价的证券 i 和市场组合 M，我们分别以 ω 和 $1-\omega$ 的比例做一个资产配置，形成投资组合 p。此时，投资组合 p 的预期收益率和标准差分别为：

---

① 宋逢明. 金融工程原理：无套利均衡分析 [M]. 北京：清华大学出版社，1999.

$$E(r_p)=\omega E(r_i)+(1-\omega)E(r_M) \tag{2.8}$$

$$\sigma_p=[\omega^2\sigma_i^2+(1-\omega)^2\sigma_M^2+2\omega(1-\omega)\sigma_{iM}]^{1/2} \tag{2.9}$$

将上述两式中的 $E(r_p)$ 和 σ_p 分别对 ω 求导，得到：

$$\mathrm{d}E(r_p)/\mathrm{d}\omega=E(r_i)-E(r_M) \tag{2.10}$$

$$\mathrm{d}\sigma_p/\mathrm{d}\omega=\frac{\omega\sigma_i^2-\sigma_M^2+\omega\sigma_M^2+\sigma_{iM}-2\omega\sigma_{iM}}{[\omega^2\sigma_i^2+(1-\omega)^2\sigma_M^2+2\omega(1-\omega)\sigma_{iM}]^{1/2}} \tag{2.11}$$

将（2.10）式除以（2.11）式，得到 $E(r_p)$ 关于 σ_p 的导数。该导数即为上述资产配置形成的双曲线上 p 点的切线的斜率。随着配置比例 ω 的变化，该斜率也是动态变化的。

$$\begin{aligned}\mathrm{d}E(r_p)/\mathrm{d}\sigma_p&=\frac{\mathrm{d}E(r_p)/\mathrm{d}\omega}{\mathrm{d}\sigma_p/\mathrm{d}\omega}\\&=\frac{[E(r_i)-E(r_M)][\omega^2\sigma_i^2+(1-\omega)^2\sigma_M^2+2\omega(1-\omega)\sigma_{iM}]^{1/2}}{\omega\sigma_i^2-\sigma_M^2+\omega\sigma_M^2+\sigma_{iM}-2\omega\sigma_{iM}}\end{aligned} \tag{2.12}$$

在（2.12）式中，令 $\omega=0$，即得到双曲线在市场组合 M 点的斜率。此时，由于将全部资金都配置于市场组合 M，投资组合 p 就是市场组合 M。

$$\mathrm{d}E(r_p)/\mathrm{d}\sigma_p\big|_{p=M}=\frac{[E(r_i)-E(r_M)]\sigma_M}{\sigma_{iM}-\sigma_M^2} \tag{2.13}$$

由此可知，通过证券 i 和市场组合 M 进行遍历配置的预期收益率-标准差组合出现在一条双曲线上，这条双曲线在 M 点的切线斜率如（2.13）式所示。

接下来，我们需要从另外的路径给出 M 点的切线斜率的表达式，并通过建立一个方程得到证券市场线的具体表达式。我们还需要借助资本市场线这一重要的理论工具。考虑在预期收益率-标准差形成的二元象限中，证券 i 和市场组合 M 的遍历配置形成的双曲线与资本市场线在 M 点的关系。两者可能存在相交和相切两种关系。当两者相交时，说明双曲线将有一部分出现在资本市场线的上方，这与资本市场线的含义相矛盾。因此，两者只可能是相切的关系。由此，我们知道该双曲线在 M 点的斜率等于资本市场线的斜率。即

$$\frac{[E(r_i)-E(r_M)]\sigma_M}{\sigma_{iM}-\sigma_M^2}=\frac{E(r_M)-r_f}{\sigma_M} \tag{2.14}$$

对（2.14）式进行整理后得到：

$$E(r_i)=r_f+\frac{[E(r_M)-r_f]}{\sigma_M^2}\sigma_{iM}$$

令 $\beta_i\equiv\dfrac{\sigma_{iM}}{\sigma_M^2}$，有

$$E(r_i)=r_f+\beta_i[E(r_M)-r_f] \tag{2.15}$$

至此，我们得到了证券市场线的形式。证券市场线揭示了证券的预期收益率与其承担的风险之间的线性关系。如图 2－7 所示，将证券市场线绘制于预期收益率-β 系数

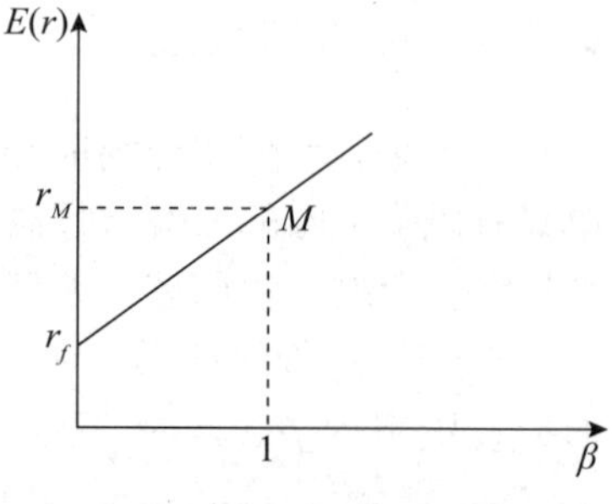

图 2－7　证券市场线

的坐标系中。

最后，我们简要分析证券市场线的经济学含义。证券市场线的结论表明，一只有风险证券的风险补偿等于它的 β 系数乘以有风险市场组合的风险补偿。当 $\beta>1$（$\beta<1$）时，这只证券的价格波动大于市场平均的价格波动，它的风险补偿大于（小于）市场组合的风险补偿。β 系数的大小与证券和市场组合的协方差有关系。当该协方差为负数时，可能出现 $\beta<0$ 的证券。当无风险收益率上升（下降）时，证券市场线会发生向上（向下）的平移。此时，风险补偿间的比例关系不变。当市场的风险态度发生变化时，则会引起证券市场线的旋转。当市场投资者变得更加风险厌恶时，证券市场线会发生逆时针的旋转。此时，承担同样大小的风险需要更大的风险补偿。反之，当投资者的风险厌恶程度降低时，证券市场线会发生顺时针的旋转。此时，承担同样大小的风险需要更小的风险补偿。证券市场线提供了单只证券的定价基准。

2.6 本章小结

本章介绍了马科维茨提出的投资组合理论，揭示了可以通过分散投资来降低风险的原理。马科维茨首次提出了均值-方差的二元优化目标。即在满足一定预期收益率的要求下，通过资产配置实现方差的最小化，并得到了最优均值-方差组合构成的有效前沿。

在此基础上，本章推导出了两基金分离定理。即在所有有风险资产组合的有效投资组合边界上，任意两个分离的点都代表两个分离的有效投资组合，而有效投资组合边界上任意其他的点所代表的有效投资组合都可以由这两个分离的点所代表的有效投资组合的线性组合生成。这表明如果有两个投资基金的投资效果达到了有效前沿，那么，则可以通过在两只基金上各配置一定的比例来满足投资者对风险和收益的异质性需求。

CAPM 阐述了投资者采用马科维茨的理论及进行投资管理的条件下市场均衡状态的形成，使用线性关系表达资产的预期收益率与风险之间的关系。其中，资本市场线给出了在同时存在无风险资产和风险资产的条件下，最优资产配置方案的形式。而证券市场线则揭示了证券的风险与收益之间的关系，提供了资产定价的依据。

练习题

1. 假定一个风险证券组合所包含的股票收益率都具有相同的分布，各自的预期收益率均为 $E(r_j)=15\%$，标准差均为 $\sigma_j=60\%$，相互间的相关系数为 $\rho_{ij}=0.5$，i，$j=1$，…，N。请问：

(1) 含有 20 种股票的等权重资产组合的预期收益率和标准差分别是多少？

(2) 能否构造一个标准差不大于 43% 的有效投资组合？此时，所需要的最优股票数量是多少？

2. 请任选 20 种股票，并根据它们的实际价格数据来构建有效前沿。

第3章

套利定价理论

学习目标

- 了解单指数模型的建模思想和基本结论，并掌握从单指数模型到证券市场线的推演过程。
- 理解从无套利均衡思想出发的套利定价理论与CAPM的差异。
- 了解单因素和多因素套利定价模型在资产定价领域的应用。

章前引例

市场上有两个充分分散化的投资组合A和B，这两个组合的收益率都与一个共同的宏观风险因素F有关，即$r_i = E(r_i) + \beta_i F$，$i=A$，B。已知$\beta_A = \beta_B = 0.5$，且$E(r_A) = 10\%$，$E(r_B) = 6\%$。你能利用A和B组合构建一个无风险套利策略吗？假设你有100万元的资金，应该如何获取套利利润呢？通过本章的学习，你将学会无风险套利策略的构建方法，并理解无套利均衡原理在资产定价中的重要应用。

在上一章中，我们学习了投资组合理论和资本资产定价模型。资本资产定价模型对资产配置策略的选择和证券定价有重要的参考价值。回忆一下两个重要理论的推演过程，就会发现其在实践应用中存在以下问题。其一，在投资组合理论的推演过程中，我们研究了一个最小化证券组合方差的优化问题，这不可避免地需要计算不同证券之间的协方差。对于n只证券构成的组合来说，其计算复杂度为n^2。这对于个人投资者，或者对于当时的计算机处理性能来说，均造成了一定困难。因此，我们需要一种可以降低优化问题的计算阶数的模型。其二，在资本资产定价模型中，系统风险集中反映在一个因素中。即有风险市场组合的收益率是影响所有证券收益率的唯一的共同因素。在实践中，影响证券价格的共同因素可能不止一个。因此，我们需要更为复杂的因素模型，以分析多个因素对证券定价的影响。

由此，本章将介绍单指数模型的基本假设，其可以通过简单的推演得到传统的证券市场线形式。单指数模型实现了计算复杂度的降维，并为多指数模型的构建提供了重要的基础。在此基础上，我们将介绍套利定价理论（APT）。该模型从无套利均衡原理出发，构建了单因素和多因素套利定价模型，是金融工程技术在资产定价领域的重要应用。最后，我们将讨论 CAPM 和 APT 在基本假设、主要结论以及适用范围等方面的联系和差异。

3.1　单指数模型

本节中，我们将介绍单指数模型的基本假设和主要结论，并通过理论推演得到与证券市场线相同的结论。

在实践中，我们发现某一个宏观经济变量会影响到所有证券的收益率。如图 3－1 所示，我们将若干年份的国内生产总值（GDP）的增长率或者市场指数的收益率和某只证券的收益率绘制在一幅图中时，会发现两者存在近似线性的关系，而这种情况对于任意证券都是存在的。

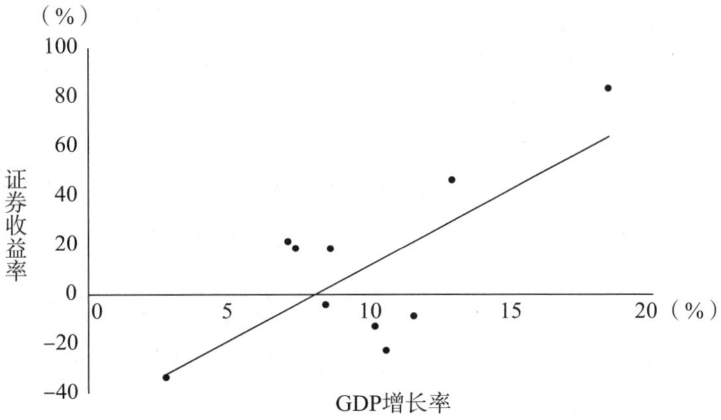

图 3－1　国内生产总值增长率与证券收益率

注：选取国泰安数据库 2011—2021 年 GDP 年增长率及证券年收益率，股票代码为 000035。

资料来源：国泰安数据库。

这时，可以认为 GDP 增长率或者市场指数收益率是影响所有证券收益率的系统性风险因素。我们用一个一般化的表达式来刻画上述线性关系：

$$r_i - r_f = a_i + b_i G + e_i，i=1，\cdots，n \tag{3.1}$$

式中，r_i 为证券 i 的收益率，是一个随机变量。$r_i - r_f$ 为证券 i 的收益率超过无风险收益率的部分，即证券 i 的收益风险补偿。G 为影响所有证券收益风险补偿的系统性风险因素，也是一个随机变量。a_i 和 b_i 为回归系数，e_i 为残差项。基于前面的假设，所有的证券风险补偿只与一个系统性风险因素相关。那么，当剔除这个系统性风险因素的影响之后，应该只余下非系统性风险因素的影响。市场自然不会为非系统性风险 e_i 提供风险补偿。此外，(3.1) 式中展示的回归方程最理想的状态是一个无偏估计。因此，我们有 $E(e_i)=0$。

接下来，还有两个重要的基本假设，即系统性风险与非系统性风险不相关，以及不同证券的非系统性风险也是不相关的。

$$\text{cov}(G，e_i)=0，i=1，\cdots，n \tag{3.2}$$

$$\text{cov}(e_i，e_j)=0，i=1，\cdots，n；j=1，\cdots，n；i\neq j \tag{3.3}$$

我们可以这样理解这两个假设：由于所有证券的收益风险补偿只受到唯一一个系统性风险因素的影响，当剔除这种影响后，余下的非系统性风险因素应该是两两不相关的。否则就可以提炼出新的共同影响部分。类似地，系统性风险与非系统性风险如果存在相关的部分，也表示系统性风险因素的提炼不够充分。

基于基本假设（3.1）式、（3.2）式和（3.3）式，通过基本的概率运算，得到如下主要结论。证券 i 的收益风险补偿的方差为：

$$\sigma_i^2=b_i^2\sigma_G^2+\sigma_{ei}^2,\ i=1,\cdots,n \tag{3.4}$$

其可以分解为第一项表示的系统性风险部分和第二项表示的非系统性风险部分。而两只证券 i 和 j 的收益风险补偿的协方差为：

$$\sigma_{ij}=b_ib_j\sigma_G^2,\ i=1,\cdots,n;\ j=1,\cdots,n;\ i\neq j \tag{3.5}$$

至此，单指数模型的基本假设和主要结论已经介绍完毕。在此基础上，可以根据马科维茨的投资组合理论进行最优资产组合的推演。由上一章的结论可知，在预期收益率一定最小化方差的优化问题中，由于需要计算 n 种证券的协方差矩阵，这使得计算的复杂度达到了 n^2 阶。而在单指数模型的假设下，（3.4）式和（3.5）式中的结果显示，协方差矩阵可以由 n 个 b_i、1 个系统性风险的方差 σ_G^2 和 n 个非系统性风险的方差 σ_{ei}^2 所决定。因此，前述优化问题的计算复杂度降为 n 阶。这极大地简化了计算的复杂度，并为受到计算能力约束的个人投资者带来了福音。

接下来，我们将介绍另一个有关单指数模型的重要结论，即资本资产定价模型是一种特殊的单指数模型。也就是说，我们可以通过单指数模型的基本形式推演出 CAPM 的结论。

在前述关于单指数模型的基本假设中，G 为一个影响所有证券收益风险补偿的系统性风险因素。这里，我们将这个系统性风险因素设定为市场组合收益率的风险补偿，即 r_M-r_f。于是，单指数模型可以写为：

$$r_i-r_f=a_i+b_i(r_M-r_f)+e_i,\ i=1,\cdots,n \tag{3.6}$$

（3.6）式对于所有的证券都成立。自然地，市场组合也应该满足（3.6）式。由此，

$$r_M-r_f=a_M+b_M(r_M-r_f)+e_M \tag{3.7}$$

上述等式恒成立的条件为 $a_M=0$，$b_M=1$，$e_M=0$。

接下来，利用（3.6）式和（3.7）式计算两只证券 i 和 j 的风险补偿之间的协方差。通过简单的概率运算，我们可以得到：

$$\sigma_{iM}=b_ib_M\sigma_M^2=b_i\sigma_M^2$$

由此，$b_i=\dfrac{\sigma_{iM}}{\sigma_M^2}=\beta_i$，即单指数模型中的斜率与 CAPM 的斜率是相同的。至此，我们得到：

$$r_i-r_f=a_i+\beta_i(r_M-r_f)+e_i,\ i=1,\cdots,n \tag{3.8}$$

只需要证明 $a_i=0$ 对任意证券 i 成立，就可以得到 CAPM 中证券市场线的表达式。在均衡市场中，所有证券都应该满足 $a_i=0$，即投资证券只能获得与其承担的风险相匹配的收益，

而不存在风险补偿之外的超额收益。如图 3－2 所示，在现实市场中，如果对某只证券的收益率序列对市场组合（市场指数）的收益率序列做回归，通常会发现其截距项并不为零，即 $a_i \neq 0$。这是由于现实市场并非完全均衡市场。优秀的对冲基金管理者可以通过构造对冲组合来使组合的 β 值为 0，而 α 值为正。在理想情况下，这样的对冲组合将不会受到系统性风险的影响，而获得正的 α 收益。当然，这并不是说对冲组合一定可以获得无风险收益。事实上，α 收益的获得很大程度上依赖这些用于构建对冲组合的证券价格是否维持了先前的模式。当先前模式发生了改变时，对冲组合可能产生巨大的损失。

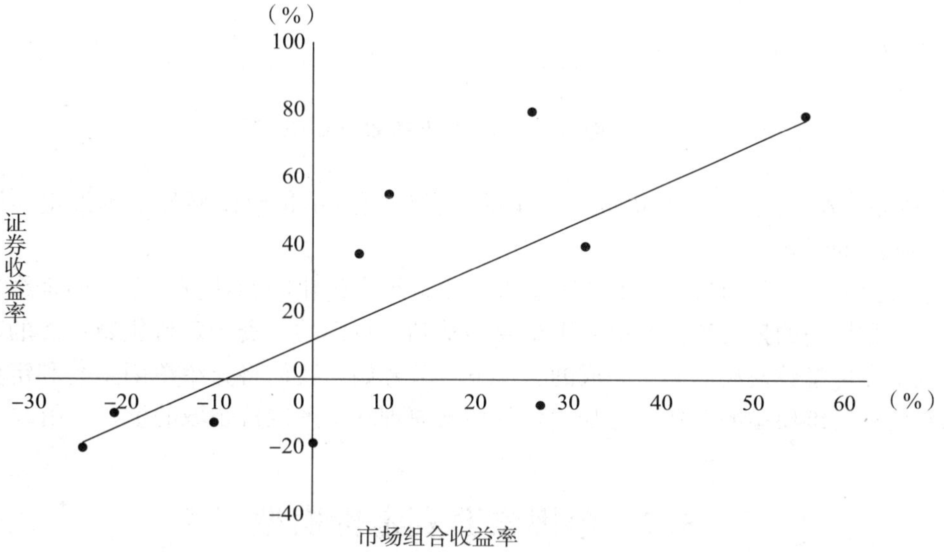

图 3－2　市场组合收益率与证券收益率的线性关系

注：选择国泰安数据库中 2011—2020 年十年的市场收益率与证券收益率，市场组合为沪深 A 股及创业板和科创板，证券选择股票代码为 000002.SZ 的股票。

资料来源：国泰安数据库。

下面给出在均衡市场中，$a_i=0$ 的证明。这里介绍一种常用的简单证明方式，其在前述和后续章节的证明中被多次使用。我们采用反证法证明该结论。假设存在某只证券 i，其收益率满足（3.8）式，且 $a_i \neq 0$，那么，该证券应该不在证券市场线上。接下来，我们在由收益率-标准差构成的坐标系中构建这样一个组合。将证券 i 和市场组合 M 按照 λ 和 $1-\lambda$ 的比例进行配置，再让 λ 遍历 [0，1] 上的所有取值。这样，得到一条反映遍历组合的收益率和方差的双曲线。当 $\lambda=0$ 时，该组合为市场组合。自然地，市场组合也在这条双曲线上。接下来，着重讨论这条双曲线与有效前沿的关系。由上一章的结论可知，有效前沿在收益率-标准差构成的坐标系中也是一条双曲线。这样，通过市场组合 M 点的两条双曲线有三种关系：相交、相切或者重合。如图 3－3 所示，如果两条双曲线相交，则证券 i 和市场组合 M 构成的双曲线将有一部分出现在有效前沿的上方。而有效前沿是最优的有效边界，相同的标准差不可能存在更高的收益率，这导致了矛盾。

如果两条双曲线是相切或者重合的关系，则证券 i 和市场组合 M 构成的双曲线在 M 点的斜率应该与资本市场线的斜率相等。由上一章中证券市场线的推导过程可知，证券 i 满足证券市场线的表达式，即 $a_i=0$，这也导致了矛盾。因此，我们可以确定假设的条件

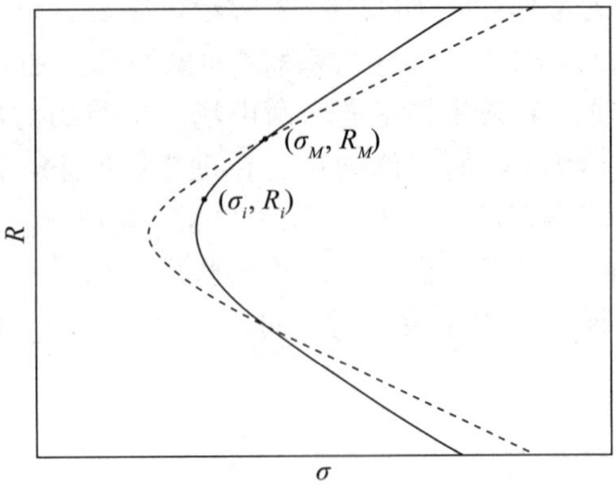

图 3-3　遍历组合双曲线与有效前沿的关系

$a_i \neq 0$ 不成立。换言之，$a_i = 0$ 恒成立。至此，我们通过单指数模型的基本设定推演得到了证券市场线的形式。

单指数模型一方面通过合理的假设实现了投资组合优化问题计算复杂度的降维，另一方面为多指数模型的拓展和构建提供了重要的基础。特别的，资产定价领域重要的套利定价模型也是在单指数模型框架下完成的。从下一节开始，我们将介绍单因素套利定价模型和多因素套利定价模型的构建。这是无套利均衡原理在资产定价领域的重要应用。

3.2　单因素套利定价模型

套利定价理论（Arbitrage Pricing Theory，简称 APT）是斯蒂芬·罗斯（Stephen Ross）在 1976 年提出的。下面我们通过单因素模型和多因素模型来推演套利定价理论的结论。

假设任意一种证券 i 的收益率 r_i 有如下表达式：

$$r_i = E(r_i) + \beta_i F + e_i, \ i = 1, \cdots, n \tag{3.9}$$

式中，r_i，F，e_i 为随机变量。F 为一个影响所有证券收益率的宏观因素（系统性风险因素），e_i 为非系统性风险因素。我们观察一下（3.9）式，其基本遵循了单指数模型的设定方式，但又有所不同。当对等式两边取期望后，会发现 $E(F)=0$ 恒成立，即宏观因素的期望值为 0。为了满足这个要求，我们只需要将 F 设定为某个宏观因素未预期到的变化量即可。举例来讲，如果预期下一年的 GDP 增长率为 $E(G)=3\%$，而实际增长率为 $G=4\%$，那么这个未预期到的宏观因素变化则为 $F=G-E(G)=1\%$。此时，β_i 为证券 i 的收益率对这个宏观因素的敏感度。如果 $\beta_i=1.5$，则证券 i 的实际收益率为在预期收益率的基础上加 1.5%，并加总非系统性风险的影响 e_i。

在了解了单因素套利定价模型的基本设定后，我们还需要做进一步的约定。由于两只不同证券的非系统性风险是不相关的，其无法通过资产配置实现风险对冲，自然也无法应用无套利均衡原理的相关结论。为了解决上述困难，我们以下研究的对象限定于非系统性风险被充分分散化的组合 p，则有

$$r_p = E(r_p) + \beta_p F \tag{3.10}$$

非系统性风险被充分分散化的组合包括各种市场指数，如市值加权指数、等权指数等。但并不局限于此。事实上，二十只左右证券组成的组合即可视为非系统性风险被充分分散化的组合。

接下来，我们进行套利定价理论主要结论的推演。首先，证明第一个结论。假设有两个非系统性风险被充分分散化的组合 A 和 B，而且有 $\beta_A = \beta_B$，那么 $E(r_A) = E(r_B)$ 成立。

我们举一个例子，并用假设法证明上述结论。假设两个非系统性风险被充分分散化的组合 A 和 B 的 β 值相同，为 $\beta_A = \beta_B = 1$。但是，两者的预期收益率不同，分别为 $E(r_A) = 8\%$，$E(r_B) = 10\%$。我们将尝试根据上述信息构造一个无风险套利机会。一个基本判断是：组合 A 的收益率较低，其价格被高估。构造无风险套利机会的初始方案为低买高卖。因此，在期初我们卖出 1 单位价格被高估的组合 A，同时买进 1 单位价格被低估的组合 B。这个对冲组合期末的价值如表 3-1 所示。

表 3-1　套利组合的构建（单因素模型，β 值相同的情况）

名称	期初价值	期末价值
卖出 1 单位组合 A	+1	$-(1+r_A) = -[1+E(r_A)+F] = -(1+8\%+F)$
买进 1 单位组合 B	−1	$1+r_B = 1+E(r_B)+F = 1+10\%+F$
套利组合	0	2%

由此可见，上述套利组合期初的价值为 0，而期末的价值大于 0，即在不承担风险的情况下获得了正的收益。市场上的投资者都将积极构建套利头寸以获取无风险收益。这将导致组合 A 的价格下降而收益率上升，组合 B 的价格上升而收益率下降，直至两者的预期收益率相等时，套利行为终止。因此，在均衡市场上，如果两个非系统性风险被充分分散化的组合的 β 值相同，那么两者的预期收益率也相同。

接下来证明第二个结论。有两个非系统性风险被充分分散化的组合 A 和 B，如果有 $\beta_A \neq \beta_B$，则以下等式成立：

$$\frac{E(r_A) - r_f}{\beta_A} = \frac{E(r_B) - r_f}{\beta_B} \tag{3.11}$$

同样地，我们举一个例子，并用假设法证明上述结论。假设两个非系统性风险被充分分散化的组合 A 和 B 的 β 值分别为 $\beta_A = 0.8$，$\beta_B = 1$。两者的预期收益率分别为 $E(r_A) = 8\%$，$E(r_B) = 10\%$，无风险利率为 $r_f = 4\%$。类似地，我们将尝试根据上述信息构造一个无风险套利机会。一个基本判断是：组合 A 的价格被高估，而组合 B 的价格被低估。遵循低买高卖的套利组合构造原则，我们卖出组合 A，同时买进组合 B。另外需要确定两者的配置比例。根据第一个结论证明中获得的经验，套利组合的构建需要对冲掉风险因素 F 的影响，同时要保持买进和卖出的初始份额相同。由此，我们选择卖出 1 单位组合 A，同时买进 0.8 单位组合 B 和 0.2 单位无风险资产。这个对冲组合期末的价值如表 3-2 所示。

表 3-2 套利组合的构建（单因素模型，β 值不同的情况）

名称	期初价值	期末价值
卖出 1 单位组合 A	$+1$	$-(1+r_A)=-[1+E(r_A)+0.8F]=-(1+8\%+0.8F)$
买进 0.8 单位组合 B	-0.8	$0.8(1+r_B)=0.8+0.8E(r_B)+0.8F=0.8+8\%+0.8F$
买进 0.2 单位无风险资产	-0.2	$0.2(1+r_f)=0.2+0.2r_f=0.2+0.8\%$
套利组合	0	0.8%

同样地，上述套利组合期初的价值为 0，而期末的价值大于 0，即在不承担风险的情况下获得了正的收益。市场上的投资者都将积极构建套利头寸以获取无风险收益。这将导致组合 A 的价格下降而收益率上升，组合 B 的价格上升而收益率下降。为了方便理解，我们假设其他条件不变，则当 $E(r_A)=8.8\%$时，可以验证期末的价值为 0，套利活动终止。当然，在真实的市场中，套利活动使两种组合的价格都会发生变化。当（3.11）式成立时，套利活动终止。因此，在均衡市场上，如果两个非系统性风险被充分分散化的组合的 β 值不同，其预期收益率减去无风险利率的差正比于 β 值。组合的预期收益率与 β 值的关系如图 3-4 所示。

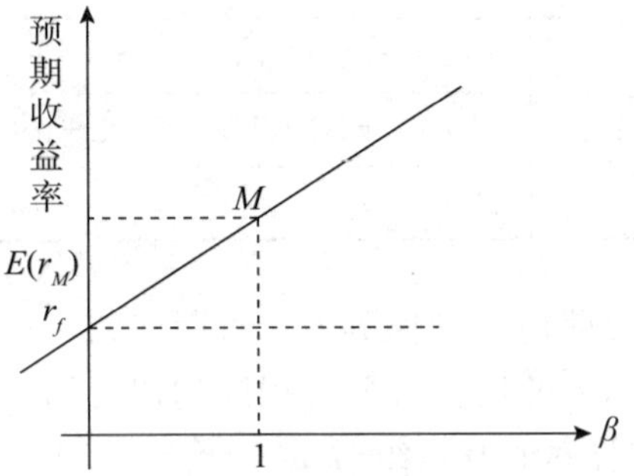

图 3-4 β 值与预期收益率

至此，我们得到了较为一般化的证券定价公式（3.11）。观察该等式，我们发现对非系统性风险被充分分散化的组合的定价是不需要市场组合的，而只需要另一个非系统性风险被充分分散化的组合即可。无套利均衡原理告诉我们，不同资产的价格间不应该存在无风险套利机会，而该定价公式能够反映不同资产价格间的这种平衡关系。自然地，市场组合也可以视为一种非系统性风险被充分分散化的组合，其也满足（3.11）式。此时，我们得到证券市场线的公式：

$$E(r_A)=r_f+\beta_A[E(r_M)-r_f]$$

注意，该结论只对非系统性风险被充分分散化的组合 A 成立。

3.3 多因素套利定价模型

在本节中，我们以两因素模型为例，研究多因素的套利定价理论。更多因素的模型也可以按照类似的方式进行推演。

假设非系统性风险被充分分散化的组合 p 的价格受到两种宏观因素的影响。我们把组合 p 的收益率写成如下的多指数模型形式：

$$r_p = E(r_p) + \beta_{p1}F_1 + \beta_{p2}F_2 + e_p \tag{3.12}$$

式中，F_1 和 F_2 为影响所有证券价格的两种宏观因素。其满足 $E(F_1)=0$，$E(F_2)=0$，$\mathrm{cov}(F_1, F_2)=0$。宏观因素与单只证券的非系统性风险也是不相关的。由于我们的研究对象是非系统性风险被充分分散化的组合，故 $e_p=0$。由上述分析得到的经验，F_1 可以设定为未预期到的 GDP 增长率，F_2 为未预期到的通货膨胀率。在现实中，$\mathrm{cov}(F_1, F_2)=0$ 的要求对宏观因素的选择造成了一定困难。这需要我们利用类似在计量经济学中处理共线性问题的技术合理设定。

接下来，为了研究多因素证券定价问题，我们需要借助因素组合的概念。因素组合也是非系统性风险被充分分散化的组合，其特征为对其中一个宏观因素（系统性风险因素）的β值为1，而对其他宏观因素（系统性风险因素）的β值为0。我们约定因素组合 i 对第 i 个宏观因素的β值为1，对其他宏观因素的β值为0。因素组合的要求也对其构造造成了一定困难，在实践中近似满足要求即可。

下面我们通过一个例子来推演多因素套利定价模型的基本结论。假设市场上的证券价格满足等式（3.12）。一个非系统性风险被充分分散化的组合 A 对两个宏观因素的β值分别为$\beta_{A1}=0.5$，$\beta_{A2}=0.8$。两个因素组合 1 和 2，其预期收益率分别为 $E(r_1)=8\%$，$E(r_2)=10\%$。无风险收益率为 $r_f=4\%$。根据单因素证券市场线的形式，我们猜测多因素证券市场线有如下形式：

$$E(r_A) = r_f + \beta_{A1}[E(r_1) - r_f] + \beta_{A2}[E(r_2) - r_f] \tag{3.13}$$

这样计算得出的 $E(r_A)=10.8\%$。接下来，我们利用反证法证明（3.13）式成立。首先，假设一个错误的结论，即 $E(r_A)=12\%$，在此基础上构造一个无风险套利的机会。大致的思路为：利用因素组合 1 和 2 构造一个新的组合，这个组合刚好可以跟组合 A 实现风险对冲，但却可以通过低买高卖的策略实现无风险收益。通过观察组合 A 的两个β系数，我们知道新的组合包括 0.5 单位因素组合 1 和 0.8 单位因素组合 2。由于需要保持买进和卖出的初始份额相同，新组合中应包含−0.3 单位无风险资产。此外，由于组合 A 的收益率被高估而价格被低估，我们的套利策略为买进 1 单位组合 A、卖出 0.5 单位因素组合 1 和 0.8 单位因素组合 2、买进 0.3 单位无风险资产。这个对冲组合期末的价值如表 3-3 所示。

表 3-3 套利组合的构建（多因素模型）

名称	期初价值	期末价值
买进 1 单位组合 A	-1	$1+r_A=1+E(r_A)+0.5F_1+0.8F_2=1+12\%+0.5F_1+0.8F_2$
卖出 0.5 单位因素组合 1	$+0.5$	$-0.5(1+r_1)=-0.5-0.5E(r_1)-0.5F_1=-0.5-4\%-0.5F_1$
卖出 0.8 单位因素组合 2	$+0.8$	$-0.8(1+r_2)=-0.8-0.8E(r_2)-0.8F_2=-0.8-8\%-0.8F_2$
买进 0.3 单位无风险资产	-0.3	$0.3(1+r_f)=0.3+1.2\%$
套利组合	0	1.2%

由此，我们构造了无风险套利机会。市场上投资者的套利行为将导致组合 A 的价格

上升而收益率上升，组合 1 和组合 2 的价格下降而收益率上升，直到三者满足（3.13）式的关系时，套利活动终止。特别地，如果假设其他条件都不变，则最终 $E(r_A)=10.2\%$时套利活动终止。也即验证了（3.13）式中的定价公式成立。至此，我们通过反证法推演了多因素套利定价模型（3.13）。

3.4 资本资产定价模型和套利定价理论的比较

在上一章和本章中，我们分别通过资本资产定价模型和套利定价理论得到了证券市场线的形式。这一章我们将比较两个模型的联系和区别。从联系来看，两者都基于市场是有效的这一假设，且投资者存在关于证券收益和风险参数的一致预期。值得注意的是，这一假设在实践中并不总是成立。因此，相关结论与市场的真实情况也可能存在一定的偏差。同时，资本资产定价模型和套利定价理论都假设市场不存在摩擦，即不需要考虑交易费用等。此外，两者均假设不需要考虑交易对价格的影响，交易的份额是无限可分的。

从区别来看，资本资产定价模型的出发点是基于市场收益和风险的优化目标形成的市场均衡，其最终形成了由市场组合决定的证券定价公式。这种均衡是由整个市场中的许多投资者的行为共同形成的结果。套利定价理论的出发点是无套利均衡，即一种证券的价格受到其他证券价格的影响，偏离了这种均衡价格的情况将形成无风险套利机会。因此，这种均衡是由市场上的少数投资者的套利行为助推形成的。套利定价理论最终形成了任意非系统性风险被充分分散化的证券组合价格间的均衡关系。证券定价公式中只需要任意一种非系统性风险被充分分散化的证券组合即可，而不需要市场组合。我们可以这样理解资本资产定价模型和套利定价理论形成的均衡的不同：资本资产定价模型形成的均衡是在考量了包括投资者风险偏好、外生条件（如无风险收益率的大小）等众多因素后共同形成的。当这种均衡形成后，不同的证券价格间需要满足一种相互平衡的关系，这就是套利定价理论形成的无套利均衡。当一种证券的价格发生偏离时，投资者的套利行为将助推其恢复到满足无套利均衡的关系。而当市场上投资者的风险偏好或者外生条件发生改变时，整个市场会形成新的均衡。在新的均衡下，不同证券间的无套利均衡关系依然存在。

在实践中，由于套利定价理论对于非系统性风险被充分分散化的组合是成立的，对于单只证券可能并不成立，因此其更多用于组合的估值。同时，多因素套利定价模型是一个很好的拓展，方便理论拓展到多因素模型。而资本资产定价模型更多地应用于单只证券的估值，在实际投资中有广泛的应用。

3.5 本章小结

本章首先介绍了单指数模型，其将系统风险集中反映到一个因素中，并通过一些合理的假设，降低了投资组合优化的计算复杂度。此外，可以通过单指数模型推导出资本资产定价模型中证券市场线的形式。

在此基础上，从无套利均衡原理出发，构建了单因素和多因素套利定价模型。这是金融工程技术在资产定价领域的重要应用。对于套利定价理论和资本资产定价模型，主要有以下联系和区别：关于联系，两者都基于市场是有效的这一假设，且投资者存在关于证券收益和风险参数的一致预期。两者都假设市场不存在摩擦，不需要考虑交易对价格的影响，交易的份额是无限可分的。关于区别，资本资产定价模型的出发点是基于市场收益和风险的优化目标形成的市场均衡。套利定价理论的出发点是无套利均衡，即一种证券的价格受到其他证券价格的影响，偏离了这种均衡价格的情况将形成无风险套利机会。套利定价理论最终形成了任意非系统性风险被充分分散化的证券组合价格间的均衡关系。证券定价公式中只需要任意一种非系统性风险被充分分散化的证券组合即可，而不需要资本资产定价模型中的市场组合。

练习题

1. 有如下关于两只证券和市场组合的信息，请完成下面的计算。

	预期收益率	与市场组合的相关系数	标准差
证券 1		0.9	20%
证券 2		−0.5	9%
市场组合	12%	1	12%
无风险资产	5%	0	0

（1）证券 1 和证券 2 的预期收益率分别是多少？

（2）证券 1 和证券 2 的系统性风险 σ_{S1}^2、σ_{S2}^2 和个别风险 σ_{I1}^2、σ_{I2}^2 分别是多少？

第4章
远期和期货

学习目标

- 了解金融衍生品在价格发现和优化资金配置方面的重要功能。
- 掌握远期和期货的含义和定价原则，了解两者存在的差异。
- 掌握远期和期货在套期保值、投机和套利场景中的应用。

章前引例

假设你为一家石油公司设计套期保值方案。某年7月1日，公司签署了出售10万桶石油的合同，成交价以当年10月1日即期石油价格为准。公司不愿意承担未来石油即期价格波动的风险，并希望提前锁定出售价格。你应该如何为这份合同设计套期保值策略呢？又如何在市场上寻找合适的期货产品呢？通过本章的学习，你将能够选择合适的期货产品来构建套期保值策略，为公司提前锁定出售价格。此外，你还会了解远期和期货在投机和套利场景中的应用。

本章中，我们将介绍两种重要的金融衍生品：远期和期货。两者既有联系，又存在区别。我们将在下面的章节中具体介绍。在此，我们简要介绍衍生品市场的定义和功能。衍生品是指在某种更为基本的金融产品如货币、债券、股票等基础上派生出来的产品。衍生金融产品是与基础金融产品相对应的一个概念，是指建立在基础金融产品或基础变量之上，其价格随基础金融产品的价格（或数值）变动的派生金融产品。衍生品市场是人们进行衍生品交易的场所，可分为交易所市场和场外交易市场。衍生品市场具有风险转移的功能，可以通过套期保值达到转移风险、稳定提前锁定购买或者出售标的资产价格的作用。此外，衍生金融工具与基础证券的内在联系增加了金融衍生市场的有效性，提高了市场效率，因而也具有价格发现和优化资金配置的功能，既为投资者提供了规避风险的渠道，也为投机者提供了套利机会。接下来，我们将分别介绍远期和期货产品的定义和定价原则，以及其在套期保值、投机和套利场景中的应用。

4.1　远期的定义和定价原则

最早的远期交易是由一群中世纪佛莱芒商人以土地为标的物而创造的。他们之间签订

“定期集市单”，规定在未来某一时间进行实际土地交割。19 世纪 70 年代奥地利维也纳产生了最早的远期外汇市场。著名经济学家凯恩斯和爱因齐格发展了揭示远期外汇市场运作的利率平价理论，奠定了远期外汇交易的基础。

我们先介绍远期的定义。远期合约是买卖两个对手之间签订的在未来一个确定时间按确定的价格购买或出售某项资产的协议。远期合约的多头为同意未来以某个确定的价格购买标的资产的一方，而空头为同意未来以某个确定的价格出售标的资产的一方。一般地，远期合约通常由两个金融机构或者公司客户签署，且不在交易所内交易。远期合约一般都具有真实贸易背景，在合约到期时会进行实际交割。由于远期产品在建立合约时买卖双方是自愿加入的，因此其在开仓时的价值为 0。当然，随着时间的推移，会有新的价格信息出现，此时原有的远期合约的价值不为 0。后续我们将结合例子说明决定原有远期合约价值的因素。

在这一节，我们通过远期合约的报酬函数来研究其主要性质。我们先约定一些记号。令 K 为远期合约的交割价，S_T 为标的资产在到期日的价格，T 为到期日。为了更为直观地研究远期合约买方和卖方的损益情况，我们绘制远期合约的报酬函数（如图 4－1 所示）。

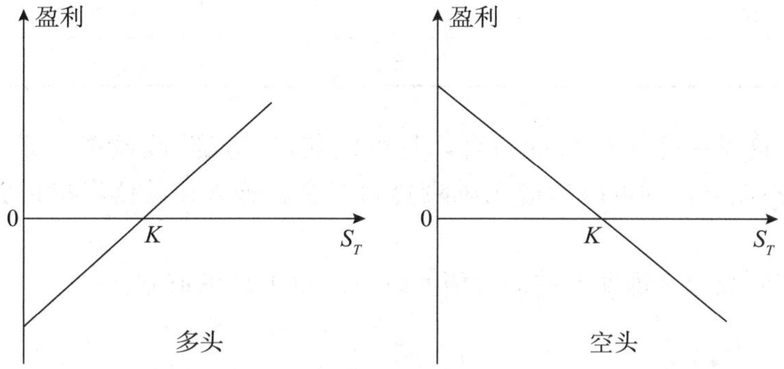

图 4－1　远期合约的报酬函数

如图 4－1 所示，当标的资产在到期日的价格超过交割价时，远期合约的多头获利。即当 $S_T>K$ 时，远期合约的多头履行合约责任，按照 K 的价格从交易对手处购买标的资产，再以 S_T 的价格在市场上卖出，得到 $S_T-K>0$，为盈利。反之，当 $S_T\leqslant K$ 时，远期合约的多头履行同样的标的资产购买义务并卖出资产，得到 $S_T-K\leqslant 0$，为损失。由此可见，当预期标的资产价格会升高时，应该购买远期合约。标的资产的价格越高，远期合约的多头获利越大。接下来，研究远期合约空头的报酬函数。当 $S_T>K$ 时，远期合约的空头需要从市场上以 S_T 的价格购买标的资产，再履行合约责任，以 K 的价格出售给交易对手，得到 $K-S_T<0$，为损失。当 $S_T\leqslant K$ 时，远期合约的空头购买资产和履行同样的标的资产出售义务，得到 $K-S_T\geqslant 0$，为盈利。由此可得，远期合约空头的损益与多头的损益是关于 x 轴对称的，这是一个零和交易。总的来看，远期合约多头的报酬函数为 S_T-K，空头的报酬函数为 $K-S_T$。

由上所述，远期合约在建立之初价值为 0。那么，随着时间的推移和新的价格信息的产生，远期合约的价值如何确定呢？为了研究这个问题，我们要借助无套利均衡分析的方法。首先，我们更新并补充一些记号的含义。在新的记号中，F 为当前的远期合约的交割价，f 为原有远期合约的当前价值，r 为无风险收益率。注意，此时 K 为原有的远期合约的交割价，S 为标的资产的即期价格。接下来，我们尝试研究原有远期合约的当前价值 f，也即远期合约的定价问题。

为了研究远期合约的定价问题，我们先确定远期价格和即期价格之间的关系。有以下结论成立：

$$F=Se^{rT} \tag{4.1}$$

我们将采用构造一个无风险组合的方式证明上述结论。在期初，构造如下组合：买入 1 单位标的资产，卖出 1 单位远期合约。由于远期合约在开仓时的成本为 0，该策略在期初的成本为 S。而在到期日，无论市场价格出现何种情况，该组合的价值均为 F。无风险组合的价值具体如表 4－1 所示。

表 4－1　无风险组合的价值（远期价格与即期价格的关系）

名称	0 时刻的价值（成本）	T 时刻的价值
买入 1 单位标的资产	S	$S(T)$
卖出 1 单位远期合约	0	$F-S(T)$
组合	S	F

由此可见，这是一个无风险的组合，其可以获得无风险收益率，即（4.1）式成立。如果（4.1）式不成立，则可以构造无风险套利机会。感兴趣的读者可以尝试构造无风险套利组合。

进而，我们研究原有远期合约的价值问题。有以下结论成立：

$$f=(F-K)e^{-rT}=S-Ke^{-rT} \tag{4.2}$$

（4.2）式的证明有一些复杂。我们考虑以下两份合约：原有的交割价为 K 的合约，以及当前新成立的交割价为 F 的合约。两份合约距离到期日均为 T，且标的资产均相同。因此，如果从期货合约多头的角度来看，两者购买同样 1 单位标的资产，需要付出的资金的差额为 $F-K$。需要注意的是，这是一个确定性的差额。因此在计算这部分差额的现值时，只需要利用无风险收益率进行贴现即可。由此，原有远期合约的价值与当前远期合约的价值相差 $(F-K)e^{-rT}$。又因为当前远期合约的价值为 0，原有远期合约的价值为 $f=(F-K)e^{-rT}$。代入（4.1）式的结论，即可知（4.2）式成立。为了方便对上述推演过程的理解，我们采用表 4－2 的例子进行说明。

表 4－2　远期合约价值的计算

背景：某年 7 月 1 日，3 个月到期的标的为 1 克黄金的远期合约，交割价为 450 元。 8 月 1 日时，同样到期日和标的的远期合约，交割价为 500 元。
分析：我们站在远期合约多头的角度分析。按照 7 月 1 日购买的合约，在到期日时购买 1 克黄金，需要支付 450 元。按照 8 月 1 日购买的合约，在到期日时购买 1 克黄金，需要支付 500 元。持有原有合约比持有新开仓的合约少支付 50 元，这一金额在任何市场情况下都是确定的。我们还发现，按照原有合约支付的金额更低，因此原有合约的价值更高。远期的定价问题需要贴现到当前时刻。如上所述，原有合约的价值减去当前合约的价值为定值 50 元，当前时刻的差额为 50 元的贴现值。而当前远期合约价值为 0，因此原有合约的定价为 $50\times e^{-rT}$。其中，r 为无风险收益率，T 为当前时刻距离到期日的时间 2 个月。

续表

	到期日购买标的资产支付的金额（元）	当前时刻的价值
原有合约	450	$50\times e^{-rT}$
当前合约	500	0
原有合约价值－当前合约价值	50	$50\times e^{-rT}$

4.2　期货的定义和定价原则

期货起源于久远的古希腊和古罗马时代。19 世纪中期，真正的期货交易产生于芝加哥。1848 年，芝加哥的 82 位谷物交易商发起组建了芝加哥期货交易所（CBOT）。

在上一节我们给出了远期的定义。远期合约是买卖两个对手之间签订的在未来一个确定时间按确定的价格购买或出售某项资产的协议。远期合约的多头为同意未来以某个确定的价格购买标的资产的一方，而空头为同意未来以某个确定的价格出售标的资产的一方。而期货合约是一种标准化的远期合约，在衍生品交易所进行场内交易。参与交易的双方可以不存在真实的贸易背景，而是基于一定的价格判断持有投机头寸。同时，合约通常在到期日前即平仓。即使持有至到期，到期时也多采用现金结算的方式，而少有真实交割的情况。对于交割日，与远期合约只有一个指定的交割日不同，期货合约的交割期限通常是一个范围。当然，两者最重要的区别是期货合约的“逐日盯市”交易结算制度。对于参与期货交易的双方来说，需要事先在账户中储存一定的初始保证金。在每个交易日结束时，交易所会根据新的价格对原有期货合约的价值进行结算，并在保证金账户中扣除损失或者增加盈利的部分。经过每日结算之后，原有的期货合约会置换成新的合约，其交割价即为当前交割价，并且合约的价值为 0。当保证金账户的金额低于最低保证金水平时，就需要投资者追加保证金。如果不能及时追加保证金，可能会被交易所强制平仓。在这种情况下，即使未来标的资产的价格发生有利的变化也无法挽回损失。表 4－3 展示了“逐日盯市”交易结算制度下保证金账户的变化。

表 4－3　期货交易的“逐日盯市”交易结算制度

背景：某年 7 月 1 日购买 3 个月到期的标的为 1 克黄金的期货合约，交割价为 450 元。初始保证金比例为合约价值的 20%，即为 90 元。最低保证金比例为合约价值的 10%。下面以买方为例。

时间	当前期货价格（元）	结算金额（元）	保证金账户余额（元）
7 月 1 日	450	/	90
7 月 2 日	470	＋20	110
7 月 3 日	430	－40	70
7 月 4 日	480	＋50	120
7 月 5 日	400	－80	40（追加保证金临界值）
…			

表 4－3 反映了“逐日盯市”交易结算制度下，期货价格变化对保证金账户金额的影响。以 7 月 3 日的情况为例。在 7 月 2 日的损益结算后，该期货合约已经更新为交割价为 470 元的期货合约。由于 7 月 3 日新开仓的同样到期日的期货合约的交割价为 430 元，买方持有原有合约，在购买 1 单位标的资产时需要多付 40 元。因此，7 月 2 日的合约到 7 月 3 日发生了 40 元的损失。将 40 元的损失在保证金账户结算后，该损失已经被抹平。此时，合约更新为交割价为 430 元的合约。同时，40 元的盈利也被添加至期货合约空头的保证金账户。当保证金账户金额增加时，一般对投资者没有影响。其超过最低保证金的部分可以支取使用。但是，当保证金账户余额持平或低于最低保证金水平时，投资者需要追加保证金。否则，交易所会强行平仓。因此，在做期货投资时，不适于将杠杆加满。这种做法风险极大，极容易损失全部资金。

由上所述，期货和远期在基本定义方面是一致的。但是，两者在交易机制等方面存在一些差异。二者的主要区别见表 4－4。

表 4－4　远期和期货的主要区别

远期合约	期货合约
两个交易对手私下签约	在交易所内交易
非标准化	标准化
通常指定一个交割日	交割期限有一个范围
合约到期时清算	每日结算
通常进行交割或最后的现金结算	合约通常在到期日之前平仓

下面我们通过期货合约的报酬函数来研究其主要性质。我们先约定一些记号。令 K 为期货合约的交割价，S_T 为标的资产在到期日的价格，T 为到期日。为了更直观地研究期货合约买方和卖方的损益情况，我们绘制期货合约的报酬函数（如图 4－2 所示）。

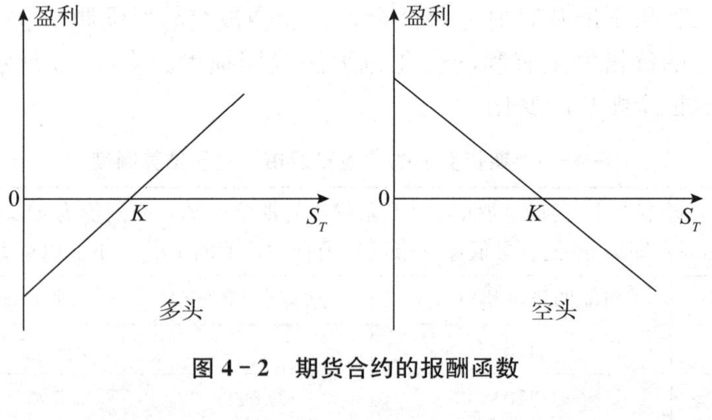

图 4－2　期货合约的报酬函数

观察图 4－2，我们发现期货合约的报酬函数与远期合约的报酬函数是一致的。这里，我们仅做如下总结。对于期货合约的多头，其报酬函数为 S_T-K，空头的报酬函数为 $K-S_T$。在到期日时，当标的资产价格超过交割价时，期货合约的多头盈利而空头亏损。当标的资产价格低于交割价时，期货合约的空头盈利而多头亏损。值得注意的是，由于有上述“逐日盯市”交易结算制度的存在，当资金不够追加保证金时，投资者可能由于被强制平仓而提前出局。在表 4-3 提供的例子中，如果后续交易日期货价格进一步下降，而买方又无法追加保证金，则会被强制平仓。在理想状况下，可以保留 40 元的最低保证金。在实际中，价格可能连续下跌难以及时平仓。此时，留存的资金可能会更少。在这种情况下，即使后续期货价格高于 450 元，投资者也无法获得相应的收益。衍生品交易的保证金制度实现了杠杆交易。但是，过高的杠杆会伤害后续的资金筹集能力，引致巨大的风险。一旦被平仓，投资者则无法获得后续有利价格变动带来的收益。

4.3　期货和远期的价格比较

在本节中，我们讨论一个有关期货和远期合约价格的理论问题。即：标的资产和到期日均相同的远期和期货合约，哪个合约的价格更高？根据前述讨论，两个合约的报酬函数是一致的。唯一存在差异且对价格产生影响的因素即为交易结算制度。“逐日盯市”交易结算制度和利率的变化将对价格产生影响。当然，当无风险利率恒定且对所有到期日均不变时，两份交割日相同的远期和期货合约有相同的价格。当无风险利率会发生变化时，两者的价格是不一样的。孰高孰低需要结合具体情况进行分析。两者价格的高低关系由无风险利率和标的资产价格的关系决定。首先，无风险利率与标的资产价格可能正相关，也可能负相关。例如，如果标的资产是股票指数，那么，当无风险收益率较高时，经济处于繁荣状态，股票指数的收益也会较高。此时，两者成正相关关系。相反，如果标的资产是债券，我们知道利率越高，债券的价格越低。此时，两者成负相关关系。接下来，我们将分情况讨论期货和远期的价格问题。当无风险利率与标的资产价格成正相关关系时，如果标的资产价格升高，期货多头头寸投资者因为每日结算而获利。该利润可用于投资，而此时由于无风险收益率也较高，因此投资获得的收益也较高。相反，如果标的资产价格降低，期货多头头寸投资者因为每日结算而亏损。此时，需要追加保证金。而此时无风险收益率也较低，因此融资的利率较低。由此可见，相较远期而言，期货的每日结算制度给多头投资者带来了好处，因此其价格应该较高。当无风险利率与标的资产价格成负相关关系时，期货的多头头寸投资者需要在更高的成本下融资而在较低的收益率下投资。此时，期货的每日结算制度给多头投资者带来了坏处。由此，期货价格较远期价格低。

4.4　利用期货合约进行套期保值、投机和套利的方法

在本节中，我们将通过具体的实例说明如何利用期货合约进行套期保值、投机和套利。由于远期合约与期货合约有相似的性质，套期保值策略也可以通过远期产品实现。对于投机和套利策略，一般是通过期货市场实现的，因为其具有产品标准化、交易活跃等特征。

首先，我们给出套期保值、投机和套利三类投资者的含义。套期保值者面临资产价格风险，他们利用衍生品达到降低或者消除风险的目的。投机者则是对今后价格变动下注，衍生品可以给他们提供更大的杠杆效应。套利者试图从两个不同的市场价格失衡中获利。例如，当套利者发现期货价格和即期价格之间存在失衡时，他们会同时在两个市场中做互

相抵消的交易来锁定盈利。

对于套期保值者而言，其本身有在未来购买或者出售标的资产的真实贸易需求，通过购买或者出售合适的期货类产品，可以提前锁定未来购买或者出售的价格，从而达到规避风险的目的。在本节中，我们将讨论完美的套期保值，其是可以完全消除风险的。一般地，完美的套期保值需要满足两个条件。其一，期货合约的标的资产和套期保值者需要购买或者出售的资产完全一致。其二，期货合约的到期日与出售或者购买标的资产的时间完全一致。我们可以通过下面的例子来理解这两个条件。如果套期保值者持有若干种股票构成的组合，同时计划在未来某一时间出售，那么，以某种股票指数为标的的期货合约不能完全满足套期保值的需求。这是因为若干种股票的组合并不等同于股票指数。另外一种常见的现象是套期保值者需要购买或者出售资产的时间并不是整月，因而无法匹配刚好到期日一致的期货产品。此时，我们会购买到期日略长的期货产品，但是会余留一些基差风险，并不是完美的套期保值。有关基差风险的内容，我们将在下一节中详细阐述。

下面介绍两种期货的套期保值策略：期货空头套期保值策略和期货多头套期保值策略。期货空头套期保值策略如下：如果公司知道它在将来某一特定时间要出售某一资产，并打算现在锁定出售价格，就可以通过持有期货合约的空头来对冲风险。期货多头套期保值策略如下：如果公司知道它在将来某一特定时间要购买某一资产，并打算现在锁定购买价格，就可以通过持有期货合约的多头来对冲风险。表 4－5 将通过具体的例子介绍期货空头套期保值策略。

表 4－5 期货空头套期保值策略

<table>
<tr><td colspan="2">需求：某年 7 月 1 日，某公司签署出售 100 万桶石油合同，成交价以 10 月 1 日即期石油价格为准。公司不希望承担未来石油即期价格波动的风险，希望提前锁定出售价格。</td></tr>
<tr><td colspan="2">产品价格：10 月 1 日到期的石油期货价格为 85 元/桶。</td></tr>
<tr><td colspan="2">策略（对冲）：
7 月 1 日，卖空 100 万份期货合约，初始价值为 0。
10 月 1 日期货合约平仓，同时按协议出售石油。
策略（不对冲）：无期货头寸。</td></tr>
<tr><td colspan="2">测算：不同情形下组合（期货合约空头＋实际出售资产）的价值。</td></tr>
<tr><td colspan="2">情形 1：10 月 1 日石油即期价格为 90 元/桶</td></tr>
<tr><td>价值（对冲）：
期货合约平仓：(85－90)×100＝－500 万元
出售石油：90×100＝9 000 万元
总计：(85－90)×100＋90×100＝8 500 万元</td><td>价值（不对冲）：
出售石油：100×90＝9 000 万元</td></tr>
<tr><td colspan="2">情形 2：10 月 1 日石油即期价格为 80 元/桶</td></tr>
<tr><td>价值（对冲）：
期货合约平仓：(85－80)×100＝500 万元
出售石油：80×100＝8 000 万元
总计：(85－80)×100＋80×100＝8 500 万元</td><td>价值（不对冲）：
出售石油：80×100＝8 000 万元</td></tr>
</table>

续表

结论：在未来有出售标的资产的需求时，可以通过持有期货的空头头寸来规避风险。套期保值的效果是能够完全锁定出售价格，该价格即为期货合约的交割价。

具体地，我们以 10 月 1 日石油价格为 90 元/桶的情形为例解释空头套期保值的原理。当到期日的标的资产价格较高时，期货空头平仓会产生一些损失。在该例中，该公司需要从市场以 90 元/桶的价格购买标的资产，再以 85 元/桶的价格卖给期货合约的交易对手，每桶石油损失 5 元。另外，该公司以 90 元/桶的现货价格出售石油。综合来看，相当于公司以 85 元/桶的价格出售了石油。类似地，如果到期日石油即期价格较低，期货合约平仓会带来收益。同时，公司直接出售石油的价格较低。两方面综合，也是相当于以期货合约的交割价出售了标的资产。我们发现，采用套期保值策略实现的价值可能低于或高于不采用该策略实现的价值。我们应该辩证地看待这一结果。风险管理的本质是防范不确定的损失，不能为了追求可能的收益而放弃风险管理。由此，我们得到结论：在未来有出售标的资产的需求时，可以通过持有期货的空头头寸来规避风险。套期保值的效果是能够完全锁定出售价格，该价格即为期货合约的交割价。接下来，表 4－6 将通过具体例子介绍期货多头套期保值策略。

表 4－6　期货多头套期保值策略

需求：某年 8 月 1 日，某公司签署购买 100 万桶石油合同，成交价以 11 月 1 日即期石油价格为准。公司不希望承担未来石油即期价格波动的风险，希望提前锁定购买价格。	
产品价格：11 月 1 日到期的石油期货价格为 90 元/桶。	
策略（对冲）： 8 月 1 日，买入 100 万份期货合约，初始价值为 0。 11 月 1 日期货合约平仓，同时按协议购买石油。 策略（不对冲）：无期货头寸。	
测算：不同情形下组合（期货合约多头＋实际购买资产）的价值。	
情形 1：11 月 1 日石油即期价格为 80 元/桶	
价值（对冲）： 期货合约平仓：(80－90)×100＝－1 000 万元 购买石油：80×100＝8 000 万元 总计（支付）：－(80－90)×100＋80×100＝9 000 万元	价值（不对冲）： 购买石油：100×80＝8 000 万元
情形 2：11 月 1 日石油即期价格为 100 元/桶	
价值（对冲）： 期货合约平仓：(100－90)×100＝1 000 万元 购买石油：100×100＝10 000 万元 总计（支付）：－(100－90)×100＋100×100＝9 000 万元	价值（不对冲）： 购买石油：100×100＝10 000 万元
结论：在未来有购买标的资产的需求时，可以通过持有期货的多头头寸来规避风险。套期保值的效果是能够完全锁定购买价格，该价格即为期货合约的交割价。	

具体地，我们以 11 月 1 日石油价格为 80 元/桶的情形为例解释多头套期保值的原理。当到期日的标的资产价格较低时，期货多头平仓会产生一些损失。在该例中，该公司需要从期货合约交易对手处以 90 元/桶的价格购买标的资产，再以 80 元/桶的价格在现货市场上卖出，每桶石油损失 10 元。另外，该公司以 80 元/桶的现货价格购买石油。综合来看，每桶石油的支付水平为亏损金额 10 元和购买金额 80 元之和，这相当于公司以 90 元/桶的价格购买了石油。类似地，如果到期日石油即期价格较高，期货合约平仓会带来收益。同时，公司直接购买石油的价格较高。两方面综合，也相当于以期货合约的交割价购买了标的资产。同样地，采用套期保值策略实现的价值可能低于或高于不采用该策略实现的价值。由此，我们得到结论：在未来有购买标的资产的需求时，可以通过持有期货的多头头寸来规避风险。套期保值的效果是能够完全锁定购买价格，该价格即为期货合约的交割价。

对于投机者来说，其通过预测价格的变动方向、构建投机头寸以获取收益。由于期货只需要缴纳最低保证金就可以参加交易，因此引入了杠杆交易。购买或者出售期货类产品可以获得巨大的收益，同时也可能遭受巨大的损失。表 4-7 展示了某投资者利用期货产品进行投机的情况。

表 4-7　利用期货合约的投机策略

需求：某年 6 月 1 日，投资者有资金 1 100 万元。 预测石油价格 3 个月内会上涨，希望构建投机策略。	
产品价格：石油的即期价格为 110 元/桶，3 个月到期的期货价格为 100 元/桶，最低保证金比例为 10%。	
策略（期货）：购买 110 万份期货合约，0 成本，需要最低保证金 1 100 万元。（注：假设极端情形，在价格发生不利变动时会被提前平仓。） 策略（现货）：购买 10 万桶石油，价值 1 100 万元。	
测算：不同情景下投机策略的损益。	
情形 1：9 月 1 日股票现货价格为 130 元	
损益（期货）： 期货合约价值：110×(130−100)＝3 300 万元 损益合计：3 300 万元	损益（现货）： 石油现货价值：10×130＝1 300 万元 购买支付：−1 100 万元 损益合计：200 万元
情形 2：9 月 1 日股票现货价格为 90 元	
损益（期货）： 期货合约价值：110×(90−100)＝−1 100 万元 损益合计：−1 100 万元 （注：在实际中，可能由于无法追加保证金而被提前平仓。）	损益（现货）： 石油现货价值：10×90＝900 万元 购买价值：−1 100 万元 损益合计：−200 万元
结论：由于只需要缴纳最低保证金即可以参与期货交易，这就产生了杠杆效应。对于给定的投资额，使用期货投机放大了结果：好的结果变得更好，坏的结果变得更坏。期货投机者的最大损失可能是全部资金。	

具体地，某投资者判断石油价格会在未来上涨，其可以通过直接购买石油现货或者购买期货合约的方式构建投机策略。在表 4-7 的情形 1 中，当石油价格变动方向符合预期时，期货由于存在杠杆效应而产生了数倍于现货的投机收益。在情形 2 中，当石油价格变动方向与

预期相反时，通过购买期货的投机策略可能会损失全部资金。在实践中，由于存在对最低保证金的要求，期货合约可能在到期前就被平仓了。当然，更好的策略是在初始构建仓位时不要把杠杆加足，例如只购买一半金额的期货合约。此时，当价格发生不利变动时，可以有预留资金用于追加保证金。当后续价格变化符合预期时，还可以获得这部分收益。

对于其他情形的期货套期保值和投机策略，这里不再赘述，请读者根据实际情况进行具体的设计。

在市场上，除了套期保值和投资类型的交易者，还存在套利类型的交易者。当某种衍生品的价格偏离无套利均衡关系决定的价格时，交易者会积极构建套利头寸而获得套利收益，他们的策略即为贯穿本书始终的无风险套利策略。

4.5　基差风险

在上一节中，我们讨论了完美的套期保值策略，其特点是可以完全消除风险。在本节中，我们将研究不完美的套期保值。一方面，不完美的套期保值可以由标的资产与实际购买或者出售的资产之间的差异产生。例如，投资者持有多种股票构成的组合，想通过卖出股指期货合约来规避风险。但是，多种股票构成的组合和股票指数之间是存在差异的，这并不是一个完美的套期保值策略。另一方面，不完美的套期保值也可以由期货合约的到期时间和实际购买或者出售资产的时间存在差异而产生。这种情况是本节主要讨论的对象。首先，我们有这样一个基本结论：当实际购买或者出售资产的时间与期货合约的到期时间不匹配时，我们要通过到期日更远的期货合约来构建套期保值策略。为了从逻辑上验证上述结论，我们先观察标的资产的现货和期货价格随时间推移的演化规律。如图 4-3 所示，我们观察到一个重要的结论，即在到期日时，期货价格收敛于现货价格。

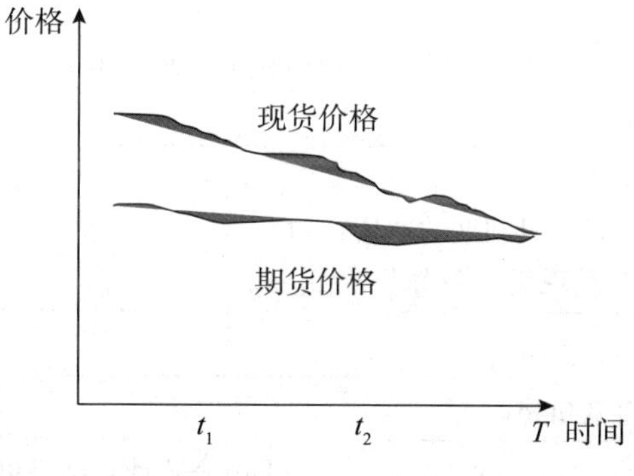

图 4-3　现货价格和期货价格随时间推移的演化规律

如果期货价格高于现货价格，我们可以通过购买现货并卖出期货合约的方式获得无风险利润。反之也可以构建无风险套利机会。由此，在到期日期货价格收敛于现货价格的结论成立。该结论也保证了在完美的套期保值策略下，可以完全锁定出售或者购买资产的价格。那么，为什么在不完美的套期保值中，要持有期限更长的期货合约呢？试想在 t_2，$t_2<T$ 时刻发生实际购买或者出售行为，余留的风险应该就是两条曲线之间的差距部分。这部分差距会

随着时间的演进而逐渐变小，并最终收敛于 0。而如果持有期限更短的期货合约，当合约到期后期货再无风险对冲功能。此时，现货价格变动的风险完全由投资者承担。为了更为准确地表达不完美套期保值的效果，我们引入一个重要的概念：基差。基差的定义为：

基差＝打算进行套期保值资产的现货价格－所使用合约的期货价格

此外，我们需要引入一些新的记号。S_1 为 t_1 时刻的现货价格，S_2 为 t_2 时刻的现货价格。F_1 为 t_1 时刻的期货价格，F_2 为 t_2 时刻的期货价格。b_1 为 t_1 时刻的基差，b_2 为 t_2 时刻的期货价差。根据上述基差的定义，我们知道 $b_1=S_1-F_1$，$b_2=S_2-F_2$。

接下来我们讨论在存在时间不一致导致的不完美套期保值时，通过购买或者出售期货合约进行套期保值后，获得的有效价格。主要结论分为以下两种情况。如果套期保值者将在 t_2 时刻出售资产，则在 t_1 时刻持有期货的空头。套期保值后获得的有效价格为 $S_2+F_1-F_2=F_1+b_2$。如果套期保值者将在 t_2 时刻购买资产，则在 t_1 时刻持有期货的多头。套期保值后获得的有效价格为 $S_2+F_1-F_2=F_1+b_2$。由此可见，在实施套期保值策略后，并不能完全锁定未来购买或者出售资产的价格。有效价格中除了确定性的期货合约的价格，还余留一项不确定的 t_2 基差。幸运的是，随着时间临近期货合约到期日，基差 b_2 逐渐变小并趋近于 0，其大小是可控的。这也再次验证了套期保值策略中需要持有到期日略长于实际处置资产时间的期货产品。

最后，我们通过两个具体例子来说明不完美的套期保值实现的有效价格。在表 4－8 中，我们先看一下空头套期保值的例子。

表 4－8　空头套期保值的基差风险

需求：某年 7 月 1 日，某公司在 9 月 15 日收到 1 000 万美元，需要兑换成人民币。	
产品价格： 7 月 1 日的市场状况为：10 月 1 日到期的美元期货价格为 7.25 元人民币。（日期临近 9 月 15 日，标的资产为 1 美元。） 9 月 15 日的市场状况为：即期美元价格为 7 元人民币兑 1 美元；10 月 1 日到期的美元期货价格为 7.05 元人民币。	
策略： 7 月 1 日，卖出 1 000 万份 10 月 1 日到期的期货合约。 9 月 15 日期货合约平仓，同时在现货市场卖出美元。	
t_2 时刻的基差：7－7.05＝－0.05 元	
测算：不完美套期保值下的有效价格。	
期货合约的平仓价值：(7.25－7.05)×1 000＝200 万元 现货市场卖出美元的价值：7×1 000＝7 000 万元 有效出售价格：7 000＋200＝7 200 万元	由公式计算结果可知： t_2 时刻的基差 b_2：7－7.05＝－0.05 t_1 时刻的期货价格 F_1：7.25 有效出售价格：1 000×(F_1+b_2)＝1 000×(7.25－0.05)＝7 200 万元
结论：在未来有出售资产的需求时，可以通过持有到期日略长的期货合约的空头进行套期保值。这种不完美套期保值策略下实现的有效价格为 t_1 时刻的期货价格与 t_2 时刻的基差之和 F_1+b_2。前者为确定性的量，而后者为不确定性的量。	

在该例中，某公司在9月15日（t_2时刻）有出售标的资产的需求。在7月1日（t_1时刻），我们应选择到期日略长于该日期且差距尽可能小的期货合约，并最终选择持有10月1日（T时刻）到期的期货合约空头。在实际出售资产的t_2时刻，持有的期货合约空头也需要进行平仓。平仓1单位期货合约空头获得的价值为F_1-F_2。同时，在现货市场上出售标的资产获得的价格为S_2。两者共同形成的有效价格为$F_1-F_2+S_2=F_1+(S_2-F_2)=F_1+b_2$。由此，我们验证了在由时间不一致形成的不完美套期保值策略下，实现的有效价格为t_1时刻的期货价格与t_2时刻的基差之和F_1+b_2。

在表4-9中，我们再来看一下多头套期保值的例子。

表4-9　多头套期保值的基差风险

需求：某年8月1日，某公司在10月15日支出1 000万美元，需要将人民币兑换成美元。	
产品价格： 8月1日的市场状况为：11月1日到期的美元期货价格为7.2元人民币。（日期临近10月15日，标的资产为1美元。） 10月15日的市场状况为：即期美元价格为7.1元人民币兑1美元；11月1日到期的美元期货价格为7.15元人民币。	
策略： 8月1日，买入1 000万份11月1日到期的期货合约。 10月15日期货合约平仓，同时在现货市场买入美元。	
t_2时刻的基差：7.1－7.15＝－0.05元	
测算：不完美套期保值下的有效价格。	
期货合约的平仓价值：(7.15－7.2)×1 000＝－50万元 现货市场买入美元的价值：7.1×1 000＝7 100万元 有效支付价格：7 100＋50＝7 150万元	由公式计算结果可知： t_2时刻的基差b_2：7.1－7.15＝－0.05 t_1时刻的期货价格F_1：7.2 有效支付价格：1 000×(F_1+b_2)＝1 000×(7.2－0.05)＝7 150万元
结论：在未来有购买资产的需求时，可以通过持有到期日略长的期货合约的多头进行套期保值。这种不完美套期保值策略下实现的有效价格为t_1时刻的期货价格与t_2时刻的基差之和F_1+b_2。前者为确定性的量，而后者为不确定性的量。	

在该例中，某公司在10月15日（t_2时刻）有购买标的资产的需求。在8月1日（t_1时刻），我们应选择到期日略长于该日期且差距尽可能小的期货合约，并最终选择持有11月1日（T时刻）到期的期货合约多头。在实际购买资产的t_2时刻，持有的期货合约多头也需要进行平仓。平仓1单位期货合约多头获得的价值为F_2-F_1，亦可视为支出F_1-F_2。同时，在现货市场上购买标的资产支出的价格为S_2。两者共同形成的有效价格为$F_1-F_2+S_2=F_1+(S_2-F_2)=F_1+b_2$。同样地，该例子也验证了在时间不一致形成的不完美套期保值策略下，实现的有效价格为t_1时刻的期货价格与t_2时刻的基差之和F_1+b_2。

4.6 本章小结

本章首先介绍了远期和期货的定义和定价原则。两种合约都是买卖两个对手之间签订的在未来一个确定时间按确定的价格购买或出售某项资产的协议。但是，两者在交易机制方面存在一定的差异。其中，最重要的区别是期货合约的“逐日盯市”交易结算制度。进而通过无套利均衡原理可以推导出远期价格与现货价格之间的关系，以及原有远期合约的价值。

本章通过丰富的实例说明，如何利用期货合约进行套期保值、投机和套利。套期保值者面临资产价格风险，他们利用衍生品达到降低或者消除风险的目的。投机者则是对今后的价格变动下注，衍生品可以给他们提供更大的杠杆效应。套利者试图从两个不同的市场价格失衡中盈利。

练习题

如果远期合约标的物为以固定比例 g 连续产生仓储费用的原油（即 $\mathrm{d}t$ 时间产生仓储费用 $gS\mathrm{d}t$），请给出其远期合约价格与现货价格的关系。(在连续复利情况下考虑。)

第5章
期权和互换

学习目标

- 理解欧式期权和美式期权的含义、报酬函数的形式和价格关系。
- 掌握欧式期权在风险对冲和投资场景中的应用。
- 掌握互换的构建原理，以及通过比较优势来构造互换的方法。

章前引例

假设你要为一个投资者设计风险对冲方案。这个投资者持有A公司股票，担心股票价格下降会引起财富减少。其希望通过购买期权产品实现风险对冲，以期在未来3个月内免受股票价格下降的影响。你该如何为这个投资者选择合适的期权合约来对冲股票下跌风险呢？通过本章的学习，你将能够选择合适的期权合约，并设计有效的风险对冲策略。

在本章中，我们将介绍两种金融衍生品：期权和互换。我们将首先介绍期权的定义和定价原则，并从无套利均衡原理出发，给出欧式期权价格的上、下界，以及欧式看涨期权和看跌期权价格的平价关系，进而给出期权在风险对冲和投资场景中应用的示例。其次，本章将介绍美式期权的定义，以及美式期权的价格关系。最后，本章将介绍互换的基本原理，以及如何利用比较优势构建利率互换。

5.1 期权的定义和定价原则

期权交易的雏形早在公元前400年就已存在。17世纪阿姆斯特丹出现了最早的期权市场。1873年，芝加哥期权交易所成立，标志着期权交易的标准化和规范化。按照期权购买者享有权利的不同，期权可分为看涨期权和看跌期权。按照期权基础资产的不同，期权可分为利率期权、货币期权、股指期权、贵金属等商品期权。按照交易方式的不同，期权可分为交易所交易的期权和场外交易的期权。按照可执行期权的日期不同，期权可分为美式期权和欧式期权，也可分为标准期权和非标准期权。

首先，我们介绍欧式看涨期权和看跌期权的定义。在下一节中，我们将介绍美式看涨期权和看跌期权的情况。看涨期权的含义为持有者有权在某一确定时间以一确定的价格购买某项标的资产。看跌期权的含义为持有者有权在某一确定时间以一确定的价格出售某项标的资产。由于期权的购买者获得的是一种权利而非一种义务，其在价格对自己有利时会选择执行期权的权利，反之则会选择放弃这种权利。因此，期权与期货和远期不同，其建立合约时的价值不会为0，而应该由期权的买方向卖方支付一定的费用，也就是期权费。

在本章的第一节，我们通过期权的报酬函数来研究其主要性质。我们先约定一些记号。令 X 为期权的执行价，c 和 p 分别为欧式看涨期权和看跌期权的期权费，T 为到期日，S_T 为标的资产在到期日的价格。为了更为直观地研究期权的买方（多头）和卖方（空头）的损益情况，我们绘制看涨期权多头和空头的报酬函数（如图5-1所示）。

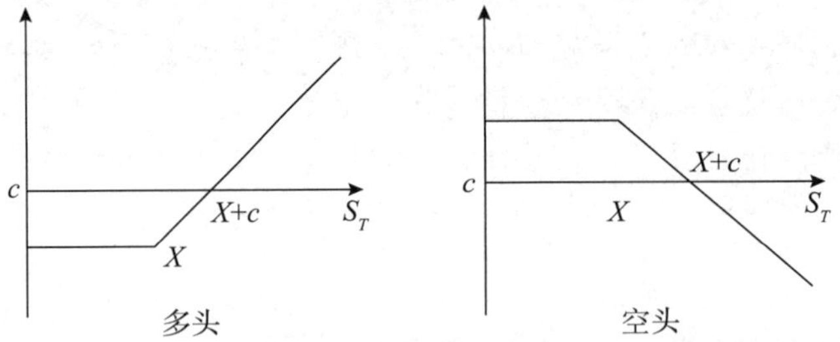

图5-1 看涨期权多头和空头在 *T* 时刻的报酬函数

我们从图5-1中可得到如下重要结论：对于看涨期权的买方，当标的资产价格超过执行价，即 $S_T>X$ 时，执行期权能够获得正收益。此时，买方以 X 的执行价从期权卖方处买入标的资产，同时以 S_T 的价格在市场上卖出，可以获得 S_T-X 的价值，为收益。而当 $S_T \leqslant X$ 时，买方会放弃执行期权，此时收益为0。由此，看涨期权多头的报酬函数是一个如图5-1中左图所示的非线性函数。如果把期权费也加入综合损益的考量，同时不考虑货币的时间价值，欧式看涨期权多头的综合损益为：

$$\max(S_T-X, 0)-c$$

由此，当 $S_T=X+c$ 时，期权的买方处于盈亏平衡状态。由于期权是一个零和的衍生品，看涨期权卖方与买方的报酬函数关于 x 轴对称。我们可以这样理解这一结论：当 $S_T>X$ 时，期权买方要求执行期权。此时，卖方需要从市场上以 S_T 的价格买入标的资产，同时以 X 的执行价卖给期权的买方，此时获得 $X-S_T$ 的价值，为损失。如果把期权费也加入综合损益的考量，同时不考虑货币的时间价值，欧式看涨期权空头的综合损益为：

$$\min(X-S_T, 0)+c$$

当 $S_T=X+c$ 时，期权的卖方处于盈亏平衡状态。

进而，我们绘制看跌期权多头和空头的报酬函数（如图5-2所示）。

我们从图5-2中可得到如下重要结论：对于看跌期权的买方，当标的资产价格低于执行价，即 $S_T<X$ 时，执行期权能够获得正收益。此时，买方以 S_T 的价格从市场购入标的资产，同时以 X 的执行价向期权卖方出售标的资产，可以获得 $X-S_T$ 的价值，为收益。而当 $S_T \geqslant X$ 时，买方会放弃执行期权，此时收益为0。由此，看跌期权多头的报酬函数是一个如图5-2中左图所示的非线性函数。如果把期权费也加入综合损益的考量，

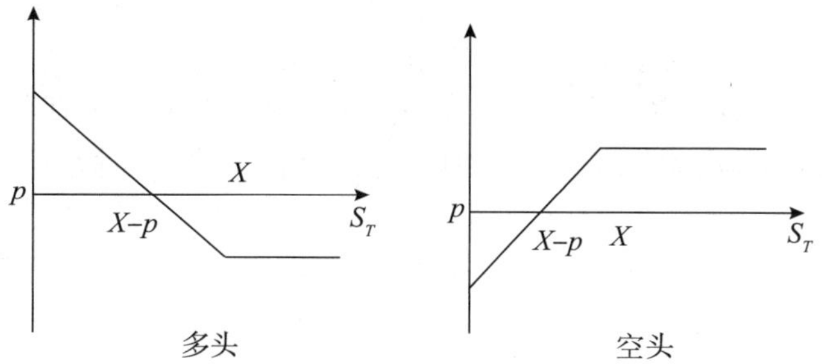

图 5-2　看跌期权多头和空头在 T 时刻的报酬函数

同时不考虑货币的时间价值，欧式看跌期权多头的综合损益为：

$$\max(X-S_T,\ 0)-p$$

由此，当 $S_T=X-p$ 时，期权的买方处于盈亏平衡状态。由于期权是一个零和的衍生品，看跌期权卖方与买方的报酬函数关于 x 轴对称。我们可以这样理解这一结论：当 $S_T<X$ 时，期权买方要求执行期权。此时，卖方需要从买方处以 X 的价格购买标的资产，同时以 S_T 的价格在市场上出售。此时获得 S_T-X 的价值，为损失。如果把期权费也加入综合损益的考量，同时不考虑货币的时间价值，欧式看跌期权空头的综合损益为：

$$\min(S_T-X,\ 0)+p$$

当 $S_T=X-p$ 时，期权的卖方处于盈亏平衡状态。

在本章的第二节，我们将讨论影响期权价格的主要因素。表 5-1 列出了影响期权价格的六个因素。接下来，我们将具体分析这些因素对期权价格影响的机制和方向。

表 5-1　影响期权价格的因素

变量	欧式看涨期权	欧式看跌期权	美式看涨期权	美式看跌期权
标的资产价格	+	−	+	−
执行价	−	+	−	+
到期期限	/	/	+	+
标的资产波动率	+	+	+	+
无风险收益率	+	−	+	−
标的资产红利率	−	+	−	+

注：此处研究一个变量增加、其他变量不变时对股票期权价格的影响。

第一，标的资产价格 S 对看涨期权的价格有正向影响，而对看跌期权的价格有负向影响。自然地，标的资产价格越高，看涨期权被执行的可能性越大，且执行后获利越大。因此，标的资产价格越高，看涨期权的价格就越高。容易看出，对于看跌期权来说，结果则是相反的。

第二，执行价 X 对看涨期权的价格有负向影响，而对看跌期权的价格有正向影响。我们可以发现，执行价与标的资产的价格是事物的相对两面。执行价越高，标的资产价格超过执行价的可能性越低。此时，看涨期权被执行的可能性越小，且执行后的获利越小。

因此，执行价越高，看涨期权的价格就越低。对于看跌期权来说，结果则是相反的。上述两种影响因素对于欧式期权和美式期权的影响是相同的。

第三，到期期限 T 对美式期权的价格有正向影响。由于美式期权在到期日前均可以选择执行，更长的到期期限意味着更多的执行和获利机会。此时，这种权利的价值更大。值得注意的是，到期期限对美式期权价格的正向影响对看涨期权和看跌期权都是成立的。而对于欧式期权来说，其只有在到期日才可能选择执行。因此，到期期限对欧式期权的价格没有严格单调的正向或负向影响。

第四，标的资产波动率对各种类型期权的价格均存在正向影响。波动率的增大意味着标的资产价格更为剧烈的波动。虽然这种波动会同时带来价格上升或者下降的可能性，但由于期权是一种权利，其只在对自身有利的价格波动下才会选择执行，因此，波动率对这种权利的影响不是双向的，而是单向的。即波动率的增加增大了期权被执行的可能性和获利的大小，对期权价格存在正向影响。值得注意的是，标的资产的预期增长率对期权价格没有影响。这个结论在我们后续学习了期权定价公式和风险中性定价原理后会有更为深刻的认识。

第五，无风险收益率对看涨期权的价格影响是通过两个渠道实现的。一方面，更高的无风险收益率代表更高的资产收益率，即标的资产的价格也会更高。另一方面，执行看涨期权获得的收益是未来时刻的收益，需要折算到当前时刻。此时，更高的无风险利率意味着更高的贴现率和更小的收益现值。经验表明，第一种影响机制占优第二种影响机制。因此，无风险收益率对看涨期权的价格存在正向影响。无风险收益率对看跌期权的影响较为直观。一方面，更高的无风险收益率代表更高的资产收益率。这会使标的资产的价格升高而使看跌期权的价值降低。另一方面，更高的无风险收益率提升了贴现率，进而降低了执行期权的收益的现值。这两种影响表明，无风险收益率对看跌期权的价格存在负向影响。

第六，标的资产红利率 d 对看涨期权价格有负向影响，而对看跌期权价格有正向影响。我们假设红利的发放不会影响期权的执行价。标的资产发放红利后会直接引起其价格的下降。根据前述分析，标的资产价格下降会引起看涨期权价格的下降和看跌期权价格的上升。

实际上，期权的价格是由上述因素共同决定的。或许你会有疑问：知道了报酬函数的形式以及标的资产价格的分布，是否可以通过求期望的方法得到期权的价格呢？答案是否定的。原因是，每个投资者都有不同的风险厌恶态度。当我们计算得到期权的预期收益以后，又应该用哪个贴现率计算期权价格呢？后续我们将学习如何在风险中性的空间中进行期权的定价。这个空间是人为构造的。在这个空间中，每个人都是风险中性的，对承担的风险不需要风险补偿。且在这个空间中，是可以研究定价问题的，因为每个投资者要求的回报率都是无风险收益率。当然，在风险中性空间中，标的资产价格的分布会发生一些变化，这些都将在后续的期权定价章节中进行介绍。

5.2 期权的价格关系

5.2.1 欧式期权的价格上、下界

在上一章中，我们已经了解了欧式期权的概念与报酬函数，也简要分析了影响期权价格的因素。在此基础上，我们将介绍美式期权的概念。本节中，我们将利用无套利均衡原

理，进一步分析欧式期权和美式期权价格满足的一些重要关系。

首先，介绍美式期权的概念。美式期权是可以在到期日之前的任何时刻行使权利的期权。大多数交易所交易的期权都为美式期权。豆粕期权、玉米期权、橡胶期权等标的物固定的品种一般都属于美式期权。

这一小节将介绍欧式期权和美式期权的一些基本价格关系。

我们用 $c(t)$ 和 $C(t)$ 分别表示欧式和美式看涨期权在 t 时刻的价格，则以下关系成立：

$$c(t)\leqslant S(t),\ C(t)\leqslant S(t)$$

式中，$S(t)$ 为标的资产在 t 时刻的价格。通过支付看涨期权费获得按照约定价格购买标的资产的权利，这种权利的价值不可能比标的资产本身还要昂贵，否则，直接购买标的资产是更优的策略。由此，基本的逻辑推理即可证明上述关系成立。

用 $p(t)$ 和 $P(t)$ 分别表示欧式和美式看跌期权在 t 时刻的价格，则以下关系成立：

$$p(t)\leqslant X,\ P(t)\leqslant X$$

式中，X 为看跌期权的执行价。通过支付看跌期权费获得按照约定价格出售标的资产的权利。这种权利的最大获利出现在资产价格为 0 的时候。此时，按照约定的执行价出售标的资产，可以获得价值为 X 的收益。由此，这种权利本身的价值不应该超过最大收益 X。即上述关系成立。

接下来，我们推演欧式看涨期权和欧式看跌期权的价格下界。首先，我们一起回顾一下欧式看涨期权的报酬函数图像。如果在图 5－3 中画如下一条虚线，可以发现，看涨期权的报酬函数不低于这条虚线。而这条虚线是 45°的对角线向下平移 X 得到的，它实际上是初始时刻的 1 单位股票和负的 Xe^{-rT} 单位现金的组合在 T 时刻的报酬函数。

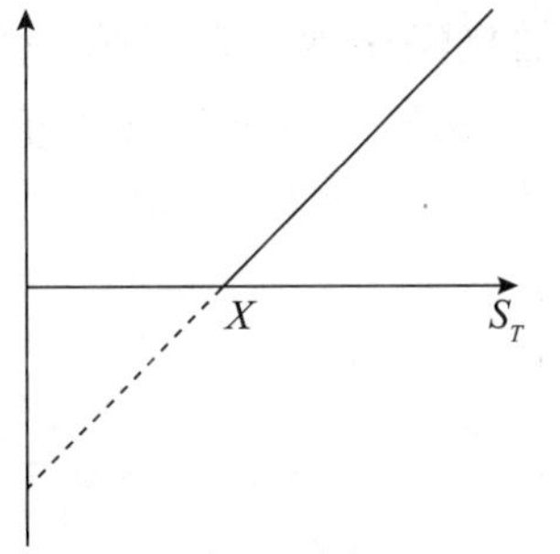

图 5－3　欧式看涨期权的价格下界

由此，我们可以不太严谨地猜出欧式看涨期权满足如下价格关系：

$$c(t)\geqslant S(t)-Xe^{-r(T-t)} \tag{5.1}$$

我们由 T 时刻的价格关系推演出 t 时刻的价格关系，这是由无套利均衡原理保证的。接下来，我们采用反证法严谨地证明结论（5.1）。

我们假设关系 $c(t)<S(t)-Xe^{-r(T-t)}$ 成立。此时，遵循低买高卖的套利策略构造原则，我们在 t 时刻买入 1 单位看涨期权，买入 $Xe^{-r(T-t)}$ 单位现金，同时卖出 1 单位标的股票（标的资产）。套利组合在 t 和 X 时刻的损益如表 5－2 所示。

表 5-2 套利组合的损益情况（看涨期权的下界关系）

名称	t 时刻的价值	T 时刻的价值	
		$S(T)\geqslant X$	$S(T)<X$
买入 1 单位看涨期权	$-c(t)$	$S(T)-X$	0
买入 $Xe^{-r(T-t)}$ 单位现金	$-Xe^{-r(T-t)}$	X	X
卖出 1 单位标的股票	$S(t)$	$-S(T)$	$-S(T)$
套利组合	$S(t)-Xe^{-r(T-t)}-c(t)>0$	0	$X-S(T)>0$

套利组合在 t 时刻的价值为正，而在 T 时刻的价值非负。至此，我们构造了一个无风险套利机会。市场上的投资者会积极构造套利头寸以获取无风险收益，这将助推看涨期权价格上升，而股票价格下降，直到满足关系 $c(t)\geqslant S(t)-Xe^{-r(T-t)}$ 时，套利活动终止。在上述构造套利组合和证明的过程中，需要注意以下要点。其一，看涨期权在 T 时刻的价值依赖于市场状况，需要分情况 $S(T)\geqslant X$ 和 $S(T)<X$ 讨论。其二，在 T 时刻的两种情况下，套利组合的价值分别为 0 和 $X-S(T)>0$。但这并不能说明套利组合获得了正的收益，而只能说明其获得了非负收益，因为并不能判断这两种情况具体会发生哪一种。因此，只有在 t 时刻构造了价值为正的组合才能说明是一个无风险套利机会。否则，可能出现 t 时刻和 T 时刻价值均为 0 的情况。此时，构造的组合是无利可图的，并不能构成一个无风险套利机会。至此，我们通过反证法构造了无风险套利机会。根据无套利均衡原理，均衡市场中不应该存在这样的套利机会。因此，假设的关系是错误的，即看涨期权存在如（5.1）式所示的下界关系。

接下来，我们一起回顾一下欧式看跌期权的报酬函数图像。如果在图 5-4 中画如下一条虚线，可以发现，看跌期权的报酬函数不低于这条虚线。而这条虚线是$-45°$的对角线向上平移 X 得到的，它实际上是初始时刻的负的 1 单位股票和 Xe^{-rT} 单位现金的组合在 T 时刻的报酬函数。

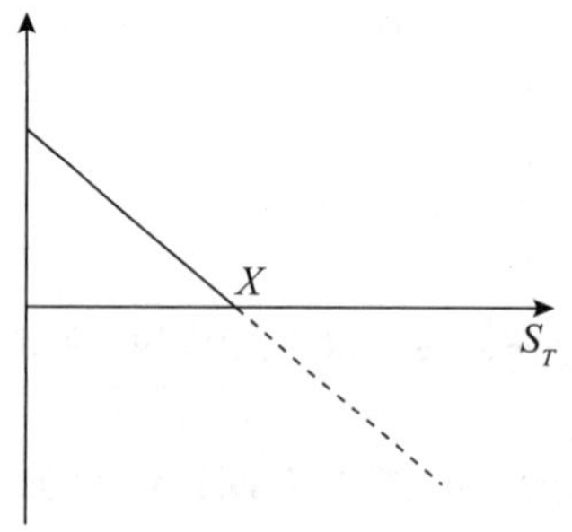

图 5-4 欧式看跌期权的价格下界

由此，我们可以不太严谨地猜出欧式看跌期权满足如下价格关系：

$$p(t)\geqslant Xe^{-r(T-t)}-S(t) \tag{5.2}$$

同样地，可以由 T 时刻的价格关系推演出 t 时刻的价格关系，这是由无套利均衡原理保证的。接下来，我们采用反证法严谨地证明结论（5.2）。

我们假设关系 $p(t)<Xe^{-r(T-t)}-S(t)$ 成立。此时，遵循低买高卖的套利策略构造原则，我们在 t 时刻买入 1 单位看跌期权，买入 1 单位标的股票，同时卖出 $Xe^{-r(T-t)}$ 单位现金。套利组合在 t 时刻和 T 时刻的损益如表 5-3 所示。

表 5-3　套利组合的损益情况（看跌期权的下界关系）

名称	t 时刻的价值	T 时刻的价值	
		$S(T)\geqslant X$	$S(T)<X$
买入 1 单位看跌期权	$-p(t)$	0	$X-S(T)$
买入 1 单位标的股票	$-S(t)$	$S(T)$	$S(T)$
卖出 $Xe^{-r(T-t)}$ 单位现金	$Xe^{-r(T-t)}$	$-X$	$-X$
套利组合	$Xe^{-r(T-t)}-S(t)-p(t)>0$	$S(T)-X\geqslant 0$	0

类似地，套利组合在 t 时刻的价值为正，而在 T 时刻的价值非负。至此，我们构造了一个无风险套利机会。市场上的投资者会积极构造套利头寸以获取无风险收益，这将助推看跌期权价格和股票价格上升，直到满足关系 $p(t)\geqslant Xe^{-r(T-t)}-S(t)$ 时，套利活动终止。根据无套利均衡原理，均衡市场中不应该存在这样的套利机会。因此，假设的关系是错误的，即看跌期权存在如（5.2）式所示的下界关系。

5.2.2　欧式期权的平价关系

在这一小节，我们将介绍一个重要的期权价格关系：欧式看涨期权和看跌期权的平价关系。即对于标的资产、执行价、到期日等条件均相同的欧式看涨期权和欧式看跌期权价格存在如下关系：

$$c(t)+Xe^{-r(T-t)}=p(t)+S(t) \tag{5.3}$$

类似地，我们在图 5-5 和图 5-6 中分析该关系成立的合理性。在图 5-5 中，1 单位看涨期权和 $Xe^{-r(T-t)}$ 单位现金的组合在 T 时刻加总形成了虚线部分显示的报酬函数。在图 5-6 中，1 单位看跌期权和 1 单位标的股票的组合在 T 时刻加总形成了虚线部分显示的报酬函数。

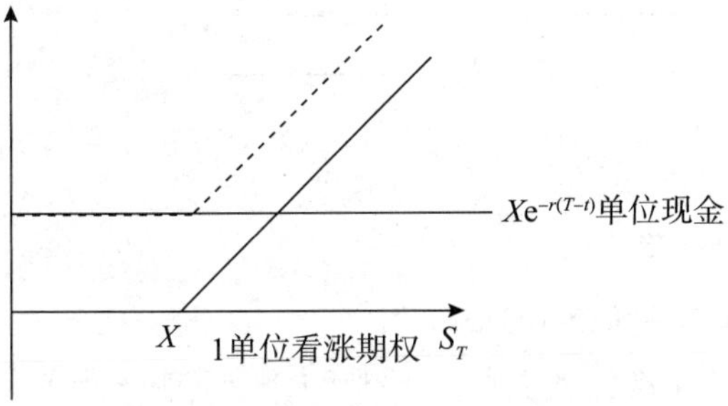

图 5-5　1 单位看涨期权和 $Xe^{-r(T-t)}$ 单位现金的组合

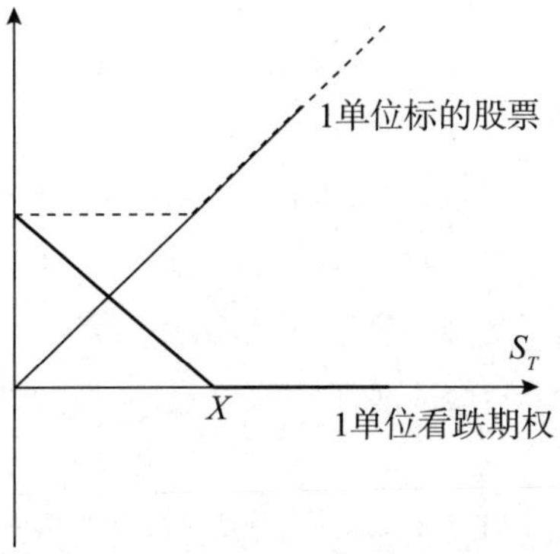

图 5-6　1 单位看跌期权和 1 单位标的股票的组合

可以观察到，这两个报酬函数是完全相等的。由 T 时刻的价格关系推演出 t 时刻的价格关系，我们可以初步推断等式（5.3）是成立的。

接下来，我们通过构造等价组合的方法严谨证明上述结论。我们将构造两个等价的组合：组合 A 和组合 B。其中，组合 A 包括 1 单位看涨期权和 $Xe^{-r(T-t)}$ 单位现金，组合 B 包括 1 单位看跌期权和 1 单位标的股票。组合 A 和组合 B 在 t 时刻和 T 时刻的价值如表 5-4 所示。

表 5-4　组合 A 和组合 B 的价值（期权平价关系）

名称	t 时刻的价值	T 时刻的价值	
		$S(T)\geqslant X$	$S(T)<X$
1 单位看涨期权	$c(t)$	$S(T)-X$	0
$Xe^{-r(T-t)}$ 单位现金	$Xe^{-r(T-t)}$	X	X
组合 A 的价值	$c(t)+Xe^{-r(T-t)}$	$S(T)$	X
1 单位看跌期权	$p(t)$	0	$X-S(T)$
1 单位标的股票	$S(t)$	$S(T)$	$S(T)$
组合 B 的价值	$p(t)+S(t)$	$S(T)$	X

由表 5-4 的结果可知，无论市场出现何种状况 $[S(T)\geqslant X$ 或者 $S(T)<X]$，组合 A 和组合 B 在 T 时刻的价值都相等。由无套利均衡原理可知，组合 A 和组合 B 在 t 时刻的价值也相等，否则将出现无风险套利机会。由此，我们证明了欧式看涨期权和看跌期权的平价关系（5.3）式成立。值得注意的是，本节采用了构造等价组合的方法，而上一节采用了反证法来构造套利组合。这两种方法本质上都是无套利均衡原理的应用，在具体问题中可以基于方便性的考虑选择使用。

接下来，采用我国期权市场的具体数据绘制组合 A 和组合 B 形成的价值曲线，如图 5-7

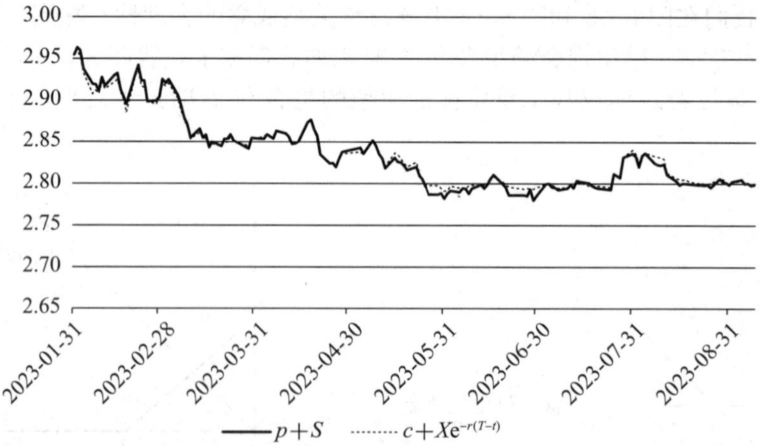

图 5-7　上证 50ETF 期权平价公式验证

注：图中 p 和 c 分别为到期时间为 2023 年 9 月 27 日，执行价为 2.8 的上证 50ETF 期权认沽期权和认购期权（交易代码分别为 510050P2309M02800，510050C2309M02800）2023 年 1 月 31 日—2023 年 9 月 8 日的收盘价，S 为上证 50 交易型开放式指数证券投资基金（代码：510050）的基金净值。图中无风险利率 $r=3\%$。

资料来源：标的资产数据来自 CSMAR 数据库，期权数据来自 Wind 数据库。

所示。我们发现，（5.3）式所示的平价关系并不总是精确地成立，因为其中要考虑到交易费用的因素，以及在卖空股票时存在一些限制。目前股票的卖空机制可以通过融券业务来实现，但需要承担一定的费用。因此，这种套利机会只有在价格偏离比较大的时候才存在。

5.2.3　美式期权的价格关系

在这一小节，我们将介绍有关美式期权的一些价格关系。首先，我们介绍一个经典的结论。在不考虑分红的情况下，美式看涨期权是不会提前执行的。那么，有

$$C(t)=c(t) \tag{5.4}$$

我们可以通过前述期权的价格关系推演这一结论。由（5.1）式可以得到欧式看涨期权价格的一个下界。由于美式看涨期权在到期日前均可以执行，因此该选择权的价值不小于欧式看涨期权的价值。由此，下述关系成立：

$$C(t)\geqslant c(t)\geqslant S(t)-X\mathrm{e}^{-r(T-t)}$$

假设美式看涨期权的买方选择在 t 时刻执行该期权，其获得的收益为 $S(t)-X$。

显然，$C(t)\geqslant S(t)-X\mathrm{e}^{-r(T-t)}\geqslant S(t)-X$ 成立。此时的最优策略为直接卖掉，而非执行这个看涨期权。由此，我们得到美式看涨期权不会提前执行的结论。

那么，对于美式看跌期权，是否也有类似的结论呢？接下来，我们将利用前述期权的价格关系分析这一问题。类似地，我们知道美式看跌期权存在如下价格下限：

$$P(t)\geqslant p(t)\geqslant X\mathrm{e}^{-r(T-t)}-S(t)$$

在 t 时刻，如果选择执行看跌期权，将获得 $X-S(t)$ 的收益。此时，由于 $X-S(t)\geqslant X\mathrm{e}^{-r(T-t)}-S(t)$成立，无法判断执行和卖出美式看跌期权哪个价值更大。特别地，如果在某一时刻，标的资产的价格下降为 0，此时执行看跌期权是最优的选择。因此，我们的结论是：美式看跌期权是有可能提前执行的。故有下式成立：

$$P(t)\geqslant p(t) \tag{5.5}$$

最后，我们讨论美式看涨期权和看跌期权价格之差的上界和下界。首先让我们回忆一下欧式看涨期权和看跌期权的价格差满足的关系。由平价关系（5.3）式可知：

$$c(t)-p(t)=S(t)-X\mathrm{e}^{-r(T-t)}$$

结合（5.4）式和（5.5）式，我们得到美式看涨期权和看跌期权价格之差的上界：

$$C(t)-P(t)\leqslant S(t)-X\mathrm{e}^{-r(T-t)} \tag{5.6}$$

接下来，我们将证明美式看涨期权和看跌期权价格之差的下界为：

$$C(t)-P(t)\geqslant S(t)-X$$

采用反证法证明上述结论。假设 $C(t)-P(t)<S(t)-X$ 成立，我们尝试构造以下套利组合：买进 1 单位美式看涨期权和 X 单位现金，卖出 1 单位美式看跌期权和 1 单位标的股票。

由于美式看跌期权可能会在到期日前执行，t'时刻为看跌期权的执行时刻，其取值范

围为 $t'\in[t, T]$。套利组合在 t 时刻和 t' 时刻的损益如表 5-5 所示。

表 5-5 套利组合的损益情况（美式看涨期权和看跌期权价格之差的下界）

名称	t 时刻的价值	t' 时刻的价值	
		$S(t')\geqslant X$	$S(t')<X$
买入 1 单位美式看涨期权	$-C(t)$	$C(t')$	$C(t')$
买入 X 单位现金	$-X$	$Xe^{r(t'-t)}$	$Xe^{r(t'-t)}$
卖出 1 单位美式看跌期权	$P(t)$	0	$S(t')-X$
卖出 1 单位标的股票	$S(t)$	$-S(t')$	$-S(t')$
套利组合	$P(t)+S(t)-C(t)-X>0$	$C(t')+Xe^{r(t'-t)}-S(t')$	$C(t')+Xe^{r(t'-t)}-X$

由表 5-5 可知，套利组合在 t 时刻的价值为正，在 t' 时刻的损益情况需要分情况进行讨论。当 $S(t')\geqslant X$ 时，利用美式看涨期权的价格下界关系，套利组合的价值为：

$$C(t')+Xe^{r(t'-t)}-S(t')\geqslant S(t')-Xe^{-r(T-t')}+Xe^{r(t'-t)}-S(t')\geqslant 0$$

当 $S(t')<X$ 时，

$$C(t')+Xe^{r(t'-t)}-X\geqslant C(t')\geqslant 0$$

显然成立。由此，我们构建了一个无风险套利机会，其在 t 时刻的价值为正，而在 t' 时刻的价值非负。套利者积极构建头寸的行为会助推美式看涨期权价格的升高，同时降低美式看跌期权和股票的价值，直到实现新的无套利均衡关系为止。根据上述分析，我们得到美式看涨期权和美式看跌期权价格之差的上界和下界为：

$$S(t)-X\leqslant C(t)-P(t)\leqslant S(t)-Xe^{-r(T-t)}$$

5.3 利用期权进行风险对冲、投机和构造结构化产品

5.3.1 利用期权进行风险对冲和投机的策略

在本节中，我们将探讨实务中与期权有关的两个问题。其一，我们将通过两个例子说明在实务中，两种类型的交易者（对冲者和投机者）是如何通过期权产品实现其需求的。其二，我们将介绍几种利用期权构造的结构化产品，以此来满足一些结构化交易需求。

首先，我们给出对冲和投机两类投资者的含义。对冲者是利用衍生品市场避免面对将来资产价格不利波动的风险敞口，这里的风险敞口可能与原油价格、汇率、股票价格或其他变量的波动有关。投机者对今后的价格变动下注，衍生品可以给他们提供更大的杠杆效应，他们或者对资产价格上涨下注，或者对资产价格下跌下注。

对于对冲者，购买或者出售合适的期权类产品可以使其免受不利价格变动带来的影响。

表 5-6 展示了某投资者利用期权产品实现风险对冲的情况。

表 5-6　利用期权产品的对冲策略

<table>
<tr><td colspan="2">需求：某年 7 月 1 日，投资者持有 A 公司股票 100 万股，希望未来 3 个月免受股价下跌的影响。</td></tr>
<tr><td colspan="2">产品价格：A 公司股票每股 105 元。10 月 1 日到期的以 A 公司股票为标的、执行价为 100 元的看跌期权价值 5 元。</td></tr>
<tr><td colspan="2">策略（对冲）：购买 100 万份看跌期权合约，价值 500 万元。
策略（不对冲）：不购买期权产品。</td></tr>
<tr><td colspan="2">测算：不同情形下组合（出售股票＋期权到期价值）的价值。</td></tr>
<tr><td colspan="2">情形 1：10 月 1 日股票现货价格为 70 元</td></tr>
<tr><td>价值（对冲）：
期权到期价值：(100－70)×100＝3 000 万元
出售股票：70×100＝7 000 万元
期权费：－500 万元
合计：9 500 万元</td><td>价值（不对冲）：
出售股票：100×70＝7 000 万元</td></tr>
<tr><td colspan="2">情形 2：10 月 1 日股票现货价格为 90 元</td></tr>
<tr><td>价值（对冲）：
期权到期价值：(100－90)×100＝1 000 万元
出售股票：90×100＝9 000 万元
期权费：－500 万元
合计：9 500 万元</td><td>价值（不对冲）：
出售股票：100×90＝9 000 万元</td></tr>
<tr><td colspan="2">情形 3：10 月 1 日股票现货价格为 110 元</td></tr>
<tr><td>价值（对冲）：
期权到期价值：0 万元
出售股票：110×100＝11 000 万元
期权费：－500 万元
合计：10 500 万元</td><td>价值（不对冲）：
出售股票：110×100＝11 000 万元</td></tr>
<tr><td colspan="2">结论：期权合约提供了一种保险，即当价格发生不利变动时，保护投资者的利益；当价格发生有利变动时，得到价格变化的好处。</td></tr>
</table>

具体地，某投资者持有 A 公司股票，担心股票价格下降会引起财富减少。其希望通过购买期权产品实现风险对冲，以期在未来的 3 个月内免受股票价格下降的影响。我们判断该投资者应该购买一定数量的看跌期权合约。在表 5-6 的情形 1 和情形 2 中，当标的资产价格低于执行价时，一方面持有资产的价值减少，另一方面执行看跌期权可以产生正的收益。两方面影响的综合效果可以使资产的总体价值保持在一定水平。而在情形 3 中，标的资产价格高于执行价。此时，购买期权合约仍然可以保证获得可观的收益，只是会损失一定的期权费，所以整体表现逊于直接购买股票。通过试算三种不同的标的资产价格情形，我们发现，在标的资产价格发生不利变动时，期权合约提供了一种保险，可以保证投资者的收益在一定水平之上。当标的资产价格发生有利变动时，购买期权合约仍然可以保证获得可观的收益。在图 5-8 中，可以清晰地看出，同时持有标的资产和看跌期权的价值有虚线所示的非线性关系。

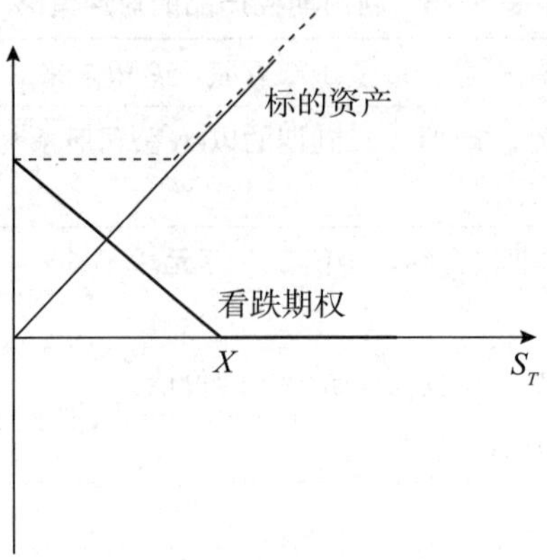

图 5-8 看跌期权和标的资产的组合

通过期权对冲，既保障了最低的收益，又保留了获得上行收益的可能性。我们回忆一下在本章前面利用远期和期货产品套期保值的方法，与之不同的是，利用期权对冲的结果并非锁定了购买或者出售标的资产的价格，而是避免了价格不利变动带来的影响。

对于投机者来说，其通过预测价格变动的方向，构建投机头寸以获取收益。由于期权是一种带有杠杆特征的衍生品，购买或者出售期权类产品可以获得巨大的收益，同时也可能遭受巨大的损失。表 5-7 展示了某投资者利用期权产品进行投机的情况。

表 5-7 利用期权产品的投机策略

需求：某年 7 月 1 日，投资者有资金 10 500 万元，其预测 A 公司股票 3 个月内会上涨。希望构建投机策略。	
产品价格：A 公司股票每股 105 元。10 月 1 日到期的以 A 公司股票为标的、执行价为 110 元的看涨期权价值 5 元。	
策略（期权）：购买 2 100 万份看涨期权合约，价值 10 500 万元。 策略（股票）：购买 100 万股股票，价值 10 500 万元。	
测算：不同情形下投机策略的损益。	
情形 1：10 月 1 日股票现货价格为 125 元	
损益（期权）： 期权到期价值：(125－110)×2 100＝31 500 万元 期权费：－10 500 万元 损益合计：21 000 万元	损益（股票）： 股票价值：125×100＝12 500 万元 购买价值：－10 500 万元 损益合计：2 000 万元
情形 2：10 月 1 日股票现货价格为 115 元	
损益（期权）： 期权到期价值：(115－110)×2 100＝10 500 万元 期权费：－10 500 万元 损益合计：0 万元	损益（股票）： 股票价值：115×100＝11 500 万元 购买价值：－10 500 万元 损益合计：1 000 万元

续表

情形 3：10 月 1 日股票现货价格为 85 元	
损益（期权）： 期权到期价值：0 万元 期权费－10 500 万元 损益合计：－10 500 万元	损益（股票）： 股票价值：100×85＝8 500 万元 购买价值：－10 500 万元 损益合计：－2 000 万元
结论：期权产生了杠杆效应。对于给定的投资额，使用期权投机放大了结果：好的结果变得更好，坏的结果变得更坏。期权投机者的最大损失是期权费，即可能损失全部资金。	

具体地，某投资者判断 A 公司股票会在未来上涨，其可以通过直接购买股票或者购买看涨期权的方式构建投机策略。在表 5－7 的情形 1 中，当股票价格的变动方向符合预期时，期权由于存在杠杆效应从而放大了收益。当然，这需要股票的价格足够高。在情形 2 中，股票价格略高于看涨期权执行价，这刚刚能够弥补期权费的成本。此时，购买期权的投机策略的表现逊于直接购买股票。在情形 3 中，如果股票价格的变动方向与预期相反，通过购买期权的投机策略可能会损失全部的期权费。回忆本章前面利用期货进行投机的策略，类似之处是两者都是有杠杆的策略，且均可能发生巨大的损失。不同之处为：如果能保留部分资金作为后续追加保证金的来源，期货策略可以避免全部损失且存在一定获利的可能性；期权策略则难以避免损失全部期权费的可能性。

对于其他情形的期权风险对冲和投机策略，这里不再赘述，请读者根据实际情况进行具体的设计。

5.3.2　利用期权构建结构化产品

在本小节中，我们将介绍几种常见的利用期权组合构建结构化产品的方式。这些产品具有复杂的非线性报酬函数，可供具有异质需求的投资者选择使用。

第一种为牛市价差买卖组合。其通过买入 1 单位执行价为 X_1 的看涨期权和卖出 1 单位执行价为 X_2 的看涨期权来构建组合。其中，$X_1<X_2$，且两个期权的其他特征均相同。由此，我们得到如图 5－9 所示的报酬函数。其中，虚线部分是牛市价差买卖组合的综合损益情况。

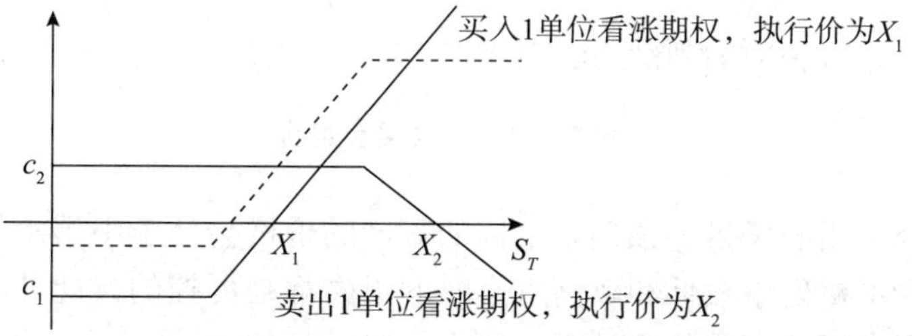

图 5－9　牛市价差买卖组合

牛市价差买卖组合适用的场景为预期未来标的资产的价格会处于较高的水平。此时，通过限制在超高价格部分的收益，可以获得降低期权费（与买入看涨期权的策略相比）的好处。这样，对于同样的初始资金，可以投资更多的期权组合和加杠杆。

第二种为熊市价差买卖组合。其通过卖出 1 单位执行价为 X_1 的看涨期权，同时买入 1 单位执行价为 X_2 的看涨期权来构建组合。其中，$X_1<X_2$，且两个期权的其他特征均相同。由此，我们得到如图 5-10 所示的报酬函数。其中，虚线部分是熊市价差买卖组合的综合损益情况。

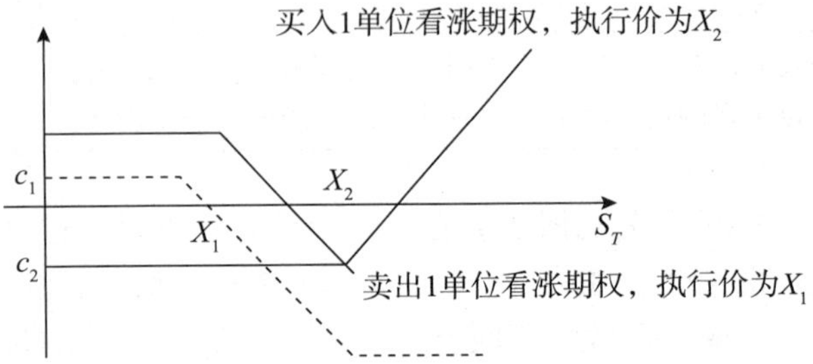

图 5-10　熊市价差买卖组合

熊市价差买卖组合适用的场景为预期未来标的资产的价格会处于较低的水平。此时，可以保留在较低价格区域大部分的收益（与卖出看涨期权的策略相比），且对极端情况（标的资产价格发生不符合预期的大幅升高）下的损失进行了控制。

第三种为蝶式买卖组合。其通过买入 1 单位执行价为 X_1 的看涨期权，同时买入 1 单位执行价为 X_2 的看涨期权，以及卖出 2 单位执行价为 X_3 的看涨期权来构建组合。其中，$X_1<X_2$，$X_3=\dfrac{X_1+X_2}{2}$，且三个期权的其他特征均相同。由此，我们得到如图 5-11 所示的报酬函数。其中，虚线部分是蝶式买卖组合的综合损益情况。

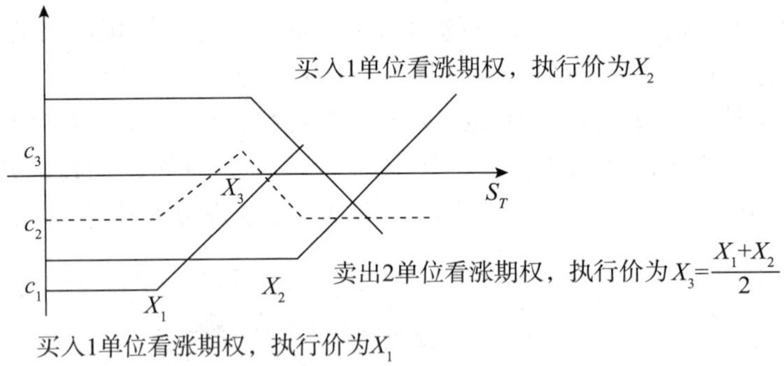

图 5-11　蝶式买卖组合

蝶式买卖组合适用的场景为预期未来标的资产的价格会处于中等水平。蝶式买卖组合保证了在标的资产价格处于较低和较高水平时的损失都是可控的。此外，可以以较小的期权费为代价，获得在标的资产价格处于中等水平时较高的收益。

第四种为底部马鞍式组合。其通过买入 1 单位执行价为 X 的看涨期权，同时买入 1 单位具有相同执行价 X 的看跌期权来构建组合，且两个期权的其他特征均相同。由此，我们得到如图 5-12 所示的报酬函数。其中，虚线部分是底部马鞍式组合的综合损益情况。

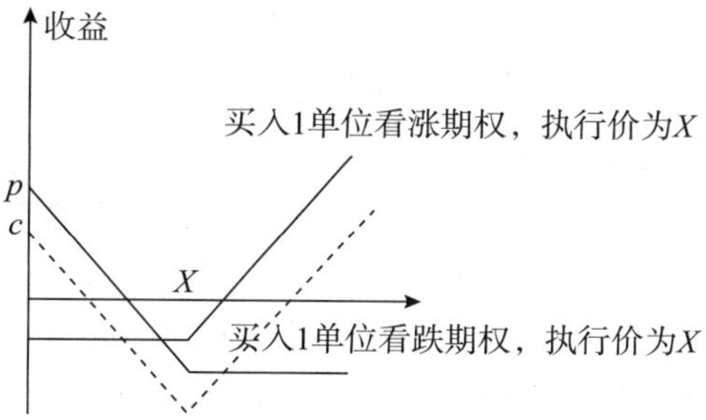

图 5－12　底部马鞍式组合

底部马鞍式组合适用的场景为预期未来标的资产的价格会处于较低或较高水平，而不会处于中等水平的情况。底部马鞍式组合的期权费较高。但是通过这一较高的代价，获得了在标的资产价格处于较低和较高水平时均可以获利的机会。类似的，我们可以通过反向策略构建顶部马鞍式组合。

第五种为底部梯形组合。其通过买入 1 单位执行价为 X_1 的看涨期权，同时买入 1 单位执行价为 X_2 的看跌期权来构建组合。其中，$X_1 < X_2$，且两个期权的其他特征均相同。由此，我们得到如图 5－13 所示的报酬函数。其中，虚线部分是底部梯形组合的综合损益情况。

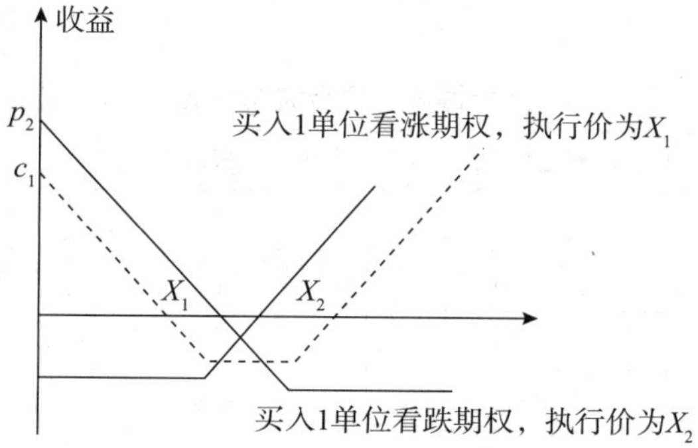

图 5－13　底部梯形组合

与底部马鞍式组合类似，底部梯形组合适用的场景为预期未来标的资产的价格会处于较低或较高水平，而不会处于中等水平的情况。类似地，我们可以通过反向策略构建顶部梯形组合。

5.4　互换的定义和应用

互换是两家公司之间私下达成的协议，以按照事先约定的公式在将来彼此交换现金流。互换合约的诞生可以追溯到 1981 年 IBM 和世界银行签署的一笔货币互换，由所罗门兄弟公司于 1981 年 8 月安排成交。1981 年，由于美元对瑞士法郎（SF）、联邦德国马克（DM）急剧升值，货币之间出现了一定的汇兑差额，所罗门兄弟公司利用外汇市场中的汇差以及世界银行与 IBM 公司的不同需求，通过协商达成互换协议。世界银行将它的 2.9 亿美元金额的固定利率债务与 IBM 公司已有的瑞士法郎和德国马克的债务互换。自 1981

年第一笔交易之后，互换市场经历了迅猛的发展。互换中常见的类型包括标准利率互换以及固定利率对固定利率的货币互换。此外还存在标准利率互换的变形，如摊还互换、固定期限互换、复合互换等。也存在股权互换、跨货币互换、商品互换、波动率互换等其他互换。

下面我们介绍一类常见的互换类型衍生品：利率互换。在利率互换中，一方 B 同意向另一方 A 支付若干年的现金流，这个现金流是名义本金乘以事先约定的固定利率产生的利息。同时，A 方同意在同样的期限内向 B 方支付相当于同一本金按浮动利率产生利息的现金流。

接下来，我们用一个例子来说明利率互换的运行原理。2023 年 7 月 1 日，A 公司和 B 公司签署互换协议，约定在未来的 3 年中互换相同本金决定的利息。其中，B 公司向 A 公司支付固定利率 5%，A 公司向 B 公司支付 SOFR 确定的浮动利率。本金为 10 000 万元，每半年支付一次利息，通常情况下本金不需要参与支付。现金流的流向如图 5 - 14 所示。

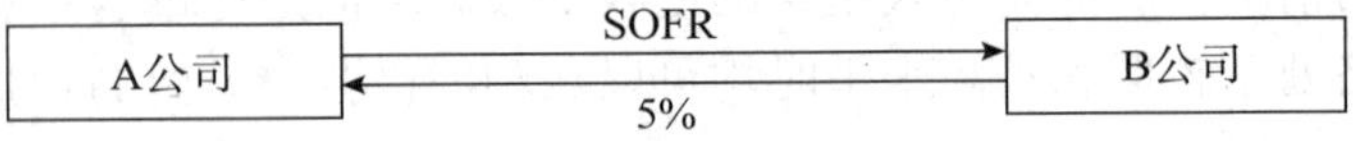

图 5 - 14　利率互换示意图

具体地，现金流每半年支付一次，利率为年化利率的一半。其中，支付浮动利率的一方，其利息为半年前 SOFR 确定的利率与本金的乘积。表 5 - 8 展示了上述互换在协议的 3 年中的现金流向情况。

表 5 - 8　互换协议的现金流向情况（A 公司）

日期	SOFR（%）	支付浮动利率（%）	收入固定利率（%）	净现金流（支付）（万元）
2023 - 07 - 01	5.2			
2024 - 01 - 01	5.1	2.6	2.5	10 000×(2.6%−2.5%)=10
2024 - 07 - 01	5	2.55	2.5	10 000×(2.55%−2.5%)=5
2025 - 01 - 01	5.3	2.5	2.5	10 000×(2.5%−2.5%)=0
2025 - 07 - 01	4.8	2.65	2.5	10 000×(2.65−2.5%)=15
2026 - 01 - 01	5	2.4	2.5	10 000×(2.4%−2.5%)=−10
2026 - 07 - 01	5.1	2.5	2.5	10 000×(2.5%−2.5%)=0
总计				20

可以观察到，当 SOFR 确定的浮动利率高于固定利率时，A 公司支付的现金流大于收到的现金流。在表 5 - 8 所示的例子中，SOFR 利率基本处于一个上升的趋势中，因此 A 公司总体支付的净值为一个正数。20 万元的净现金流对于 10 000 万元的本金而言是非常小的，这也说明其是设计较为合理的一个互换产品。如果有未预期到的浮动利率的大幅变化，或互换产品定价存在较大的偏差，净现金流则可能为一个较大的数值。

接下来，我们将通过一个例子说明互换在实际中的应用场景。大体来看，主要有两类应用：其一为将负债支付或者资产收入的现金流进行转换，以满足对特定的现金流形式的需求；其二为利用两家公司在不同类型市场借款利率的比较优势构造互换，其结果为使两家公司都实现了更低成本的融资。

首先，介绍利用互换转换某项负债利息的例子。A 公司原有一项利率为 5.2%的固定利率借款，其希望将固定利率借款转换为浮动利率借款。同时，B公司原有一项SOFR+0.8%的浮动利率借款，其希望转换为固定利率借款。那么，可以通过一个利率互换来完成A公司和B公司双方的现金流转换需求。具体地，互换协议为B公司向A公司支付5%的固定利率，同时A公司向B公司支付SOFR决定的浮动利率。互换的具体实施情况如图5-15所示。

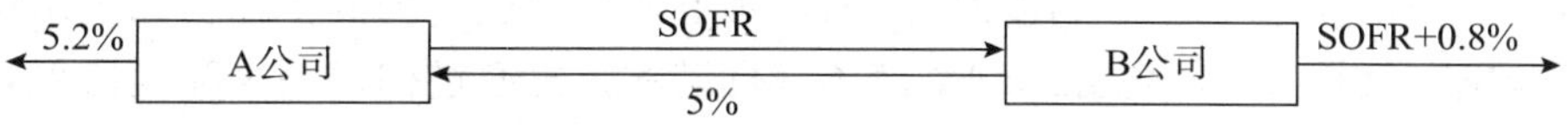

图5-15　利用互换转换某项负债利息

在图5-15中，每家公司向外的箭头指示了支付的现金流，而向内的箭头指示了收入的现金流。我们计算一下两家公司通过互换最终形成的支付结果。对于A公司来说，其最终支付的利率为5.2%+SOFR-5%=SOFR+0.2%。对于B公司来说，其最终支付的利率为5%+SOFR+0.8%-SOFR=5.8%。由此可见，通过互换协议，A公司成功地将原有的固定利率借款转换为了浮动利率借款，而B公司成功地将原有的浮动利率借款转换为了固定利率借款。两者均满足了对现金流形式的需求。

进而介绍利用互换转换某项资产收益的例子。A公司原有一项利率为SOFR+0.5%的浮动利率收益，其希望将浮动利率收益转换为固定利率收益。同时，B公司原有一项4.8%的固定利率收益，其希望将固定利率收益转换为浮动利率收益。那么，可以通过一个利率互换来完成A公司和B公司双方的现金流转换需求。具体地，互换协议为B公司向A公司支付5%的固定利率，同时A公司向B公司支付SOFR决定的浮动利率。互换的具体实施情况如图5-16所示。

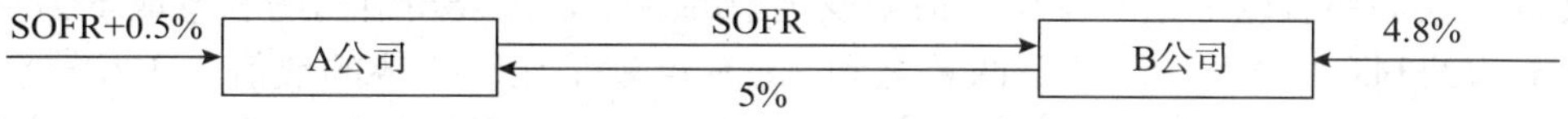

图5-16　利用互换转换某项资产收益

同样地，每家公司向外的箭头指示了支付的现金流，而向内的箭头指示了收入的现金流。我们计算一下两家公司通过互换最终形成的收益结果。对于A公司来说，其最终收益的利率为5%+SOFR+0.5%-SOFR=5.5%。对于B公司来说，其最终收益的利率为4.8%+SOFR-5%=SOFR-0.2%。由此可见，通过互换协议，A公司成功地将原有的浮动利率收益转换为了固定利率收益，而B公司成功地将原有的固定利率收益转换为了浮动利率收益。同样地，两者均通过互换协议实现了对现金流形式的转换。

最后，我们介绍利用借款利率的比较优势构造互换的例子。我们先观察一下如表5-9所示的A和B两家公司在不同市场上的借款利率情况。

表5-9　存在比较优势的借款利率

	固定利率	浮动利率
A公司	8%	6个月期SOFR+0.5%
B公司	9.1%	6个月期SOFR+1%

通过表 5－9 展示的信息，我们判断 A 公司是一家信用等级较高的公司，其在固定利率市场和浮动利率市场的借款利率都比 B 公司低。同时，A 公司在固定利率市场的借款利率比 B 公司低 1.1％，而在浮动利率市场的借款利率比 B 公司低 0.5％。由此，A 公司在固定利率市场进行借款更具比较优势。相应的，B 公司在浮动利率市场借款更有比较优势。虽然 B 公司借款的利率在两个市场都更高，但其在浮动利率市场的借款利率高的程度较低，我们认为这种情况是具有比较优势的。接下来将通过一个例子证明如下结论。即让两家公司分别在其具有比较优势的利率市场进行借款，再通过构建一个互换协议，使两家公司都实现融资成本的下降。根据上述判断，我们的策略为：A 公司按 8％的固定利率借款，B 公司按 6 个月期 SOFR＋1％的浮动利率借款。在没有其他附加条件时，互换的构造方式并不是唯一的。图 5－17 给出了一个互换协议的构造方式。具体地，B 公司支付给 A 公司 7.9％的固定利率，A 公司支付给 B 公司 6 个月期 SOFR 确定的浮动利率。这里，为了结果比较的便捷性，我们假设支付或者收取浮动利率的一方，其利率计算基础均为 SOFR 本身。

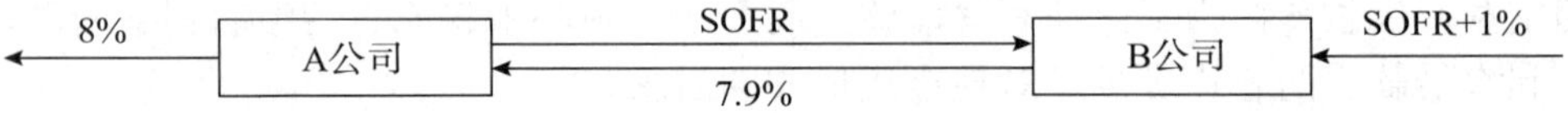

图 5－17　利用比较优势构造利率互换

接下来，我们分别计算 A 公司和 B 公司实际支付的借款利率。对于 A 公司来说，其支付的利率为 8％＋SOFR－7.9％＝SOFR＋0.1％，低于其直接在浮动利率市场的融资利率 SOFR＋0.5％。对于 B 公司来说，其支付的利率为 7.9％＋SOFR＋1％－SOFR＝8.9％，低于其直接在固定利率市场的融资利率 9.1％。

此外，我们还有以下重要发现。根据该例中的数据，A 公司节约的利息成本为 0.4％，B 公司节约的利息成本为 0.2％，两者之和 0.6％恰好是比较优势的数值 1.1％－0.5％＝0.6％。接下来请读者完成以下工作：请试算更多的互换方案，分别计算 A 公司和 B 公司合计节约的利息成本。相信读者会惊喜地发现，无论何种互换方案，两者合计节约的利息成本都是比较优势的数值。当然，互换方案的设计在一定范围内是成立的，偏离这个范围可能会损害其中一方的利益。即其中一方可能不会起到节约利息成本的效果。由此，我们得到下述重要结论：让两家公司分别在其具有比较优势的利率市场进行借款，再通过构建一个互换协议，可以让两家公司都实现融资成本的下降。两家公司合计节约的利息成本即为比较优势的数值。

在签署互换协议时，一般会根据具体情况先决定每家公司可以节约的利息成本，进而决定具体的互换方案。比如 A 公司的信用等级比较高，在互换协议中比较有议价能力，因此要求分享$\frac{2}{3}$的利息成本削减。那么，最终将形成如图 5－17 所示的互换方案。如果 A 公司和 B 公司的议价能力势均力敌，则可能要求按照$\frac{1}{2}$的比例分享利息成本削减。此时，又该如何构建互换方案呢？我们应用一个方程来解决这个问题。如图 5－18 所示，我们并不确切地知道 B 公司支付给 A 公司的固定利率的数值，而是将其设为 x。

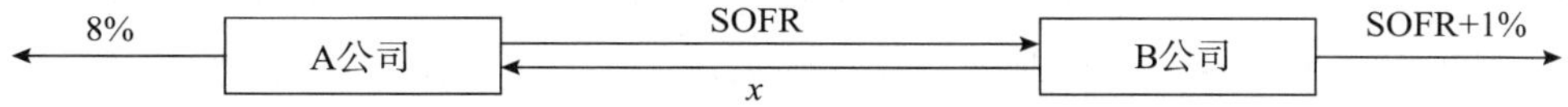

图 5-18 按要求构造利率互换

同时，整体的利息削减额为比较优势的数值 0.6%。根据利息削减分享方案，A 公司和 B 公司应分别实现 0.3%的利息削减。那么，对于 A 公司来说，我们可以列出以下方程：

$$8\% + SOFR - x = SOFR + 0.5\% - 0.3\% \quad (5.7)$$

求解方程（5.7），得到 $x=7.8\%$。可以将这个结果代入 B 公司的情况进行验证，其实现的利息成本削减亦为 0.3%。由此，我们得到了通过协商的利息成本削减分配方式来构建互换方案的方法。在实践中，一般由投资银行促成两家公司签订互换协议。因此，投资银行也会存在分享收益的情况。在本章的练习题中，我们将提供一个在存在比较优势的情况下，三家机构分享利息成本削减的问题，请读者参考使用。

值得注意的是，这种借款利率比较优势的存在一般是由某个市场的定价偏差形成的。因此，这个比较优势不一定会长期存在。同时，信用状况较差的一方可能会出现信用风险严重增加的情况。此外，参与的双方也不一定愿意到某个特定的市场进行借款。因此，以上理论上对两者都存在好处的互换不一定能够成立。即使成立，通常也有保护性的终止条款，以防范市场定价偏差被修正或者某家公司信用发生恶化后不可持续的情况。

5.5 本章小结

本章首先介绍了欧式期权的含义。看涨期权的含义为持有者有权在某一确定时间以一确定的价格购买某项标的资产。看跌期权的含义为持有者有权在某一确定时间以一确定的价格出售某项标的资产。期权产品的报酬函数是非线性的。根据无套利均衡原理，我们给出了看涨期权和看跌期权的价格上、下界。在此基础上，证明了欧式看涨期权和看跌期权的平价关系。即持有股票和看跌期权组合，与持有现金和看涨期权组合的收益是一致的。基于美式期权的价格关系，我们知道以不分红股票为标的的美式看涨期权是不会提前执行的，而美式看跌期权则可能提前执行。

互换也是一种重要的金融衍生品，存在利率互换，货币互换、信用违约互换等多种形式。本章介绍了利率互换的构造原理，以及通过比较优势构建互换可以使参与双方都获利的原理。

练习题

1. 某种衍生品的标的资产为一种股票指数，一年到期，其报酬函数为 $\max[0.5S_1, S_1-10]$。其中，S_1 为标的股票指数在到期日的价格。已知标的股票指数的即期价格为 11 元。另外已知有两种常规的期权，分别为执行价为 10 元和 20 元的看涨期权（与上述衍生品的标的资产和到期日均相同)，目前的价格分别为 1.3 元和 0.4 元。

(1) 请绘制该种衍生品在到期日的损益情况。

(2) 试分析如何利用常规的期权构造该种衍生品的报酬函数。

(3) 请定出该种衍生品在今天的价格。

2. 有 A 和 B 两家公司，其以固定利率和浮动利率借款的情况如表 5－10 所示。

表 5－10 A 公司和 B 公司的借款利率

	固定利率	浮动利率
A 公司	8%	6 个月期 SOFR+0.5%
B 公司	9.1%	6 个月期 SOFR+1%

由 C 投资银行帮助 A 公司和 B 公司完成利率互换。请根据两家公司借款的比较优势构建上述互换，要求 A 公司、B 公司和 C 投资银行平均分享互换带来的利息节省。

第6章

单步二叉树

学习目标

- 理解单步二叉树模型的基本概念与结构，包括股票二叉树和衍生证券二叉树。
- 掌握利用二叉树进行无套利定价、风险中性定价的方法及相关计算。
- 明确风险溢价、风险市场价格等概念在衍生证券定价中的作用。

章前引例

假设你正在考虑投资一只股票的期权。当前股票价格为100元，预计3个月后，股价有50%的概率上涨到110元，有50%的概率下跌到90元。无风险利率为5%（连续复利）。现在有一个3个月到期、行权价为105元的看涨期权。你想知道这个期权现在的合理价格是多少。通过学习本章的二叉树模型，你将能够计算出该期权的价格，从而帮助你做出更明智的投资决策。

本章将介绍二叉树。这是一种数值模型，具有三个优点：第一，它简单易懂，不需要高深的数学知识；第二，当从单步扩展到多步时，可以用来定价大多数衍生品；第三，实践者广泛使用它来定价真实交易的证券。下面从一个具体的例子开始分析。

6.1 单步股票二叉树

今天是2023年7月24日，假设当前某股票价格S_0为20元。假设3个月后，股价有50%的概率要么是23.236 7元，要么是17.214 2元（目前没有股息），这两个股价的由来后面会讲，暂时先假设已知。

表6-1中$S_{1,u}$表示股票在$i=1$期上涨时（u）的价格，$S_{1,d}$表示股票在$i=1$期下跌时（d）的价格，因此，该股票在3个月后的预期价格为：

$$E[S_1]=0.5S_{1,u}+0.5S_{1,d}=20.225\,4(\text{元}) \tag{6.1}$$

表 6-1 单步股票二叉树

期数	$i=0$	$i=1$	
时间（年）	$t=0$	$t=0.25$	
	$S_0=20$ 元 →	$S_{1,u}=23.2367$ 元	50%的概率
	→	$S_{1,d}=17.2142$ 元	50%的概率

同时，为了对 3 个月后到期的期权进行贴现定价，我们假设当前的无风险零息债券连续复利年化利率 r 为 4%。我们这里选择使用连续复利率，当然你也可以使用离散复利率贴现。我们的选择是基于以下考虑：首先，连续复利率与任何其他离散复利率之间始终存在着一对一的关系，即

$$e^{r\Delta t}=1+r_n\times\Delta t \tag{6.2}$$

式中，$\Delta t=1/n$，r 是连续复利率，r_n 是付息周期为 n 的离散复利率。因此，当我们知道离散复利率后，即可转换为连续复利率，反之亦然。其次，当我们将这个模型应用于真实定价时，我们会考虑非常多步数的二叉树，连续复利使得我们只需改变节点之间的时间间隔 Δt，而不是改变利率本身，从而使得定价过程更加方便。

6.2 二叉树的无套利定价

现在利用表 6-1 中的二叉树来计算一个股票看涨期权的公允、无套利价格。考虑一个股票看涨期权，到期日为 3 个月（$i=1$），行权价 K 为 21 元，其到期时的回报则为：

$$\max(S_1-K,\ 0) \tag{6.3}$$

式中，S_1 为股票在到期日的价格。因此，当股价在 $i=1$ 期上涨的时候，期权到期的回报为 $\max(23.2367-21,\ 0)=2.2367$ 元；当股价在 $i=1$ 期下跌的时候，期权到期的回报为 $\max(17.2142-21,\ 0)=0$。该看涨期权今天（$i=0$）的合理价格应该为多少？

在计算期权价格之前，先考虑表 6-2 的投资组合，该组合在当前时期（$i=0$）购买 0.371 4 份股票，同时做空 0.063 9 份 3 个月到期、面值为 100 元的国债。因为年化连续复利率为 4%，3 个月到期的国债当前价格为 $100\times e^{-0.04\times0.25}\approx99.0050$ 元，股票当前价格为 20 元，因此，该组合的净支出为 1.101 6 元。

表 6-2 投资组合

购买 0.371 4 份股票	支出 $0.3714\times20=7.428$ 元
做空 0.063 9 份 3 个月（$i=1$）到期、面值为 100 元的国债	收入 $0.0639\times99.0050=6.3264$ 元
总支出	1.101 6 元

组合在 $i=1$ 期的价值为多少呢？根据表 6-1 我们知道，当股价上涨的时候持有的股票价值变为 $0.3714\times23.2367=8.6299$ 元[①]，当股价下跌的时候持有的股票价值变为

① 由于小数点后四位数字四舍五入的原因，结果会略有误差，下同。

0.371 4×17.214 2=6.393 4元，而组合持有的国债在 $i=1$ 期到期，无论股价表现如何，国债到期都需要支付面值100元。所以我们可以得到：

$$S_{1,u} \text{ 时的组合价值} = 0.371\,4 \times 23.236\,7 - 0.063\,9 \times 100 = 2.240\,1 \text{ 元} \tag{6.4}$$

$$S_{1,d} \text{ 时的组合价值} = 0.371\,4 \times 17.214\,2 - 0.063\,9 \times 100 = 0.003\,4 \text{ 元} \tag{6.5}$$

无论是上涨还是下跌的情形下，组合的价值都与上述看涨期权到期的回报一致，也就是说，通过购买0.371 4份股票，并同时做空0.063 9份零息债券的组合，完全复制了看涨期权的到期回报。这意味着，上述看涨期权今天的合理价格应该等于投资组合今天的成本1.101 6元。

表6-3 单步期权二叉树

期数	$i=0$	$i=1$
时间（年）	$t=0$	$t=0.25$
	$C_0=1.101\,6$ 元	$C_{1,u}=\max(23.236\,7-21, 0)=2.236\,7$ 元 $C_{1,d}=\max(17.214\,2-21, 0)=0$

为什么期权必须与投资组合具有相同的价值？因为两者价值若不相同，就会出现套利机会。例如，如果交易员能够以2元的价格卖出期权，那么他们可以通过支出1.101 6元购买表6-2中的组合，并在当天获得0.898 4元的差额。在 $i=1$ 期时，无论股票是上涨还是下跌，期权的风险完全由组合的回报对冲掉了，所以这是一个没有风险的套利机会，而在一个运作良好的市场中，当出现这样的套利机会时，大量投资者就会涌入投资，通过卖出期权、买入组合压缩利润，最后导致套利机会消失，因此这样的机会是无法持续的。

6.2.1 无套利复制组合

表6-2中关于投资组合的有趣事实是：它准确地复制了表6-3中股票看涨期权的收益。这个投资组合是不是普遍的？我们能否总是在 $i=1$ 期找到一个复制任何衍生证券收益结构的投资组合？答案是肯定的，假设任意一个衍生品在二叉树上 $i=1$ 处的值取决于标的股票，如表6-4所示。现在考虑一个投资组合，其包含 N_1 单位的标的股票和 N_2 单位到期日为 $i=1$ 的无风险国债债券。该投资组合在时间点 i 和节点 j 处的价值为 $\pi_{i,j}$，当时间 $i=0$ 时，投资组合的价格是：

$$\pi_0 = N_1 \times S_0 + N_2 \times P_0(1) \tag{6.6}$$

式中，$P_0(1)$ 为到期日为 $i=1$ 的债券在当前日期 $i=0$ 的值，S_0 为股票在当前日期的值。

表6-4 一种衍生品的二叉树

期数	$i=0$	$i=1$
时间（年）	$t=0$	$t=0.25$
	V_0	$V_{1,u}$ $V_{1,d}$

在 $i=1$ 期，投资组合的价格是：

$$\pi_{1,u}=N_1\times S_{1,u}+N_2\times 100 \tag{6.7}$$

$$\pi_{1,d}=N_1\times S_{1,d}+N_2\times 100 \tag{6.8}$$

这里债券在 $i=1$ 期到期后的价格为 100 元。我们希望投资组合在 $i=1$ 期能完全复制衍生品 V 的价格，也就是说

$$\pi_{1,u}=N_1\times S_{1,u}+N_2\times 100=V_{1,u} \tag{6.9}$$

$$\pi_{1,d}=N_1\times S_{1,d}+N_2\times 100=V_{1,d} \tag{6.10}$$

上式中有 2 个公式和 2 个未知数 N_1 和 N_2，我们可以代入求解，得到：

$$N_1=\frac{V_{1,u}-V_{1,d}}{S_{1,u}-S_{1,d}} \tag{6.11}$$

$$N_2=\frac{1}{100}\times(V_{1,u}-N_1\times S_{1,u}) \tag{6.12}$$

一旦知道 N_1 和 N_2 的值，我们就能代入（6.5）式，求出该投资组合的价格。

例 6.1 重新思考表 6-3 中的股票看涨期权，该例子中 $V_{1,u}=2.2367$ 元，$V_{1,d}=0$，$S_{1,u}=23.2367$ 元，$S_{1,d}=17.2142$ 元。代入（6.8）式，我们可以求解得到：

$$N_1=\frac{V_{1,u}-V_{1,d}}{S_{1,u}-S_{1,d}}=\frac{2.2367-0}{23.2367-17.2142}=0.3714 \tag{6.13}$$

$$N_2=\frac{1}{100}\times(V_{1,u}-N_1\times S_{1,u})=\frac{1}{100}\times(2.2367-0.3714\times 23.2367)$$
$$=-0.0639 \tag{6.14}$$

其中负号表示做空，这也是我们在上述例子中购买 0.371 4 份股票，同时做空 0.063 9 份零息债券的组合的原因。因此，

$$\pi_0=0.3714\times 20-0.0639\times 99.0050\approx 1.0982(\text{元})^*$$

以上方法可以用来对任何标的为股票 S 的衍生品进行定价。接下来我们再来看一个例子。

例 6.2 一个股票看跌期权的到期日为 3 个月（$i=1$），行权价 K 为 21 元，其到期的回报为：

$$\max(K-S_1,0) \tag{6.15}$$

股票二叉树价格如表 6-1 所示。当股价在 $i=1$ 期上涨的时候，期权到期的回报为 $V_{1,u}=\max(21-23.2367,0)=0$，当股价在 $i=1$ 期下跌的时候，期权到期的回报为 $V_{1,d}=\max(21-17.2142,0)=3.7858$ 元。该看跌期权今天（$i=0$）的合理价格应该为多少？

同理，代入（6.11）式和（6.12）式，我们可以求解得到：

---

* 由于四舍五入误差，等式左右两边不是严格相等，下同。

$$N_1=\frac{V_{1,u}-V_{1,d}}{S_{1,u}-S_{1,d}}=\frac{0-3.785\ 8}{23.236\ 7-17.214\ 2}=-0.628\ 6$$

$$N_2=\frac{1}{100}\times(V_{1,u}-N_1\times S_{1,u})=\frac{1}{100}\times(0+0.628\ 6\times 23.236\ 7)=0.146\ 1$$

也就是说，我们需要构建一个组合，做空 0.628 6 份股票并同时购买 0.146 1 份零息债券来复制这个看跌期权。该组合当前的价格为：

$$\pi_0=N_1\times S_0+N_2\times P_0(1)=-0.628\ 6\times 20+0.146\ 1\times 99.005\ 0\approx 1.889\ 3(\text{元}) \tag{6.16}$$

这也是例子中看跌期权的合理价格。我们可以检查一下这个投资组合能否确实复制看跌期权在 $i=1$ 期时的价值：

$$\pi_{1,u}=N_1\times S_{1,u}+N_2\times 100=-0.628\ 6\times 23.236\ 7+0.146\ 1\times 100=0.003\ 4(\text{元})$$

$$\pi_{1,d}=N_1\times S_{1,d}+N_2\times 100=-0.628\ 6\times 17.214\ 2+0.146\ 1\times 100=3.789\ 2(\text{元})$$

从以上例子中可以看出，使用二叉树对一个股票衍生品进行定价的步骤为：首先，使用（6.11）式和（6.12）式计算复制组合的份额 N_1 和 N_2；其次，根据（6.6）式计算复制组合的价格，该组合能完全复制衍生品在到期时的价值。因此，组合和衍生品的现价应该相等：

$$V_0=\pi_0=N_1\times S_0+N_2\times P_0(1) \tag{6.17}$$

上述讨论的衍生证券的价格是在没有考虑股票价格上涨概率 p 的情况下得出的，这一事实似乎令人困惑。例如，一个在股票价格上涨时更有利的看涨期权的价格怎么能与股票价格上涨的概率无关呢？在本节中我们的逻辑是：衍生证券的价格是通过一揽子股票和债券价格来计算的，股票的价格确实取决于市场参与者对未来股票价格上涨概率的预期，在其他条件相同的情况下，如果市场参与者对下一期股票价格上涨的预期概率更高，那么会推动股票价格进一步上涨，进而会提高期权的价格。然而，对于给定的股票价格 23.236 7 和 17.214 2，其价格已经反映了投资者的预期概率，我们通过构建复制组合来计算期权的价格，因此并不需要准确地了解概率 p。

6.3 未来现金流的现值贴现定价法

上一节讲述的定价方法相对复杂，要获得股票衍生证券的价格，我们必须先构建复制组合，然后将其价值作为衍生证券的价格。在下一节中，我们将介绍一种计算方法，可以大大简化计算过程，特别是当我们转向更多步长的二叉树时。在此之前，我们在本节先引入另一个概念，即将衍生品价格看作是风险调整的未来现金流的贴现现值。

6.3.1 股票资产风险溢价

表 6-1 中股票的现值为 20 元，3 个月后，有 50%的概率股价变为 23.236 7 元或者

17.214 2 元，因此，股票的期望值贴现价格为：

$$\begin{aligned} e^{-r\Delta t}\times E[S_1] &= e^{-0.04\times 0.25}\times[p\times S_{1,u}+(1-p)\times S_{1,d}] \\ &= e^{-0.04\times 0.25}\times(0.5\times 23.236\,7+0.5\times 17.214\,2) \\ &= 20.024\,2(\text{元}) \end{aligned} \tag{6.18}$$

股票的现值 20 元低于按上式计算出来的股票期望值的贴现价，这个价格差体现了该股票的风险溢价，比如发行该股票的公司未来可能的违约破产风险等。我们现在定义该股票的资产风险溢价为：

$$e^{-r\Delta t}\times E[S_1]-S_0 \tag{6.19}$$

在本例中，股票的资产风险溢价为 20.024 2－20＝0.024 2 元。

6.3.2 风险的市场价格

在上一节中我们推导了复制组合份额 N_1 和 N_2 的值，$N_2=\frac{1}{100}\times(V_{1,u}-N_1\times S_{1,u})$，同理，我们也可以代入（6.7）式，得到另一种表达式：

$$N_2=\frac{1}{100}\times(V_{1,d}-N_1\times S_{1,d}) \tag{6.20}$$

令 $E[S_1]=[p\times S_{1,u}+(1-p)\times S_{1,d}]$，$E[V_1]=[p\times V_{1,u}+(1-p)\times V_{1,d}]$，可得：

$$N_2=\frac{1}{100}\times[E[V_1]-N_1\times E[S_1]] \tag{6.21}$$

（6.17）式表明，衍生品证券的当前价格为 $V_0=N_1\times S_0+N_2\times P_0(1)$，代入（6.21）式后可以得到：

$$V_0=N_1\times S_0+\frac{P_0(1)}{100}\times E[V_1]-\frac{P_0(1)}{100}\times N_1\times E[S_1] \tag{6.22}$$

将 N_1 移到等式左边，可得：

$$N_1\times\left[\frac{P_0(1)}{100}\times E[S_1]-S_0\right]=\frac{P_0(1)}{100}\times E[V_1]-V_0 \tag{6.23}$$

式中，$\frac{P_0(1)}{100}=e^{-r\Delta t}$，再将（6.11）式中的 $N_1=\frac{V_{1,u}-V_{1,d}}{S_{1,u}-S_{1,d}}$ 代入上式，两边分别除以 $V_{1,u}-V_{1,d}$，最后得到如下等式：

$$\frac{e^{-r\Delta t}E[S_1]-S_0}{S_{1,u}-S_{1,d}}=\frac{e^{-r\Delta t}E[V_1]-V_0}{V_{1,u}-V_{1,d}} \tag{6.24}$$

（6.24）式是无套利定价中证券之间的关键等式，需要注意以下几点：（1）公式左侧只涉及股票的价格，而右侧只涉及股票衍生证券的价格；（2）左侧股票的表达式与右侧股票衍生证券的表达式相似；（3）这两个表达式的分子都是投资者对持有股票或股票衍生证券所要求的资产风险溢价，如（6.19）式所示；（4）分母代表着投资股票或股票衍生证券在两种可能状态下的波动所导致的风险，即上涨时的价格减去下跌时的价格。在推导(6.24)式的时候，我们并没有假设该股票衍生证券的种类和属性，比如没有要求它是看涨或是看跌期权，也就是说，(6.24)式表明，无论是股票还是基于该股票的衍生证券，任何二叉树上的基于同一个股票的所有资产都应该有相同的风险溢价与风险比率。我们定义该比率为股票风险的市场价格 λ：

$$\lambda=\frac{\text{风险溢价}}{\text{风险}}=\frac{\mathrm{e}^{-r\Delta t}E[S_1]-S_0}{S_{1,u}-S_{1,d}}=\frac{\mathrm{e}^{-r\Delta t}E[V_1]-V_0}{V_{1,u}-V_{1,d}} \tag{6.25}$$

6.3.3 股票风险市场价格下的衍生品定价公式

(6.25)式展示了一种对衍生品 V 定价的基本应用。如果我们知道 λ 的值，那么我们就能计算出 V 的价格为：

$$V_0=\mathrm{e}^{-r\Delta t}E[V_1]-\lambda\times(V_{1,u}-V_{1,d}) \tag{6.26}$$

如何计算 λ 呢？根据(6.25)式，我们可以从标的现货股票价格中求解：

$$\lambda=\frac{\mathrm{e}^{-r\Delta t}E[S_1]-S_0}{S_{1,u}-S_{1,d}} \tag{6.27}$$

例6.3 重新思考例6.1中的股票看涨期权，该例子中 $V_{1,u}=2.236\ 7$ 元，$V_{1,d}=0$，$S_{1,u}=23.236\ 7$ 元，$S_{1,d}=17.214\ 2$ 元，$S_0=20$ 元，$r=4\%$。代入(6.27)式，我们可以求解得到：

$$\lambda=\frac{\mathrm{e}^{-0.04\times0.25}\times(0.5\times23.236\ 7+0.5\times17.214\ 2)-20}{23.236\ 7-17.214\ 2}=0.004\ 0 \tag{6.28}$$

代入(6.26)式，可以得到：

$$V_0=\mathrm{e}^{-0.04\times0.25}\times[0.5\times2.236\ 7+0.5\times0]-0.004\ 0\times(2.236\ 7-0)=1.098\ 2(\text{元}) \tag{6.29}$$

与例6.1的结果一样。

例6.4 重新思考例6.2中的股票看跌期权，该例子中 $V_{1,u}=0$，$V_{1,d}=3.785\ 8$ 元。我们通过标的股票计算该股票风险的市场价格 λ，与期权属性无关：

$$\lambda=\frac{\mathrm{e}^{-0.04\times0.25}\times(0.5\times23.236\ 7+0.5\times17.214\ 2)-20}{23.236\ 7-17.214\ 2}=0.004\ 0 \tag{6.30}$$

代入(6.26)式，可以得到：

$$V_0=\mathrm{e}^{-0.04\times0.25}\times(0.5\times0+0.5\times3.785\ 8)-0.004\ 0\times(0-3.785\ 8)=1.889\ 3(\text{元}) \tag{6.31}$$

与例6.2的结果一样。

6.3.4 期望概率 p 会影响结果吗?

在上述例子中，求期望价格时用的概率 p 是0.5，如果我们错误计算了 p，这是否意味着我们所有的计算都会因此而出错？在 6.2 节中我们讨论了，股票二叉树价格已经反映了投资者的预期，我们通过构建复制组合来计算期权的价格，因此并不需要准确地了解概率 p。这两个解法是否有矛盾？股票风险市场价格下的衍生品定价方法似乎比之前基于组合复制的方法要差，因为现在我们需要知道概率 p。

实际上，事实证明，即使在计算 p 时我们犯了错误，股票衍生证券的定价也不会受影响。为什么？因为我们在（6.27）式中计算风险的市场价格 λ 时需要用到概率 p，但同时，我们在（6.26）式中计算股票衍生证券的价格时，也需要用到概率 p。因此，如果我们误计算了 p，我们也会误计算风险调整，结果发现，一个错误正好抵消了另一个错误。比如，我们仍以例 6.3 中的股票看涨期权为例，表 6－5 显示了概率从 0.1 到 0.9 时的风险市场价格 λ 和看涨期权价格，无论概率 p 的大小如何，例子中看涨期权的价格始终为 1.098 2 元。

表 6－5　看涨期权在不同概率下的价格

概率 p	预期回报现值 $e^{-r\Delta}E[V_1]$(元)	风险市场价格 λ（元）	风险调整 $\lambda\times(V_{1,u}-V_{1,d})$(元)	看涨期权价格 V_0（元）
0.1	0.221 4	−0.392 0	−0.876 8	1.098 2
0.2	0.442 9	−0.293 0	−0.655 4	1.098 2
0.3	0.664 3	−0.194 0	−0.434 0	1.098 2
0.4	0.885 8	−0.095 0	−0.212 5	1.098 2
0.495 945	1.098 2	0.000 0	0.000 0	1.098 2
0.5	1.107 2	0.004 0	0.009 0	1.098 2
0.6	1.328 7	0.103 0	0.230 4	1.098 2
0.7	1.550 1	0.202 0	0.451 9	1.098 2
0.8	1.771 6	0.301 0	0.673 3	1.098 2
0.9	1.993 0	0.400 0	0.894 8	1.098 2

表 6－5 还显示，随着概率 p 的增大，未来预期回报的现值也在增大，这是因为当股票价格预期更大时，看涨期权会有更大的回报。然而，风险调整也在随之增加，原因在于，概率 p 的增大也会提高风险市场价格 λ，所以，经过风险调整后的看涨期权价格保持不变。

6.4　风险中性定价法

从表 6－5 可知，对于 $p=0.495\,945$，上述例子中的风险市场价格 λ 和风险调整等于 0。既然 p 的大小不会影响该看涨期权的价格，我们将这个特殊概率 p 表示为 p^*。在这种情况下，定价公式（6.21）可以简单地等于

$$V_0=e^{-r\Delta}E[V_1] \tag{6.32}$$

式中，

$$E[V_1]=[p^*\times V_{1,u}+(1-p^*)\times V_{1,d}] \tag{6.33}$$

定价公式（6.32）比定价公式（6.26）更简洁和容易记住，因为它表明，衍生证券的价格等于未来收益的贴现值，同时，因为风险市场价格为零且没有风险调整，故使用无风险利率来计算贴现值。特别地，风险市场价格 λ 没有出现在定价公式中。请记住，定价公式（6.32）是定价公式（6.26）的一个特例，是通过使用一个非常特殊的概率 $p^*=0.495\ 945$ 获得的，这种方法可以大幅简化衍生证券的定价过程。

6.4.1　风险中性概率

我们如何计算使方程（6.32）成立的概率 p^*？回想一下，这个概率是使风险市场价格 $\lambda=0$ 的概率。因为基于该股票的所有证券的 λ 都相等，因此可以得出结论：在同一期，概率 p^* 对所有证券都是相同的，于是我们可以从（6.25）式中的股票等式求解出令 $\lambda=0$ 的概率 p^*，然后应用到衍生证券中。具体而言，令 $\lambda=\frac{e^{-r\Delta t}E[S_1]-S_0}{S_{1,u}-S_{1,d}}=0$，其中，$E[S_1]=p^*\times S_{1,u}+(1-p^*)\times S_{1,d}$，可以得到：

$$p^*=\frac{e^{r\Delta t}S_0-S_{1,d}}{S_{1,u}-S_{1,d}} \tag{6.34}$$

代入 $S_{1,u}=23.236\ 7$ 元，$S_{1,d}=17.214\ 2$ 元，$S_0=20$ 元，$r=4\%$，$\Delta t=0.25$，我们可以求解出 $p^*=0.495\ 945$，这也是表 6-5 中得到的特殊概率。

因为 p^* 是使得风险市场价格 $\lambda=0$ 的概率，我们定义其为风险中性概率。风险中性概率 p^* 是使每个股票证券价格由未来预期收益的现值给出的特定概率 p 的值，同时，由于是风险中性，这里的现值是使用无风险利率计算的。

6.4.2　使用风险中性概率对衍生证券定价

（6.34）式提供了计算风险中性概率的方法，它可以用来通过（6.32）式计算股票衍生证券的价格。一旦我们知道了风险中性概率，就很容易计算不同期权的现值。

例 6.5　重新思考例 6.1 中的股票看涨期权，该例子中 $V_{1,u}=2.236\ 7$ 元，$V_{1,d}=0$，$S_{1,u}=23.236\ 7$ 元，$S_{1,d}=17.214\ 2$ 元，$S_0=20$ 元，$r=4\%$，$\Delta t=0.25$，代入（6.34）式，我们可以求解得到 $p^*=0.495\ 945$。再代入（6.32）式，可以得到：

$$V_0=e^{-0.04\times 0.25}\times[0.495\ 945\times 2.236\ 7+(1-0.495\ 945)\times 0]=1.098\ 2(元) \tag{6.35}$$

与例 6.1 的结果一样。

例 6.6　重新思考例 6.2 中的股票看跌期权，该例子中 $V_{1,u}=0$，$V_{1,d}=3.785\ 8$ 元。代入（6.34）式，可以得到：

$$V_0=e^{-0.04\times 0.25}\times[0.495\ 945\times 0+(1-0.495\ 945)\times 3.785\ 8]=1.889\ 3\text{ 元} \tag{6.36}$$

与例 6.2 的结果一样。

通过对比本章例 6.1～例 6.6，不难看出风险中性概率定价法的简洁之美。要注意的是，风险中性概率是一个“虚假的”概率，它使我们能够通过无套利来获得衍生证券定价的便捷公式。给定这个“虚假的”概率 p^*，在二叉树上，任何股票证券的价格都等于未来回报的贴现期望现值，这里贴现率为无风险利率。p^* 与股票上涨的实际概率不同，p^* 是一个风险中性下的概率，而真实世界中投资者是有风险偏好或者风险厌恶的，这也是在（6.26）式中当风险市场价格 λ 不为零时，我们需要额外进行风险调整的原因。

6.4.3 匹配股票波动率

到目前为止，只要知道 S_0、r、Δt、$V_{1,u}$、$V_{1,d}$、$S_{1,u}$ 和 $S_{1,d}$ 的值，我们就能计算出衍生证券 V_0 的价格。这些参数中，S_0 和 r 是可以观测到的值；Δt 是二叉树的时间步长设置；给定 $S_{1,u}$ 和 $S_{1,d}$ 的值，我们根据衍生证券的回报属性可以计算出 $V_{1,u}$ 和 $V_{1,d}$，所以，$S_{1,u}$ 和 $S_{1,d}$ 的估计显而易见决定了 V_0 的价格大小。在本章所有例子中，我们假设 3 个月后，股价要么是 $S_{1,u}=23.2367$ 元，要么是 $S_{1,d}=17.2142$ 元。这两个价格是怎么计算得到的呢?

（6.34）式证明了 $p^*=\dfrac{e^{r\Delta t}S_0-S_{1,d}}{S_{1,u}-S_{1,d}}$，这里我们令 $S_{1,u}=S_0\times u$，$S_{1,d}=S_0\times d$，u 和 d 是下一期股票上涨和下跌的比例，对应的收益率则为 $u-1$ 和 $d-1$，于是我们可以得到：

$$p^*=\frac{e^{r\Delta t}-d}{u-d} \tag{6.37}$$

接下来我们通过匹配股票波动率来计算参数 u 和 d 的值，股票的年化波动率 σ 定义为在一个短时间 Δt 内股票收益率的标准差为 $\sigma\sqrt{\Delta t}$，方差为 $\sigma^2\Delta t$。根据统计学上的定义，一个变量 X 的方差等于 $E(X^2)-[E(X)]^2$，其中 E 表示期望值。在长度为 Δt 的时间中，若在概率 p^* 的期望下股票未来收益率为 $u-1$，在概率 $1-p^*$ 的期望下股票未来收益率为 $d-1$，我们可以计算该股票收益率的方差为：

$$\begin{aligned}E(X^2)-[E(X)]^2&=p^*(u-1)^2+(1-p^*)(d-1)^2-[p^*(u-1)\\&\quad+(1-p^*)(d-1)]^2\\&=(u-1)^2p^*(1-p^*)+(d-1)^2p^*(1-p^*)\\&\quad-2p^*(1-p^*)(u-1)(d-1)\\&=(u-d)^2p^*(1-p^*)\end{aligned} \tag{6.38}$$

将（6.37）式代入上式，可得：

$$E(X^2)-[E(X)]^2=e^{r\Delta t}(u+d)-ud-e^{2r\Delta t}=\sigma^2\Delta t \tag{6.39}$$

上式的一种解为：

$$\begin{aligned}u&=e^{\sigma\sqrt{\Delta t}}\\d&=e^{-\sigma\sqrt{\Delta t}}\end{aligned} \tag{6.40}$$

这也是 Cox、Ross 和 Rubinstein（1979）[①] 所使用的 u 和 d 的值，因此该模型也被广泛

① Cox，J. C.，Ross，S. A. and Rubinstein，M. Option Pricing：A Simplified Approach [J]. Journal of Financial Economics，1979，7 (3)：229-263.

叫作CRR二叉树。在本章的例子中，当 $\sigma=30\%$，$\Delta t=0.25$ 时，$u=1.1628$ 元，$d=0.8607$ 元，$S_{1,u}=S_0\times u=23.2367$ 元，$S_{1,d}=S_0\times d=17.2142$ 元。

6.4.4　二叉树公式总结

从之前章节的分析中可以得出：给定股票波动率 σ 和二叉树步长 Δt 的大小，我们可以通过匹配波动率得出（6.40）式中 u 和 d 的值，$u=e^{\sigma\sqrt{\Delta t}}$，$d=e^{-\sigma\sqrt{\Delta t}}$；给定无风险利率 r，风险中性概率 p^* 的值可以通过（6.37）式计算，$p^*=\frac{e^{r\Delta t}-d}{u-d}$；衍生证券的价格因此可以通过（6.32）式加以计算，$V_0=e^{-r\Delta t}E[V_1]=e^{-r\Delta t}[p^*V_{1,u}+(1-p^*)V_{1,d}]$。

表6-6绘制了一棵完整二叉树的结构，计算出 u 和 d 后可得股票二叉树上的节点价格 $S_{1,u}$ 和 $S_{1,d}$，根据衍生证券回报属性函数 f 可以计算出衍生证券二叉树上的节点价格 $V_{1,u}$ 和 $V_{1,d}$，最后使用风险中性概率和无风险利率贴现得到 V_0 的值。

表6-6　完整二叉树

期数	$i=0$	$i=1$	
时间（年）	$t=0$	$t=\Delta$	
	$S_0=0$ →	$S_{1,u}=S_0u$	概率为 p^*
		$S_{1,d}=S_0d$	概率为（$1-p^*$）
	V_0 →	$V_{1,u}=f(S_{1,u})$	概率为 p^*
		$V_{1,d}=f(S_{1,d})$	概率为（$1-p^*$）

例6.7　一个股票看跌期权的到期日为2个月（$i=1$），股票当前价格 $S_0=10$ 元，波动率 $\sigma=20\%$，无风险利率 $r=3\%$，行权价 $K=10$ 元，其到期的回报为：

$$f=\max(K-S_1,0) \tag{6.41}$$

该看跌期权今天（$i=0$）的合理价格为多少？

根据已知参数，计算出 $u=e^{\sigma\sqrt{\Delta t}}=e^{0.2\times\sqrt{2/12}}=1.0851$，$d=0.9216$，$p^*=0.5103$，$S_{1,u}=S_0\times u=10.8508$ 元，$S_{1,d}=S_0\times d=9.2159$ 元，$V_{1,u}=\max(10-S_{1,u},0)=0$，$V_{1,d}=\max(10-S_{1,d},0)=0.7841$ 元，期权今天的价格 $V_0=e^{-r\Delta t}[p^*V_{1,u}+(1-p^*)V_{1,d}]=0.3821$ 元。

期数	$i=0$	$i=1$	
时间（年）	$t=0$	$t=1/6$	
	10元 →	10.8508元	概率为0.5103
		9.2159元	概率为0.4897
	0.3821元 →	0	概率为0.5103
		0.7841元	概率为0.4897

6.4.5　股票分红条件下的衍生证券定价

到目前为止，为了简单起见，我们都假设标的股票没有支付股息，在无风险调整的世界里，风险的市场价格为零，也就意味着风险中性概率下的股票未来期望值等于 $S_0e^{r\Delta t}$，即 $E[S_1]=[p^*\times S_0\times u+(1-p^*)\times S_0\times d]=S_0e^{r\Delta t}$，从而得到（6.37）式 $p^*=\frac{e^{r\Delta t}-d}{u-d}$。

现在我们放松这个假设，考虑一只股票以已知的股息率 q 支付股息。在一个风险中性的世界里，股息和资本收益的总收益率为 r，当股息提供了 q 的回报时，则资本收益率必须等于 $r-q$。因此如果股票起始价为 S_0，在长度为 Δt 的时间后，股票的未来期望值应为 $S_0e^{(r-q)\Delta t}$，令 $E[S_1]=[p^*\times S_0\times u+(1-p^*)\times S_0\times u]=S_0e^{(r-q)\Delta t}$，可求解得到在股票股息率为 q 的情况下，风险中性概率等于

$$p^*=\frac{e^{(r-q)\Delta t}-d}{u-d} \tag{6.42}$$

例 6.8 一个股票指数看涨期权的到期日为 2 个月（$i=1$），股票当前价格 $S_0=100$ 元，波动率 $\sigma=20\%$，无风险利率 $r=3\%$，股息率 $q=1\%$，行权价 $K=102$ 元，其到期的回报为：

$$f=\max(S_1-K,0) \tag{6.43}$$

该股票指数看涨期权今天（$i=0$）的合理价格为多少？

根据已知参数，计算出 $u=e^{\sigma\sqrt{\Delta t}}=e^{0.2\times\sqrt{2/12}}=1.0851$，$d=0.9216$，$p^*=0.5000$，$S_{1,u}=S_0\times u=108.5076$ 元，$S_{1,d}=S_0\times d=92.1595$ 元，$V_{1,u}=\max(S_{1,u}-102,0)=6.5076$ 元，$V_{1,d}=\max(S_{1,d}-102,0)=0$，期权今天的价格 $V_0=e^{-r\Delta t}[p^*V_{1,u}+(1-p^*)V_{1,d}]=3.2377$ 元。

下面的 R 语言代码展示了使用单步二叉树法对有股息的欧式看涨期权定价的过程。

例 6.9 使用单步二叉树法估值带有股息的欧式看涨期权的函数。

```
OneStepBinomialTree <- function(S0,K,r,T,sigma,q){
  #计算参数
  dt <- T
  u <-exp(sigma * sqrt(dt))
  d <- 1/u

  #计算概率
  p <-(exp((r - q) * dt)- d)/(u - d)

  #计算到期时刻 T 的股票价格
  ST_u <- S0 * u
  ST_d <- S0 * d

  #计算到期时刻 T 的现金流
  CF_u <- max(ST_u - K,0)
  CF_d <- max(ST_d - K,0)
```

```
  #计算现金流的现值
  PV_CF_u <- CF_u * exp(-r * dt)
  PV_CF_d <- CF_d * exp(-r * dt)

  #计算时刻0的期权价值
  option_value <- p * PV_CF_u +(1 - p) * PV_CF_d

  return(option_value)
}

#示例用法
S0 <- 100   #初始股票价格
K <- 102     #行权价
r <- 0.03   #无风险利率
T <- 1/6       #到期时间(年)
sigma <- 0.2  #波动率
q <- 0.01     #连续股息率(以小数表示)

option_value <- OneStepBinomialTree(S0,K,r,T,sigma,q)
print(paste("期权价值:",option_value))
```

6.5　本章小结

本章介绍了如何使用二叉树模型对股票和股票衍生证券进行估值。在股票价格在衍生证券期限内由一个二叉树规定的简单情况下，我们可以建立一个由股票和债券构成的无风险组合去完全复制该衍生证券的到期回报。这使得股票衍生证券可以以股票为基准定价，有趣的是，在二叉树的每个节点上，并不需要对上涨和下跌的概率作任何假设。该无风险组合的价格必须等于衍生证券的价格，否则就会出现套利机会，这是本章介绍的衍生证券定价的第一种方法。

无套利关系要求任何二叉树上的基于同一只股票的所有资产都应该有相同的风险溢价与风险比率，我们定义该比率为风险的市场价格。因此，我们可以从股票二叉树上的价格计算出风险的市场价格，进一步对股票衍生证券估值。同时我们发现上涨和下跌的概率不会影响风险调整后的衍生证券的估值大小，这是衍生证券定价的第二种方法。

当风险的市场价格为零时，我们可以反推出一个风险中性概率。在风险中性的世界里，我们无须进行风险调整，而是直接利用风险中性概率求衍生证券的期望回报，再使用无风险利率贴现法对该证券定价。风险中性定价法的好处是简洁、容易理解，这是衍生证券定价的第三种方法。

需要注意的是，这三种方法层层推进，复制组合和无套利原则是定价的核心基础，本章通过数值例子表明，无套利定价和风险中性估值是等效的，并得出了相同的期权价格。在下一章中，我们将介绍多步二叉树，并提供更多关于它们在实践中如何使用的细节和例子。

练习题

1. 考虑以下二叉树：

期数	$i=0$	$i=1$	
时间（年）	$t=0$	$t=0.25$	
	$S_0=20$ 元	$S_{1,u}=22$ 元	50%的概率
		$S_{1,d}=18$ 元	50%的概率

（1）计算风险的市场价格 λ 和风险中性概率 p^*。

（2）一个股票看涨期权的到期日为 2 个月（$i=1$），股票无股息，无风险利率 $r=3\%$，行权价 $K=21$ 元，其到期时的回报为 $\max(S_1-K, 0)$，该看涨期权今天（$i=0$）的合理价格为多少？分别使用构建复制组合的方法（第一种）和风险中性定价法（第三种）计算。

2. 股票当前价格为 15 元，波动率为 18%。无风险利率为 4%的年利率（连续复利），股票的股息率为 2%。当使用 2 个月的时间步长时，计算 u、d 和 p^* 的值。给定一个单步二叉树，求行权价为 14.5 元的 2 个月欧式看跌期权的价格。

3. 一只股票的当前价格为 50 元，股票无股息，已知在 2 个月结束时，该股票的价格 S_T 将是 55 元或 46 元。无风险利率为 4%（按年复利计算）。假设有一个衍生证券 2 个月到期后的回报是 S_T^2，使用风险中性定价法对该衍生证券定价。

第7章

多步二叉树及其应用

学习目标

● 理解多步二叉树的构建原理，包括两步二叉树和一般多步二叉树的结构与计算。

● 掌握用多步二叉树对欧式期权和美式期权进行定价的方法及相关计算。

● 了解二叉树方法的改进，如灵活二叉树法和三叉树的特点与应用。

章前引例

假设你正在关注一只股票期权，该股票当前价格为 50 元，波动率为 25%，无风险利率为 3%（连续复利）。现在有一个行权价为 52 元、到期日为 9 个月的欧式看涨期权。如果将到期时间划分为三步二叉树来估算该期权的价值，你会计算吗？通过本章的学习，你将学会运用多步二叉树模型来解决此类问题，还能进一步了解如何对美式期权定价以及二叉树方法的改进等知识，从而能够在金融衍生品定价领域更加得心应手。

第 6 章提出的单步二叉树过于简单，不太符合实际情况。很明显，假设在衍生证券到期日内，标的股票股价的波动只包含一步二项式的上涨和下跌情形，估计出来的衍生证券价格会非常粗略。出于准确性的考虑，在实际应用中，通常会将衍生证券的到期时间划分为 30 个或更多个时间步长。在每个时间步长中，都会发生二项式股价的波动。比如，在 30 个时间步长中，在最后节点有 31 个可能的股价，相当于考虑了 2^{30} 条可能的股价路径。本章我们介绍多步二叉树，关键是要认识到，一个多步二叉树只不过是由一系列单步二叉树构成的，因此，在第 6 章中对每个单步二叉树所做的任何论证在这里同样适用。

7.1 两步二叉树

表 7－1 的上表将第 6 章中表 6－1 的单步二叉树扩展到两步，注意这里的二叉树是可重合的，这意味着“上升和下降”导致的股价与“下降和上升”相同，都为 20 元。使用可重合的树在我们处理具有数百步非常长的树时特别有帮助，而非可重合的树需要更大量

的计算能力来解决。

表 7-1　两步二叉树

期数	$i=0$	$i=1$	$i=2$
时间（年）	$t=0$	$t=0.25$	$t=0.5$
	$S_0=20$ 元	$S_{1,u}=23.236\ 7$ 元	$S_{2,uu}=26.997\ 2$ 元
		$S_{1,d}=17.214\ 2$ 元	$S_{2,ud}=S_{2,du}=20$ 元
			$S_{2,dd}=14.816\ 4$ 元
	$V_0(A=1.445\ 9$ 元$)$	$V_{1,u}(B=2.944\ 7$ 元$)$	$V_{2,uu}(D=5.997\ 2$ 元$)$
		$V_{1,d}(C=0)$	$V_{2,ud}(E=0)$
			$V_{2,dd}(F=0)$

在本例中我们依然假设股票波动率为常数 30%，$r=4\%$，$\Delta t=0.25$。通过第 6 章介绍的匹配波动率得出 $u=e^{\sigma\sqrt{\Delta t}}=1.162\ 8$，$d=e^{-\sigma\sqrt{\Delta t}}=0.860\ 7$，$S_{1,u}=S_0\times u=23.236\ 7$ 元，$S_{1,d}=S_0\times d=17.214\ 2$ 元，$S_{2,uu}=S_{1,u}\times u=26.997\ 2$ 元，$S_{2,ud}=S_{2,du}=S_{1,u}\times d=S_{1,d}\times u=20$ 元，$S_{2,dd}=S_{1,d}\times d=14.816\ 4$ 元。假设有一个股票看涨期权，到期日为 6 个月（$i=2$），行权价 K 为 21 元，到期回报为 $\max(S_2-K,\ 0)$。

7.1.1　风险中性定价法

第 6 章的推导告诉我们，可以通过（6.27）式对衍生证券使用风险中性定价，即 $V_0=e^{-r\Delta t}E[V_1]=e^{-r\Delta t}[p^*V_{1,u}+(1-p^*)V_{1,d}]$，这里 $p^*=\dfrac{e^{r\Delta t}-d}{u-d}=0.495\ 945$。本节我们拓展到两步二叉树，目标是计算二叉树的初始节点处（A）的衍生证券价格，这可以反复应用风险中性定价法原则来实现。

表 7-1 的下表展示了衍生证券的二叉树，采用反向归纳法，在 $i=2$ 期我们在节点 D 的股票价格为 26.997 2 元，该节点看涨期权的价格为 $\max(26.997\ 2-21,\ 0)=5.997\ 2$ 元；在节点 E 和 F 的股票价格小于行权价 K，该节点看涨期权的价格为零。现在倒推到 $i=1$ 期，节点 B 的期权价格等于节点 D 和 E 的期权价格的期望贴现值，即 $V_{1,u}=e^{-r\Delta t}[p^*V_{2,uu}+(1-p^*)V_{2,ud}]=e^{-0.04/4}[0.495\ 945\times 5.997\ 2+(1-0.495\ 945)\times 0]=2.944\ 7$ 元；节点 C 的期权价格等于节点 E 和 F 的期权价格的期望贴现值，$V_{1,d}=0$。最后我们倒推到 $i=0$ 期，节点 A 的期权价格等于节点 B 和 C 的期权价格的期望贴现值，即 $V_0=e^{-r\Delta t}[p^*V_{1,u}+(1-p^*)V_{1,d}]=e^{-0.04/4}[0.495\ 945\times 2.944\ 7+(1-0.495\ 945)\times 0]=1.445\ 9$ 元。要注意的是，因为波动率是常数，此示例构造成每个树节点上的 u 和 d（上涨和下跌比例）都相同，并且时间步长相等，因此，计算得到的风险中性概率 p^* 在每个节点上也都相同。

我们可以通过考虑表 7-1 中的情况来推广两步二叉树的情形。股票价格初始为 S_0，在每个时间间隔后，它要么上涨到初始值的 u 倍，要么下跌为初始值的$\dfrac{1}{d}$，我们假设无风险利率为 r，时间步长为 Δt 年，则

$$V_0=e^{-r\Delta t}[p^*V_{1,u}+(1-p^*)V_{1,d}] \tag{7.1}$$

$$V_{1,u}=e^{-r\Delta t}[p^* V_{2,uu}+(1-p^*)V_{2,ud}] \tag{7.2}$$

$$V_{1,d}=e^{-r\Delta t}[p^* V_{2,ud}+(1-p^*)V_{2,dd}] \tag{7.3}$$

将 $V_{1,u}$ 和 $V_{1,d}$ 代入 V_0，得到：

$$V_0=e^{-2r\Delta t}[p^{*2}V_{2,uu}+2p^*(1-p^*)V_{2,ud}+(1-p^{*2})V_{2,dd}] \tag{7.4}$$

式中，变量 p^{*2}，$2p^*(1-p^*)$ 和 $(1-p^{*2})$ 分别表示股价到达上、中、下最终节点的概率，衍生证券的价格等于在风险中性世界中以无风险利率贴现的预期回报。

7.2　多步二叉树

随着我们在二叉树中增加更多的步数，风险中性定价原则仍然成立，衍生证券价格始终等于在风险中性世界中以无风险利率贴现的预期回报。在更长步数的二叉树上获取衍生证券的价格并不比在两步二叉树上更困难，如果我们知道向上运动的风险中性概率 p^*，那么节点 j 在时间 i 的价格公式为：

$$V_{i,j}=e^{-r\Delta t}E[V_{i+1}]=e^{-r\Delta t}[p^* V_{i+1,j}+(1-p^*)V_{i+1,j+1}] \tag{7.5}$$

因此，如果我们知道到期时衍生证券的回报，就可以使用公式（7.5）在二叉树上向前层层归纳求解，直到求得 V_0。

例 7.1　一个股票跨式期权的到期日为 6 个月，股票无股息，当前价格 $S_0=10$ 元，波动率 $\sigma=20\%$，无风险利率 $r=3\%$，行权价 $K=10$ 元，其到期的回报为：

$$f=\max(S_1-K,0)+\max(K-S_1,0) \tag{7.6}$$

用多步二叉树计算该跨式期权今天的合理价格。

在这种情况下，跨式期权的行权价 K 为 10 元，该期权的回报是由一个看涨期权和一个看跌期权组合而成，这个投资策略被称为跨式期权（straddle)。当到期日的股票价格接近行权价 K 时，跨式期权的回报较低；但如果价格远离行权价，无论是高还是低，跨式期权的回报都会变大。由于在价格远离 K 时有较大的回报，这种策略往往会在股票价格波动性较大的市场环境中获利。风险中性定价方法可以通过使用反向归纳法立即计算出这种衍生证券的价格。具体来说，我们从二叉树的末端开始计算跨式期权的回报，然后通过在各个节点上采用（7.5）式向前归纳。通过例 7.2 的 R 语言代码，当步数 $n=100$ 时，该跨式期权的价格 $V_0=1.1225$。

例 7.2 的 R 语言代码展示了使用多步二叉树法对跨式期权的定价过程。

例 7.2　使用多步二叉树法估值欧式跨式期权的函数。

```
StraddleOptionBinomialTree <- function(S,K,r,T,vol,n){
  #计算参数
  dt <- T/n
  u <- exp(vol * sqrt(dt))
  d <- 1/u
  p <-(exp(r*dt)- d)/(u - d)
```

```
  #创建空的矩阵以存储股票价格
  stock_prices <- matrix(0,n+1,n+1)

  #填充矩阵中每个节点的股票价格
  for(j in 0:n){
    for(i in 0:j){
      stock_prices[i+1,j+1] <- S * (u^(j-i)) * (d^i)
    }
  }

  #创建空的矩阵以存储期权价值
  option_values <- matrix(0,n+1,n+1)

  #计算期权在最后节点的价值
  for(i in 0:n){
    option_values[i+1,n+1] <- max(stock_prices[i+1,n+1] - K,0)+ max(K -
stock_prices[i+1,n+1],0)
  }

  #使用反向归纳法计算较早节点的期权价值
  for(i in n:1){
    for(j in 0:(i - 1)){
      option_values[j + 1,i] <-(p * option_values[j + 1,i + 1] +(1 - p) * op-
tion_values[j + 2,i + 1]) * exp(-r * dt)
    }
  }

  #返回初始节点的期权价值
  return(option_values[1,1])
}

#参数
S <- 10  #当前股票价格
K <- 10  # 行权价
r <- 0.03  #无风险利率
T <- 0.5  #到期时间(以年为单位)
vol <- 0.2  #股票价格波动率
n <- 100  #二叉树中的步数
```

```
#计算期权价值
option_value <- StraddleOptionBinomialTree(S,K,r,T,vol,n)

#打印期权价值
cat("欧式跨式期权的价值为:",option_value,"\n")
```

在实际应用中，通常会将衍生证券的到期时间划分为 30 个或更多个时间步长。在每个时间步长中都会发生二项式股价的波动。比如，在 30 个时间步长中，在最后节点有 31 个可能的股价，相当于考虑了 2^{30} 条可能的股价路径。当时间步数增加时（Δ 变得更小），二叉树对欧式期权定价的价格趋向于收敛到连续时间下的布莱克-斯科尔斯-默顿（Black-Scholes-Merton）价格，后者将在第 9 章中介绍。图 7-1 给出了按不同时间步长计算出来的例 7.1 中欧式跨式期权的价格，其中布莱克-斯科尔斯-默顿估计下的价格为 1.125 3 元（图中虚线），当步长数为 2，即两步二叉树时估计的价格为 0.997 3 元，当步长数为 30 时二叉树估计的价格为 1.116 0 元。随着步长数的增加，二叉树的价格逐渐收敛，这也是在实际应用中我们通常使用 30 甚至更多个时间步长的原因。

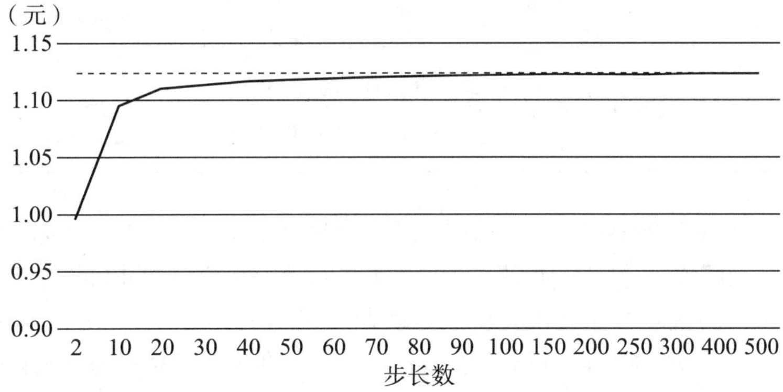

图 7-1　用不同步长数估计的二叉树欧式跨式期权的价格

7.3　美式期权

到目前为止，我们二叉树定价考虑的所有衍生品都是欧式期权，现在我们考虑如何使用二叉树来估值美式期权。美式期权是一种衍生品证券，它赋予持有人在约定的到期日或某个特定日期之前（包括到期日）行使权利的权利。与欧式期权不同，美式期权持有人可以在任何时间选择行使权利，而不仅限于到期日。具体来说，对于一种股票美式期权，持有人可以选择在任何时间以约定的行权价购买或出售标的资产（股票）。对于一种美式看涨期权，持有人可以在任何时间以约定的行权价购买股票；对于一种美式看跌期权，持有人可以在任何时间以约定的行权价卖出股票。

由于美式期权具有更大的灵活性，相对于欧式期权来说其价值通常会更高，这是因为美式期权给予了持有人在市场条件有利时提前行使权利的机会。使用二叉树定价的过程依然是从末端向前层层归纳求解，与欧式期权定价不同的地方在于，现在我们需要测试每个节点，以判断提前行权是否会达到最优化。仍以一个两步二叉树为例，如表 7－2 所示，考虑一个美式看跌期权，到期日为 6 个月（$i=2$），行权价 K 为 21 元，到期回报为 $\max(K-S_2, 0)$，其余参数与表 7－1 相同，股票波动率为常数 30%，$r=4\%$，$\Delta=0.25$。美式期权在最终节点的价值与欧式期权相同，在较早的节点，因为美式期权持有者可以选择提前行权，因此期权的价值为以下两者中较大的一个：（1）（7.2）式和（7.3）式给出的价值 $V_{1,u}$ 和 $V_{1,d}$；（2）提前行权带来的回报。

表 7－2　两步二叉树下的美式看跌期权

期数	$i=0$	$i=1$	$i=2$
时间（年）	$t=0$	$t=0.25$	$t=0.5$
	$S_0=20$ 元	$S_{1,u}=23.2367$ 元 $S_{1,d}=17.2142$ 元	$S_{2,uu}=26.9972$ 元 $S_{2,ud}=S_{2,du}=20$ 元 $S_{2,dd}=14.8164$ 元
欧式看跌期权	$V_0(A=2.0300$ 元)	$V_{1,u}(B=0.4990$ 元) $V_{1,d}(C=3.5769$ 元)	$V_{2,uu}(D=0)$ $V_{2,ud}(E=1)$ $V_{2,dd}(F=6.1836$ 元)
美式看跌期权	$V_0(A=2.1343$ 元)	$V_{1,u}(B=0.4990$ 元) $V_{1,d}(C=3.7858$ 元)	$V_{2,uu}(D=0)$ $V_{2,ud}(E=1)$ $V_{2,dd}(F=6.1836$ 元)

表 7－2 的中间表格展示了欧式看跌期权的价格计算过程。采用反向归纳法，在 $i=2$ 期我们在节点 D 的股票价格为 26.997 2 元，该节点看跌期权的价格为 $\max(21-26.9972, 0)=0$；同理，在节点 E 和 F 看跌期权的价格分别为 1 元和 6.183 6 元。现在倒推到 $i=1$ 期，节点 B 的期权价格等于节点 D 和 E 的期权价格的期望贴现值，即 $V_{1,u}=e^{-r\Delta t}[p^* V_{2,uu}+(1-p^*)V_{2,ud}]=e^{-0.04/4}[0.495945\times 0+(1-0.495945)\times 1]=0.4990$ 元；节点 C 的期权价格等于节点 E 和 F 的期权价格的期望贴现值，即 $V_{1,d}=3.5769$ 元。最后我们倒推到 $i=0$ 期，节点 A 的期权价格等于节点 B 和 C 的期权价格的期望贴现值，即 $V_0=e^{-r\Delta t}[p^* V_{1,u}+(1-p^*)V_{1,d}]=e^{-0.04/4}[0.495945\times 0.4990+(1-0.495945)\times 3.5769]=2.0300$ 元。

表 7－2 的下方表格显示了如果所考虑的期权是美式期权而不是欧式期权时估值发生的变化。股票价格及运动概率保持不变。期权在最终节点的价值也保持不变。在节点 B，不提前行权计算出的期望贴现值为 0.499 0 元，而提前行权的回报为负的（$21-23.2367=-2.2367$ 元），显然，在节点 B 提前行权并不是最优选择，该节点的期权价值依然是 0.499 0 元。在节点 C，不提前行权计算出的期望贴现值为 3.576 9 元，而提前行权的回报为 3.785 8 元（$=21-17.2142$），在这种情况下，提前行权的更大回报是最优选择，该节点的期权价值因此变为 3.785 8 元。在初始节点 A 计算出来的期望贴现值为 $e^{-0.04/4}[0.495945\times 0.4990+(1-0.495945)\times 3.7858]=2.1343$ 元，而提前行权的回报为 1 元（$=21-20$），在这种情况下，提前行权并不是最优选择。因此，该美式看跌期权的价格为 2.134 3 元，高于欧式看跌期权的 2.030 0 元。

下面的R语言代码展示了使用多步二叉树法对美式看跌期权的定价过程，本例体现了二叉树定价的灵活性。可以看出，二叉树模型对复杂的美式期权定价仅比欧式期权多两行判断是否提前行权的代码而已。

例7.3　使用多步二叉树法估算美式看跌期权价值的函数。

```
american_put_option_value <- function(S0,K,r,T,sigma,n){
  #计算参数
  dt <- T / n
  u <- exp(sigma * sqrt(dt))
  d <- 1 / u
  p <-(exp(r *dt)- d)/(u - d)

  #初始化期权价值矩阵
  option_value <- matrix(0,n + 1,n + 1)

  #创建空的矩阵以存储股票价格
  stock_prices <- matrix(0,n+1,n+1)

  #填充矩阵中每个节点的股票价格
  for(j in 0:n){
    for(i in 0:j){
      stock_prices[i+1,j+1] <- S0 *(u^(j-i)) *(d^i)
    }
  }

  #计算到期日(n = 0)的期权价值
  for(j in 0:n){
    option_value[j+1,n + 1] <- max(0,K - stock_prices[j+1,n + 1])
  }

  #通过反向归纳来计算较早时间点的期权价值
  for(i in n:1){
    for(j in 0:(i - 1)){
      early_exercise <- max(0,K - stock_prices[j+1,i])
      continuation_value <-(p * option_value[j + 1,i + 1] +(1 - p) * option_val-
ue[j + 2,i + 1]) * exp(-r * dt)
      option_value[ j + 1,i] <- max(early_exercise,continuation_value)
    }
  }
```

```
  #时间 0 的期权价值
  american_put_value <- option_value[1,1]

  return(american_put_value)
}

#示例用法：
S0 <- 20    #当前股价
K <- 21     #行权价格
r <- 0.04   #无风险利率
T <- 0.5        #到期时间(年)
sigma <- 0.3 #波动率
n <- 2      #二叉树中的步数

#计算美式看跌期权价值
american_put_option_value(S0,K,r,T,sigma,n)
```

7.4 二叉树方法的改进

二叉树定价方法简单且容易理解，但是也存在一些不足，比如二叉树定价方法有时会在迭代过程中出现估值震荡，尤其是在处理高度非线性或复杂的衍生证券时。这可能导致算法无法稳定收敛，或者需要更多的步数来克服震荡。图 7-2 给出了用不同时间步长计算出来的欧式看涨期权的价格，其中股票当前价格为 10 元，行权价 K 为 12 元，到期日为 6 个月，股票波动率为常数 30%，$r=3\%$。布莱克-斯科尔斯-默顿估计下的价格为 0.281 9 元（见图中虚线）。从图中可以看出，二叉树定价确实存在着围绕虚线价格震荡收敛的问题。

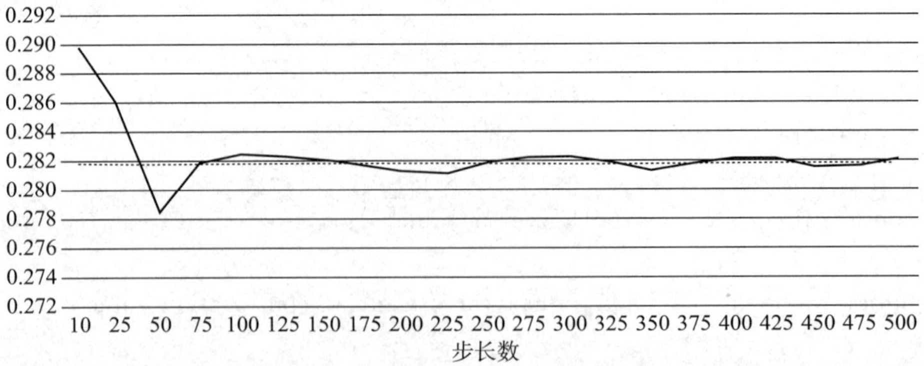

图 7-2 用不同步长数估计的二叉树欧式看涨期权的价格

在实践中，研究人员通常会根据特定问题的要求仔细选择合适的数值方法，并根据模型的局限性进行调整。本节介绍两种常用的二叉树改进方法。

7.4.1　灵活二叉树法

Tian（1999）[①] 提出了一种二叉树模型，允许树中的价格向上或向下倾斜。在该模型中，上涨和下跌的股票价格变动比例由以下公式指定：$u=e^{\sigma\sqrt{\Delta t}+\lambda\sigma^2\Delta t}$ 和 $d=e^{-\sigma\sqrt{\Delta t}+\lambda\sigma^2\Delta t}$。这里倾斜参数 λ 决定了倾斜的程度和方向。当 $\lambda=0$ 时，灵活二叉树模型退化为前面讲述的普通 CRR 二叉树，树的中心形成了一条水平线。当 $\lambda>0$ 时，树向上倾斜，中心线上的资产价格随时间步骤增加，使得树的中心形成了一条向上倾斜的线。当 $\lambda<0$ 时，情况相反，如图 7－3 所示，从左至右分别代表 $\lambda=0$，$\lambda>0$ 和 $\lambda<0$。

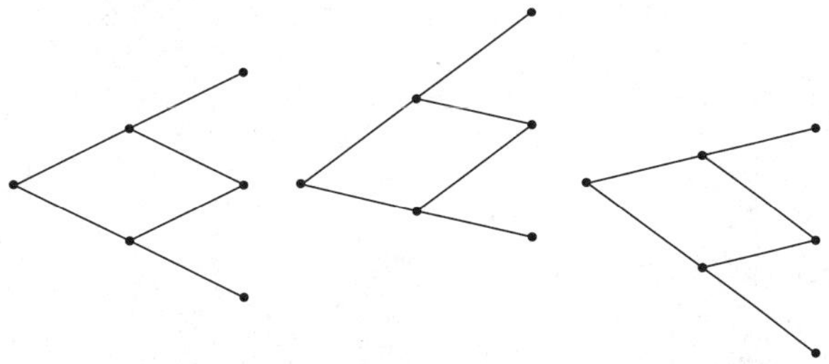

图 7－3　不同倾斜参数下的二叉树形状

灵活二叉树的主要优点在于：可以选择倾斜参数，以确保平滑的收敛，而不像普通二叉树那样出现震荡。Tian（1999）表明，在一个 n 步二叉树中，确保平滑收敛的倾斜值由以下公式给出：

$$\lambda=\frac{\log\left(\frac{K}{S}\right)-(2j-n)\sigma\sqrt{\Delta t}}{n\sigma^2\Delta t} \tag{7.7}$$

式中，j 是下列式子四舍五入的整数：

$$j=\frac{\log\left(\frac{K}{S}\right)-n\log(d_0)}{\log\left(\frac{u_0}{d_0}\right)} \tag{7.8}$$

式中，u_0 和 d_0 分别为普通二叉树中 $\lambda=0$ 时的上涨和下跌比例。在 λ 被指定的情况下，可以得到 u、d 和风险中性上涨概率的值，并且树的构建方式与普通二叉树完全相同。

下面的 R 语言代码展示了使用灵活二叉树法对欧式看涨期权的定价过程。

例 7.4　使用灵活二叉树法估算无分红欧式看涨期权价值的函数。

```
EuropeanOptionFlexibleBinomialTree <- function(S,K,r,T,vol,n){
  #计算参数
```

① Tian，Y. S. A Flexible Binomial Option Pricing Model [J]. Journal of Futures Markets: Futures，Options，and Other Derivative Products，1999，19 (7)：817－843.

```
dt <- T/n
u <- exp(vol * sqrt(dt))
d <- 1/u
#调整项
j0 <- round((log(K/S)-n*log(d))/log(u/d))
lambda <-(log(K/S)-(2*j0-n)*vol*sqrt(dt))/(n*vol^2*dt)

u <- exp(vol* sqrt(dt)+ lambda*vol^2*dt)
d <- exp(-vol * sqrt(dt)+ lambda*vol^2*dt)
p <-(exp(r*dt)- d)/(u - d)

#创建空的矩阵以存储股票价格
stock_prices <- matrix(0,n+1,n+1)

#填充矩阵中每个节点的股票价格
for(j in 0:n){
  for(i in 0:j){
    stock_prices[i+1,j+1] <- S *(u^(j-i))*(d^i)
  }
}

#创建空的矩阵以存储期权价值
option_values <- matrix(0,n+1,n+1)

#计算期权在最后节点的价值
for(i in 0:n){
  option_values[i+1,n+1] <- max(stock_prices[i+1,n+1] - K,0)
}

#使用反向归纳法计算较早节点的期权价值
for(i in n:1){
  for(j in 0:(i - 1)){
    option_values[j + 1,i] <-(p * option_values[j + 1,i + 1] +(1 - p)* option_values[j + 2,i + 1])* exp(-r * dt)
  }
}
```

```
  #返回初始节点的期权价值
  return(option_values[1,1])
}

#参数
S <- 10  #当前股票价格
K <- 12  #行权价
r <-0.03  # 无风险利率
T <- 0.5  #到期时间(以年为单位)
vol <- 0.3  #股票价格波动率
n <- 20  #二叉树中的步数
option_value <- EuropeanOptionFlexibleBinomialTree(S,K,r,T,vol,n)
#打印期权价值
cat("欧式看涨期权的价值为:",option_value,"\n")
```

7.4.2　三叉树

不同于二叉树，在三叉树中，资产价格在任何节点均可以有上升、下降或保持相同的价格三种情形。与二叉树相比，三叉树更加灵活，因为它具有三种可能的价格变动。本小节将介绍 Boyle（1986）[①] 的三叉树，但还存在其他版本，如 Kamrad 和 Ritchken（1991）[②]。图 7－4 给出了当 $n=4$ 步时三叉树中的股票价格动态。

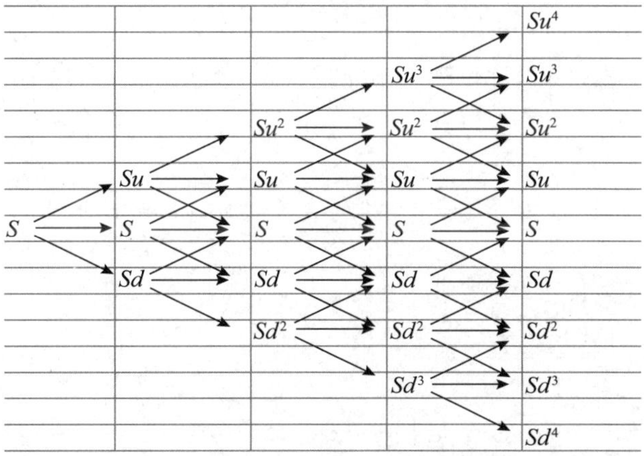

图 7－4　四步三叉树

为了容纳具有 n 个步骤的三叉树下所有可能的价格变动，我们需要一个具有 $2n+1$ 行

① Boyle，P. P. Option Valuation Using a Tree-jump Process [J]. International Options Journal，1986 (3)：7－12.

② Kamrad，B. and Ritchken，P. Multinomial Approximating Models for Options with k State Variables [J]. Management Science，1991，37 (12)：1640－1652.

和 $n+1$ 列的矩阵，对应于图中的（9×5）维矩阵。

在三叉树中，上涨幅度 $u=e^{\sigma\sqrt{2\Delta t}}$，上涨的风险中性概率由以下公式给出：

$$p_u=\left(\frac{e^{0.5r\Delta t}-e^{-\sigma\sqrt{0.5\Delta t}}}{e^{\sigma\sqrt{0.5\Delta t}}-e^{-\sigma\sqrt{0.5\Delta t}}}\right)^2 \tag{7.9}$$

下跌的风险中性概率为：

$$p_d=\left(\frac{e^{\sigma\sqrt{0.5\Delta t}}-e^{0.5r\Delta t}}{e^{\sigma\sqrt{0.5\Delta t}}-e^{-\sigma\sqrt{0.5\Delta t}}}\right)^2 \tag{7.10}$$

价格保持不变的概率为 $p_m=1-p_u-p_d$。

为了给美式或欧式期权定价，我们从终端价格开始，以类似于二叉树的方式向前推进，不过我们使用三个概率而不是两个。例如，在节点（i，j）处，行权价为 K 的欧式看涨期权的价值为：

$$C_{i,j}=e^{-r\Delta t}(p_u C_{i,j+1}+p_m C_{i+1,j+1}+p_d C_{i+2,j+1}) \tag{7.11}$$

下面的 R 语言代码展示了使用三叉树法对欧式看涨期权定价的过程。

例 7.5 使用三叉树法估算无分红欧式看涨期权价值的函数。

```
trinomialEuropeanCallOption <- function(S,K,r,T,v,n){
  dt <- T / n
  u <- exp(v * sqrt(2 * dt))
  d <- 1 / u
  pu <-(exp(r * dt / 2)- exp(-v * sqrt(dt / 2)))^2 /
    (exp(v * sqrt(dt / 2))- exp(-v * sqrt(dt / 2)))^2
  pd <-(exp(v * sqrt(dt / 2))- exp(r * dt / 2))^2 /
    (exp(v * sqrt(dt / 2))- exp(-v * sqrt(dt / 2)))^2
  pm <- 1 - pu - pd
  stock_prices <- matrix(0,nrow = 2 * n + 1,ncol = n + 1)
  stock_prices[1,1] <- S

  for(j in 2:(n + 1)){
    for(i in 1:(2 * j - 1)){
      stock_prices[i,j] <- S * u^j * d^i
    }
  }

  Op <- matrix(0,nrow = 2 * n + 1,ncol = n + 1)

  for(i in 1:(2 * n + 1)){
```

```
    Op[i,n + 1] <- max(stock_prices[i,n + 1] - K,0)
  }

  for(j in n:1){
    for(i in 1:(2 * j - 1)){
      Op[i,j] <- exp(-r * dt) * (pu * Op[i,j + 1] +
                     pm * Op[i + 1,j + 1] + pd * Op[i + 2,j + 1])
    }
  }

  return(Op[1,1])
}
#参数
S <- 10  #当前股票价格
K <- 12  #行权价
r <- 0.03  #无风险利率
T <- 0.5  #到期时间(以年为单位)
vol <- 0.3  #股票价格波动率
n <- 20  #三叉树中的步数
option_value <-trinomialEuropeanCallOption(S,K,r,T,vol,n)
#打印期权价值
cat("欧式看涨期权的价值为:",option_value,"\n")
```

7.4.3 计算结果比较

在本小节中，我们测试上面二叉树定价的改进方法对欧式看涨期权估值的收敛性。我们使用标的资产价格 $S=10$ 元，行权价 $K=12$ 元，到期时间 $T=6$ 个月，年度无风险利率 $r=0.03$，股票波动率 $\sigma=0.30$。时间步数的范围从 $n=10$ 到 $n=500$，结果在图 7-5 中显示。

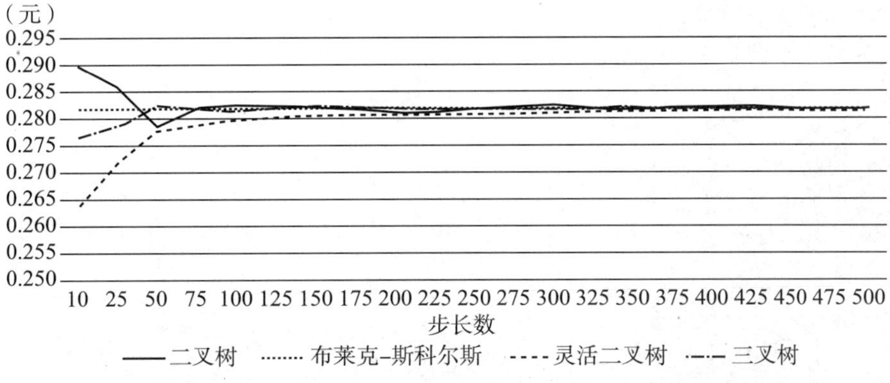

图 7-5　使用多种二叉树计算的欧式看涨期权价格结果的比较

该期权的布莱克-斯科尔斯价格为0.2819元。值得注意的是灵活二叉树的表现，虽然它的收敛速度不一定比普通CRR二叉树更快，但显然其收敛是平滑的，不像之前介绍的二叉树那样震荡收敛。总体而言，三叉树产生了更好的近似估值且能快速收敛。

7.5 本章小结

本章拓展了第6章中的单步二叉树模型来对股票衍生证券进行估值。两步二叉树是对单步二叉树的一个步数扩展，在股价第一次上升后，可以再次上升或下降；同样，在股价下降后可以再次上升或下降。在第二步时有四种可能的情况：(上升，上升)，(上升，下降)，(下降，上升)，(下降，下降)。在大多数情况下，我们选择节点，使得上/下移动后的股票价格等于下/上移动后的价格，这被称为可重合树。当股票价格的变动由多步二叉树决定时，我们可以将每步二叉树分开处理，并从衍生证券的到期末端向前开始归纳求解，以获取衍生证券的当前价值。一个非常重要的原则是：在对衍生证券进行估值时，我们可以假设世界是无风险的，并用风险中性定价法估值，同时，当时间步数增加时，二叉树对衍生证券定价的价格趋向于收敛。但是，二叉树的一个不足在于价格呈震荡收敛趋势。本章最后介绍了两种改进方法，分别是灵活二叉树和三叉树，并比较了它们的相对优异表现。

练习题

1. 股票当前价格为15元，波动率为18%，无风险利率为4%的年利率（连续复利），股票无股息分红。编程计算一个行权价为14.5元的6个月到期的欧式看跌期权的价值，二叉树步数为100步。

2. 股票当前价格为15元，波动率为18%，无风险利率为4%的年利率（连续复利），股票无股息分红。编程计算一个行权价为14.5元的6个月到期的美式看跌期权的价值，二叉树步数为100～500步，并绘制价格与步数之间的关系图。

第8章

利率二叉树与债券定价

学习目标

- 掌握基于利率二叉树的零息债券定价方法。
- 掌握可提前赎回债券和可提前回售债券等含权债券的定价方法。
- 了解二叉树方法在可提前清偿抵押贷款定价中的应用。

章前引例

假设作为分析师，你正在研究可提前赎回债券的定价问题。这是一只 3 年期可提前赎回债券，面值为 100 元，票息率为 7%。半年付息一次。1 年后赎回价格为 104 元，1.5 年后赎回价格为 103 元，2 年后赎回价格为 102 元，2.5 年后赎回价格为 101 元，到期时赎回价格为 100 元。你该如何为这只可提前赎回债券定价呢？选择提前执行赎回策略的依据是什么？可提前赎回选择权的价值又该如何度量？通过本章的学习，你将能够厘定这种带有选择权的债券价值，从而帮助你做出明智的投资决策。

本章首先介绍利率二叉树与零息债券定价问题。进而介绍一种风险中性概率为 0.5 的所罗门兄弟（Salomon Brothers）利率二叉树，并在此基础上研究含权债券的定价问题。最后，结合可提前赎回债券和可提前清偿抵押贷款的定价问题展示含权债券定价的实例。

8.1 利率二叉树与零息债券定价

在第 7 章中，我们介绍了利用股票价格的二叉树模型进行衍生品定价的问题。在本章中，我们将介绍利率的二叉树模型，并在此基础上研究零息债券的定价问题。在金融学的学习中，我们了解了一些有关债券和利率的重要概念，如票息、即期利率、远期利率和到期收益率等。

我们先回顾一下构成债券的重要信息：面值，票息率，到期期限。根据惯例，债券一般半年付息一次，到期时还本付息（面值＋票息）。其中，每半年付票息金额的计算方法为：

$$票息(半年)=面值\times\left(1+\frac{票息率(年化)}{2}\right)$$

票息不为 0 的债券为附息债券，反之则为零息债券。具体地，零息债券是指在债券的存续期内不支付利息，而是在债券发行的时候采用折价发行的方式代替利息支付的债券。零息债券到期日的价格为面值，其存续期每个时点的价格依赖利率变化。

本章中要解决的第一个重要问题是在不确定的环境下为零息债券定价。对于不存在信用风险的利率债来说，利率的变化是影响其价格的主要因素。因此，我们首先要对利率的不确定性进行建模。回忆在第 7 章中，我们利用二叉树模型刻画了股票价格的不确定性，即在未来的一段时间，其价格既可能向上也可能向下的规律。在此，我们尝试利用二叉树刻画利率变化的不确定性。即利率经过一段时间，其可能出现向上和向下两种状态。具体地，利率二叉树刻画了未来的即期利率可能出现的状态。对于利率二叉树的构造，以及后续介绍的所罗门兄弟模型中利率二叉树的构造，遵循与第 7 章中股票价格二叉树类似的构造思路。即先对短期利率的变化规律做一定假设，接下来将每个节点的利率水平参数化，再通过使零息债券的理论价格与实际价格相匹配来确定参数的具体取值，并最终确定每个节点的利率水平。具体的构造方法，读者可以参考布鲁斯·塔克曼（Bruce Tuckman）和安杰尔·塞拉特（Angel Serrat）所写的《固定收益证券》[①] 中的相关内容。图 8-1 给出了一个 6 个月即期利率二叉树的具体变化形式。

从图 8-1 的信息可知，0～0.5 年的半年期即期利率为 3.99%。0.5～1 年的半年期即期利率可能出现两种状态：当经济发展较为繁荣时，年化利率为 4.5%；当经济发展较为平缓时，年化利率为 4%。就目前的已知信息，我们只能知道未来的即期利率可能出现这两种状态，但无法了解更多的信息，如出现某种状态价格的概率。当然，后面我们将证明这种主观概率对于定价问题是没有帮助的。

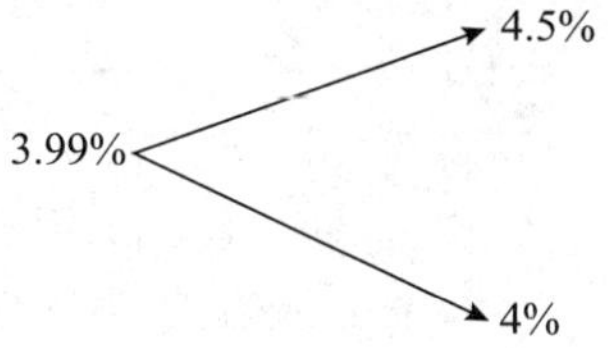

图 8-1　1 年期的 6 个月即期利率二叉树

接下来，我们研究在已知上述半年期即期利率二叉树的条件下，如何给一只面值为 100 元、期限为 1 年的零息债券定价的问题。此外，补充一则已知条件：1 年期的即期利率为 4.16%。

图 8-2 为 1 年期零息债券价格二叉树。

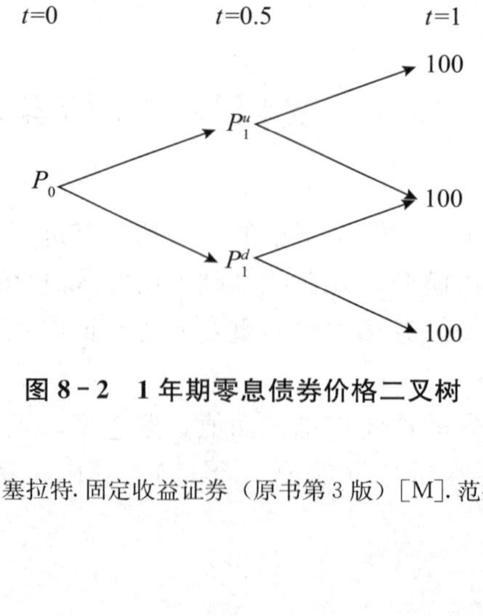

图 8-2　1 年期零息债券价格二叉树

① 布鲁斯·塔克曼，安杰尔·塞拉特. 固定收益证券（原书第 3 版）[M]. 范振龙，林祥亮，戴思聪，等译. 北京：机械工业出版社，2014.

由于零息债券在到期日时支付面值 100 元，因此在 $t=1$ 时刻，零息债券的状态价格均为 100 元。接下来，我们分析 $t=0.5$ 时刻，两种状态的价格 P_1^u 和 P_1^d。假设我们处于 $t=0.5$ 时刻向上的状态。此时，如果我们持有该零息债券至 $t=1$ 时刻，将确定性地获得 100 元的支付。因此，在 0.5～1 年的区间应该获得相应的无风险收益率 4.5%。故有 $P_1^u=\frac{100}{1+\frac{4.5\%}{2}}=97.7995$ 元。类似地，$P_1^d=\frac{100}{1+\frac{4\%}{2}}=98.0392$ 元。那么，如何计算 $t=0$ 时刻的债券价格是个重要的问题。有些读者认为，如果知道二叉树向上和向下的概率，将 P_1^u 和 P_1^d 的价格加权平均后再进行贴现就可以得到 P_0。这种想法是错误的。因为这个概率是一个主观的认识，虽然可以利用主观概率计算出价格的期望均值，但是在选取贴现率时会遇到麻烦。在 $t=0$ 时刻看待 $t=0.5$ 时刻的情况，有两个不同的状态价格，这表示存在随机性。对于随机变量期望的贴现值，由于每个人都存在不同的风险偏好，其贴现率是异质的，因而贴现值也会不同。而市场只存在一个均衡价格，这便形成了矛盾。因此，主观概率是不能用于资产定价的。我们需要寻找新的确定性的关系，才能利用无风险利率的相关信息进行债券的定价。幸运的是，我们知道 1 年期的即期利率为 4.16%。当在 $t=0$ 时刻看待 $t=1$ 时刻的情况，这是一个确定性的 100 元的支付。因此，这 1 年中将获得相应的1 年期无风险即期利率 4.16%。由此，

$$P_0=\frac{100}{\left(1+\frac{4.16\%}{2}\right)^2}=95.9663 \text{ 元}$$

至此，我们得到了如图 8 - 2 所示的零息债券价格二叉树的全部状态价格，完成了零息债券的定价。

进而，我们回忆风险中性定价的基本原理。根据上述分析，资产定价与主观概率无关。因此，整个定价过程可以放到风险中性的空间中进行。在风险中性空间中，所有的投资者都是风险中性的，即无论风险的大小如何，其要求的回报率都为无风险收益率。我们尝试将风险中性定价原理应用于债券的定价，并计算相应的风险中性概率。在图 8 - 2 中，我们假设 $t=0$ 时刻到 $t=0.5$ 时刻，向上分叉的风险中性概率为 p_1，向下分叉的风险中性概率为 $1-p_1$。根据风险中性定价原理决定的关系，有以下等式成立：

$$P_0=\frac{P_1^u\times p_1+P_1^d\times(1-p_1)}{1+\frac{3.99\%}{2}}$$

代入相关数据后得到 $p_1=0.661$。我们得到了 $t=0$ 时刻到 $t=0.5$ 时刻价格变化的风险中性概率。这个风险中性概率可以用于此阶段任意债券的定价。如果真实价格偏离了风险中性定价关系决定的理论价格，则会产生无风险套利机会。

接下来，我们将如图 8 - 1 所示的利率二叉树延拓一期，并补充相应的必要条件，来解决 1.5 年期零息债券的定价问题。在此基础上，我们挖掘利率二叉树延拓和债券定价的内在联系，为更长期零息债券的定价做理论参考。同时，补充一个必要的已知条件：1.5 年期的即期利率为 4.33%。图 8 - 3 展示了 1.5 年期的 6 个月即期利率二叉树。

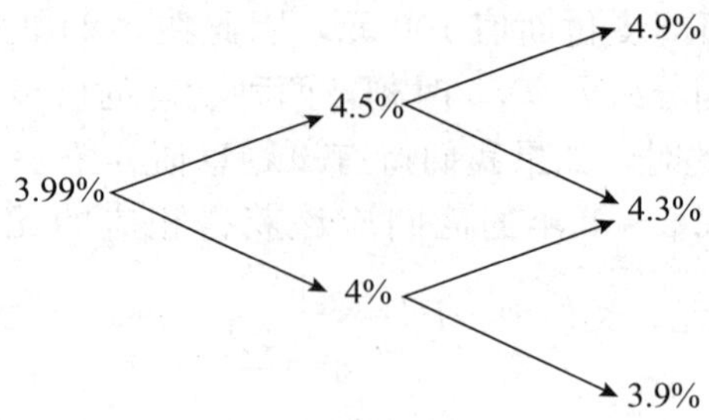

图 8-3　1.5 年期的 6 个月即期利率二叉树

同样地，我们给出 1.5 年期的零息债券价格二叉树（如图 8-4 所示）。

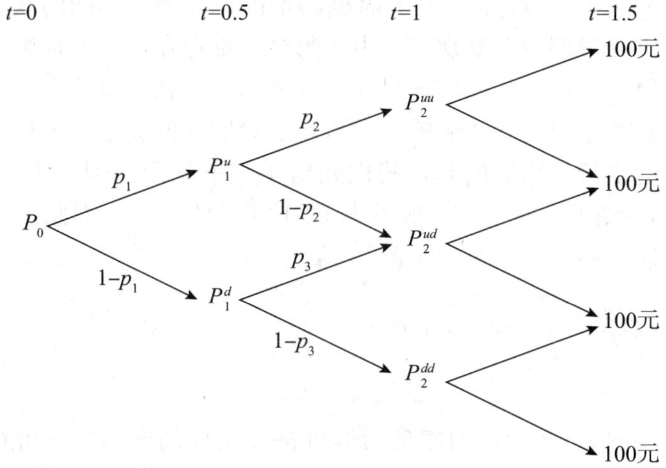

图 8-4　1.5 年期零息债券价格二叉树

为了确定如图 8-4 所示的 1.5 年期零息债券的价格，我们先利用一些确定性的关系得到部分节点的状态价格。类似地，$t=1$ 时刻至 $t=1.5$ 时刻为确定性的面值支付，可以由相应状态的无风险收益率进行贴现。我们得到 $P_2^{uu}=\dfrac{100}{1+\dfrac{4.9\%}{2}}=97.6086$ 元，$P_2^{ud}=\dfrac{100}{1+\dfrac{4.3\%}{2}}=97.8953$ 元，$P_2^{dd}=\dfrac{100}{1+\dfrac{3.9\%}{2}}=98.0873$ 元。此外，$t=0$ 时刻至 $t=1.5$ 时刻亦为确定性的面值支付，适用于按 1.5 年期的即期利率进行贴现，我们有 $P_0=\dfrac{1}{\left(1+\dfrac{4.33\%}{2}\right)^3}=$ 93.7764 元。对于状态价格 P_1^u 和 P_1^d，目前还无法确定。$t=0.5$ 时刻至 $t=1.5$ 时刻的确存在确定性的面值支付，但此区间适用的贴现率与未来半年后的 1 年期即期利率有关。而目前的利率二叉树给出的是 0.5 年期的即期利率的变化情况，因此这个贴现率的信息是缺失的。我们需要新的定价方案来确定状态价格 P_1^u 和 P_1^d。在 1 年期零息债券价格的厘定模型中，我们还得到了一个重要的信息，即 $t=0$ 时刻至 $t=0.5$ 时刻两种状态的风险中性概率 p_1。该风险中性概率在此定价问题中亦可使用，这是由于风险中性概率对于所有资产的定价问题都是唯一存在的。为了应用风险中性定价原理，我们引入 $t=0.5$ 时刻至 $t=1$ 时刻的两个风险中性概率 p_2 和 p_3。我们找到了三个局部的二叉树，利用风险中性定价原理可以将状态价格间的等式关系表示为：

$$\frac{P_2^{uu}\times p_2+P_2^{ud}\times(1-p_2)}{1+\frac{4.5\%}{2}}=P_1^u \tag{8.1}$$

$$\frac{P_2^{ud}\times p_3+P_2^{dd}\times(1-p_3)}{1+\frac{4\%}{2}}=P_2^u \tag{8.2}$$

$$\frac{P_1^u\times p_1+P_1^d\times(1-p_1)}{1+\frac{3.99\%}{2}}=P_0 \tag{8.3}$$

观察上述方程组，这里有三个方程和四个未知数 P_1^u、P_1^d、p_2 和 p_3，为一个不定方程。为了使方程组存在唯一解，我们人为地规定 $p_2=p_3$。在实践中，这两个风险中性概率是同一时刻从不同状态出发的风险中性概率，并不必然相等。至此，方程组（8.1）、（8.2）和（8.3）存在唯一解，即我们解决了 1.5 年期零息债券的定价问题。在此期间，还获得了$t=0.5$ 时刻至 $t=1$ 时刻的风险中性概率。这个信息可以用于后续更长期债券的定价。本部分的具体计算留给读者。感兴趣的读者也可以将零息债券的期限再次延拓，以研究更长期的零息债券定价问题。

至此，我们解决了本章的第一个定价问题，即在已知即期利率二叉树的情况下，零息债券的定价问题。在此基础上，可以解决附息债券的定价问题。我们可以将附息债券视为一系列零息债券的组合。例如，一只 1.5 年期的面值为 100 元、半年票息为 C 的附息债券，其可以视为一只 0.5 年期、面值为 C 的零息债券，一只 1 年期、面值为 C 的零息债券，以及一只 1.5 年期、面值为 $100+C$ 的零息债券的组合。那么，加总各个零息债券的价格，则可以得到附息债券的价格。

8.2　含权债券定价

本节研究带有选择权的债券定价问题。为了问题研究的便捷，我们将使用所罗门兄弟二叉树的模型。所罗门兄弟二叉树每个分叉向上和向下的风险中性概率都为50%，这为债券定价问题提供了极大的便利。所罗门兄弟二叉树的构建过程较为复杂，有兴趣的读者可以参考固定收益证券方面的书籍。

首先介绍两种典型的带有选择权的债券：可提前赎回债券和可提前回售债券。可提前赎回债券为在债券发行的时候，事先约定发行者可以在一定条件下以约定的价格赎回债券。这赋予了发行者一个选择权。因此，可提前赎回债券的价格应该比普通债券更低。进而，我们判断可提前赎回权利的行使应该发生在利率较低的时候。此时，发行者倾向于提前赎回之前成本较高的债券，而重新发行低成本的债券，以实现更低成本的融资。可提前回售债券为在债券发行的时候，事先约定购买者可以在一定条件下以约定的价格回售债券。这赋予了购买者一个选择权。因此，可提前回售债券的价格应该比普通债券更高。进而，我们判断可提前回售权利的行使应该发生在利率较高的时候。此时，购买者倾向于提前回售之前回报较低的债券，而重新购买回报较高的债券，以实现更高收益的投资。

接下来，我们研究可提前赎回债券和同等条件的不可赎回债券之间的价格关系。记 P_c 和 P_{nc} 分别为同等条件的可提前赎回债券和不可提前赎回债券的价格。赎回价为 X。C 为发行者选择权的价值。我们需要明确界定这个选择权的价值 C，并最终为含权债券的定价服务。我们有以下结论：

$$P_c = P_{nc} - C \tag{8.4}$$

具体地，C 为以不可赎回债券为标的、执行价为赎回价的看涨期权。下面，我们采用反证法来证明这一结论。

假设有以下结论成立：$P_c < P_{nc} - C$，我们尝试构建一个无风险套利机会。根据低买高卖的套利原则，在期初购买 1 单位可赎回债券和 1 单位以不可赎回债券为标的、执行价为赎回价 X 的看涨期权，卖出 1 单位不可赎回债券。期初获得的价值为 $P_{nc} - C - P_c > 0$。在期末时，可分为两种情况：不可赎回债券价格超过赎回价和不可赎回债券价格没有超过赎回价。

当不可赎回债券价格超过赎回价时，投资者持有的看涨期权选择执行，即以赎回价 X 购买标的资产，再于市场上以 P_{nc} 的价格卖出，获得价值 $P_{nc} - X$。其持有的可赎回债券会被发行者以赎回价 X 赎回，得到价值 X。而其卖空的不可赎回债券的价值为 $-P_{nc}$。由此，在期末获得的价值为 $P_{nc} - X + X - P_{nc} = 0$。若不可赎回债券的价格没有超过赎回价，投资者选择放弃执行看涨期权。同时，其持有的可赎回债券没有被发行者赎回，即等同于一个不可赎回债券，价值为 P_{nc}。而其卖空的不可赎回债券的价值为 $-P_{nc}$。由此，在期末获得的价值为 $P_{nc} - P_{nc} = 0$。至此，我们构建了一个初始价值大于 0，而期末价值等于 0 的无风险套利机会。由此判定假设的关系不成立。同理，可以采用反证法证明 $P_c > P_{nc} - C$ 不成立。由此，我们证得（8.4）式成立。即可提前赎回债券的价格等于同等条件的不可提前赎回债券的价格减去选择权的价值。这个选择权是以不可赎回债券为标的资产、赎回价为执行价的看涨期权。可提前回售债券的价格关系留待读者思考。这里，我们给出的结论为：可提前回售债券的价格等于同等条件不可提前回售债券的价格加上选择权的价值。这个选择权为以不可提前回售债券为标的、回售价为执行价的看跌期权。

（8.4）式给出的关系为可提前赎回债券的定价问题提供了极大的便利。遵循公式给出的结论，用不可赎回债券二叉树的状态价格，对应减去看涨期权二叉树的状态价格，即可以得到可提前赎回债券二叉树的状态价格。接下来，我们采用一个具体的例子来展示上述含权债券的定价过程。

假设已知所罗门兄弟二叉树如图 8－5 所示。图 8－5 展示了 6 个月期即期利率的风险中性二叉树，向上和向下的风险中性概率都是 0.5。

由于已知风险中性概率，将滞后一期的价格在风险中性概率下加权平均，再利用无风险利率进行贴现，即可得到前一期的价格。

对于可提前赎回债券，我们已知下述信息：3 年期可提前赎回债券的面值为 100 元，票息率为 7%。半年付息一次。1 年后赎回价格为 104 元，1.5 年后赎回价格为 103 元，2 年后赎回价格为 102 元，2.5 年后赎回价格为 101 元，到期时赎回价格为 100 元。我们

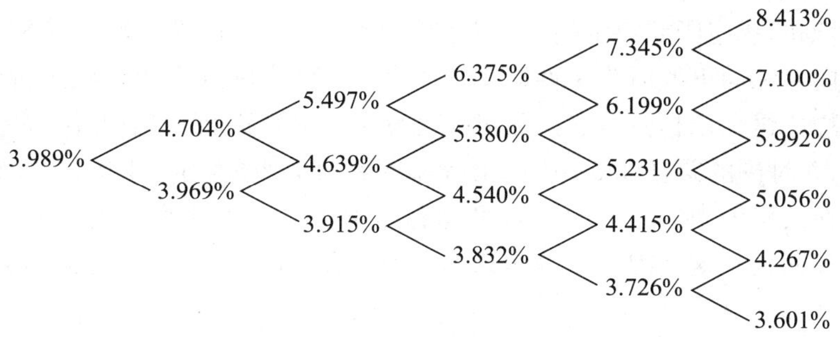

图 8-5　6 个月期即期利率的风险中性二叉树

先观察一下这只可提前赎回债券的特点，其赎回价格呈现逐步下降的规律。这是由于其票息较高，是溢价债券。随着到期日临近，溢价债券的价格会呈现逐步下降的规律。赎回价的设计也会顺应这种规律，否则就发挥不了其应有的作用。对于折价债券，其赎回价则会呈现逐步上升的规律。当然，对于赎回价的约定是具有差异性的。部分债券的发行者可能只在一定时间区间内存在可提前赎回的权利。

受到（8.4）式所示结论的启发，我们先给出不可赎回债券价格的二叉树（如图 8-6 所示）。值得注意的是，每种状态价格都没有包含当期票息。由于当期票息已经支付给了投资者，与票面的价值已经分离，因此，当期票息是不计入状态价格的。此外，我们在对应的时间节点上注明相应的赎回价格。

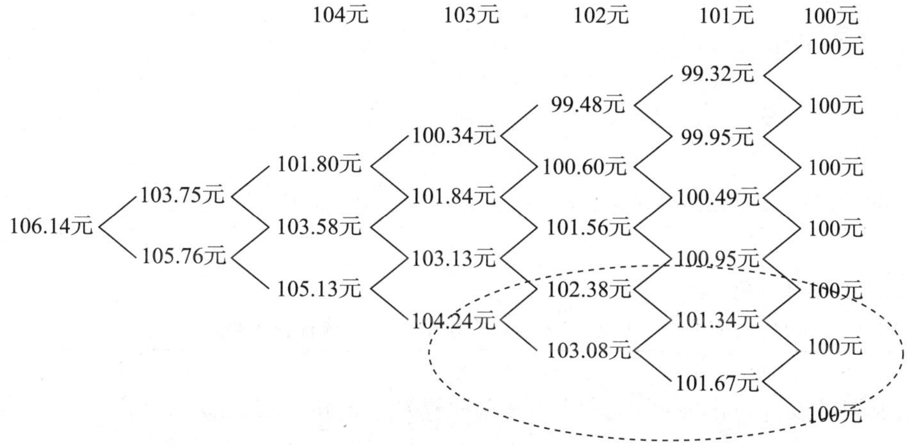

图 8-6　不可赎回债券价格的二叉树

为了帮助读者更好地理解不可赎回二叉树的定价过程，我们对虚线框出的二叉树部分的计算进行展示。首先有以下等式成立：$101.34=\dfrac{100+3.5}{1+\dfrac{4.267\%}{2}}$；$101.67=\dfrac{100+3.5}{1+\dfrac{3.601\%}{2}}$。在 $t=2.5$ 时刻的状态研究定价问题，在后续 $t=3$ 时刻的两种状态均可以得到 103.5 元的支付。因此，采用相应节点的无风险利率进行贴现即可。同样地，在 $t=2.5$ 时刻各状态展示的价格均不包含当期票息。进而，有以下等式成立：$103.08=\dfrac{(101.34+3.5)\times 0.5+(101.67+3.5)\times 0.5}{1+\dfrac{3.726\%}{2}}$。

在 $t=2$ 时刻的状态研究定价问题，在后续 $t=2.5$ 时刻的两种状态价格是不同的。但是，我们已知向上和向下的风险中性概率均为 0.5，因此可以将两种状态价格在风险中性概率下加权平均，再采用相应节点的无风险利率进行贴现即可。值得注意的是，计算价格时需要将 $t=2.5$ 时刻的票息 3.5 加回。因为在 $t=2$ 时刻研究定价问题，这笔 $t=2.5$ 时刻的票息是包含在其价值中的。有的读者可能有如下疑问：为什么更远时间，如 $t=3$ 时刻的票息不需要加回呢？这是因为该笔票息的价值已经反映在 $t=2.5$ 时刻债券的价格中了，并不需要重复计算。

进而，我们需要厘定选择权，即以不可赎回债券为标的、执行价为赎回价的看涨期权的价格。回忆在第 7 章中学习的利用二叉树厘定看涨期权价格的方法，该方法在标的资产为债券时仍然适用。根据前述分析，我们有如下基本判断：当利率降低时，不可赎回债券的价格升高。当不可赎回债券的价格高于赎回价时，执行看涨期权是有利可图的。那么，当不可赎回债券的状态价格高于对应时刻的赎回价时，是否应立即执行该看涨权利呢？答案是不一定。虽然此时执行期权能够获得正收益，但如果此时不执行，该选择权则保留至下一期。保留权利也会产生价值。当这个价值大于立即执行期权获得的收益时，暂不执行是更优的选择。因此，在每个时间节点，我们都需要判断执行选择权和不执行（持有）选择权价值的大小，再进行最优策略的选择。根据上述原则，我们将赎回选择权价值的计算规则整理于表 8－1 中。

表 8－1 赎回选择权价值的计算规则

赎回选择权价值的计算规则： $C_{t,\text{持有}}=\dfrac{0.5C_{t+1}^{u}+0.5C_{t+1}^{d}}{1+r/2}$ $C_{t,\text{执行}}=\max(0,\ P_{t,nc}-X_t)$ $C_t=\max(C_{t,\text{执行}},\ C_{t,\text{持有}})$ 式中，C_t 为 t 时刻可提前赎回权利的价值，$P_{t,nc}$ 为 t 时刻不可提前赎回债券的价格，X_t 为 t 时刻的赎回价。
赎回选择权价值的计算顺序： 从最后一期开始，由后向前倒推，根据此法则计算每个节点的选择权价值。

由此规则可以计算出赎回选择权（看涨期权）C 的价格二叉树（如图 8－7 所示）。

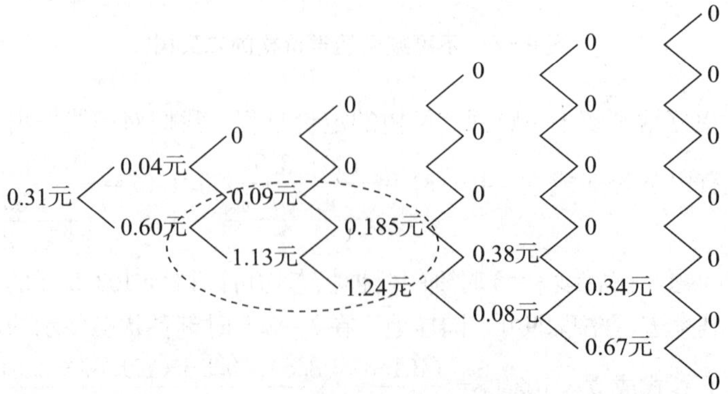

图 8－7 赎回选择权的价格二叉树

接下来，我们选取虚线框位置的二叉树，进行上述选择权价值厘定过程的示范。对于虚线框中 $t=1$ 时刻状态价格的厘定，如果执行选择权，获得的价值为 $C_{执行}=\max(0, 105.13-104)=1.13$ 元。如果不执行而持有选择权，获得的价值为 $C_{持有}=\dfrac{0.185\times0.5+1.24\times0.5}{1+\dfrac{3.915\%}{2}}=0.70$ 元。由此可见，$C_{执行}>C_{持有}$，该状态节点的最优选择是执行选择权。特别地，根据已知信息，该可提前赎回债券在 $t=0$ 时刻和 $t=0.5$ 时刻是不存在可赎回的权利的。因此，可以认为在这两个时刻只能选择持有策略，其价格为滞后一期选择权价格在风险中性概率下期望的贴现值。

总体来看，可赎回权利存在非零价值的区域主要位于利率较低的区域。根据（8.4）式，将如图 8－6 所示的不可赎回债券价格的二叉树对应减去如图 8－7 所示的赎回选择权价格的二叉树，即可得到带有可提前赎回权的债券价格的二叉树。对于可提前回售债券价格的厘定，感兴趣的读者可以按照类似的程序进行。我们预测可回售权利存在价值的区域主要位于利率较高的区域，即图 8－7 的上半部分。至此，我们展示了含权债券定价的一般规则。

8.3 可提前清偿抵押贷款定价

本节将介绍一类与我们日常生活息息相关的定价问题，即可提前清偿抵押贷款的定价问题。在我们购买房屋或者汽车等资产时，常常需要以购买的资产为抵押，向银行进行借款，并承诺在一段时间内定期进行偿还。对于还款的模式，一般有等额本息和等额本金两种。前者为每期还款中包含的利息和偿还的本金金额的总和是相等的，而后者为每期还款中包含的偿还本金的金额是相等的。在等额本金模式下，由于前期待偿本金余额较多，产生的利息也多，这就形成了前期还款较高、后期还款较低的情况。在现实中，由于受到前期还款能力的限制，我们一般会选择等额本息模式。对于利息的计算方式，也存在固定利率和浮动利率两种方式。在本节的定价问题中，我们的研究对象是固定利率计息方式的贷款。特别地，该种贷款赋予了借款人提前清偿的权利。即借款人可以在对自身有利的情况下，提前偿还本金余额，即可结清贷款。在现实中，可能造成提前清偿的影响因素有很多，比如获得一笔较大的收入、提前出售房屋等等。但是，在定价问题中，我们的研究对象限于由利率变化引起的提前清偿。对于提前清偿权利的行使，我们有以下基本判断：当利率降低时，借款人倾向于提前偿还原有贷款，并通过重新借款获得低成本的借贷。接下来，我们借助一个实际的例子，研究带有可提前清偿权利的抵押贷款的价值厘定问题。

首先，已知 6 个月期即期利率的风险中性二叉树如图 8－5 所示，每个时间节点向上和向下的风险中性概率都是 0.5。某房屋的购买者向银行贷款 80 万元，贷款利率为 5%。采用等额本息的还款模式，3 年还清。为了简单起见，假设每半年还款一次。同时，贷款合同约定，该借款人有提前清偿贷款的权利。接下来，我们将详细研究例子中的含权抵押贷款定价问题。

首先，我们计算每半年的还款额。假设还款额为 X，则有以下等式成立：

$$\sum_{i=1}^{6}\frac{X}{\left(1+\frac{5\%}{2}\right)^{i}}=800\ 000\text{元} \tag{8.5}$$

求解（8.5）式，得到每半年的还款额为 $X=145\ 239.98$ 元。事实上，如果作为借款人向银行申请上述贷款，银行会出具一份贷款摊还表。摊还表展示了每一期还款额、还款额中的利息支付额和本金偿还额，以及待偿本金余额等信息。对于上述例子中的贷款偿还问题，其摊还表如表 8-2 所示。

表 8-2　贷款摊还表　　单位：元

期数	期初待偿本金余额	还款额	利息支付额	本金偿还额	期末待偿本金余额
第一期	800 000	145 239.98	20 000.00	125 239.98	674 760.02
第二期	674 760.02	145 239.98	16 869.01	128 370.97	546 389.05
第三期	546 389.05	145 239.98	13 659.73	131 580.25	414 808.80
第四期	414 808.80	145 239.98	10 370.22	134 869.76	279 939.04
第五期	279 939.04	145 239.98	6 998.48	138 241.50	141 697.54
第六期	141 697.54	145 239.98	3 542.44	141 697.54	0.00

接下来，我们以第三期还款的情况为例，介绍贷款摊还表的计算过程。在第三期期初时，尚有 546 389.05 元的待偿本金余额。期初的本金余额在第二期内会产生 $546\ 389.05\times\frac{5\%}{2}=13\ 659.73$ 元的利息。那么，在总计 145 239.98 元的还款额中，需要先支付这部分利息，余下的 $145\ 239.98-13\ 659.73=131\ 580.25$ 元为本金的偿还额。此时，期初的待偿本金余额被削减了，期末的待偿本金余额变为 $546\ 389.05-131\ 580.25=414\ 808.80$ 元。观察表 8-2 的结论可以发现：随着时间的推移，由于待偿本金余额不断减少，每笔还款额中支付利息的部分也在逐渐减少，而本金偿还的部分在逐渐增加。对于抵押贷款的定价问题，表 8-2 中最重要的信息为期末待偿本金余额，这个数值是是否执行提前还款策略的重要依据。除了计算摊还表外，待偿本金余额还有更为便捷的计算方法。在第 i 期期末的本金余额的计算公式为：

$$\sum_{n=i+1}^{2T}\frac{X}{\left(1+\frac{r}{2}\right)^{i}}$$

式中，T 为还款期限，每半年还款一次。X 为每期还款额，r 为贷款利率。我们可以这样理解本金待偿余额，其为在某时点的未来所有还款在贷款利率下的贴现总和。那么，如何通过本金待偿余额做出最优的提前偿还决策呢？这是接下来要研究的问题。

由上述推演过程可知，待偿本金余额是银行通过贷款利率计算出来的。如果借款人将待偿本金余额同等大小的款项还给银行，则可以结清该笔贷款。而在实际中，如果借款人按照约定的期数和还款额进行还款，其还款的真实价值需要结合利率的变化进行判断。如果未来的利率不断升高，其还款的真实价值会降低；如果未来的利率不断降低，其还款的真实价值则会升高。当还款的真实价值超过待偿本金余额时，借款人应该选择提前偿还策略。此时，只需要支付较小的待偿本金余额即可以结清贷款，不需要实际支付价值更高的偿还款项。有了上述基本判断，我们利用图 8－5 中展示的风险中性利率二叉树的信息来进行可提前偿还抵押贷款的定价。

首先，构建在不考虑可提前偿还权利的条件下，贷款价格的二叉树。注意这里每个状态价格都不包含当期的还款。这是因为与贷款价值比较的期末待偿本金余额中也没有包含当期的还款。这样的设定可以保证两个价格是可比的。我们将每个时间节点的期末待偿本金余额标记于二叉树的上方。不可提前清偿贷款的价格二叉树如图 8－8 所示。

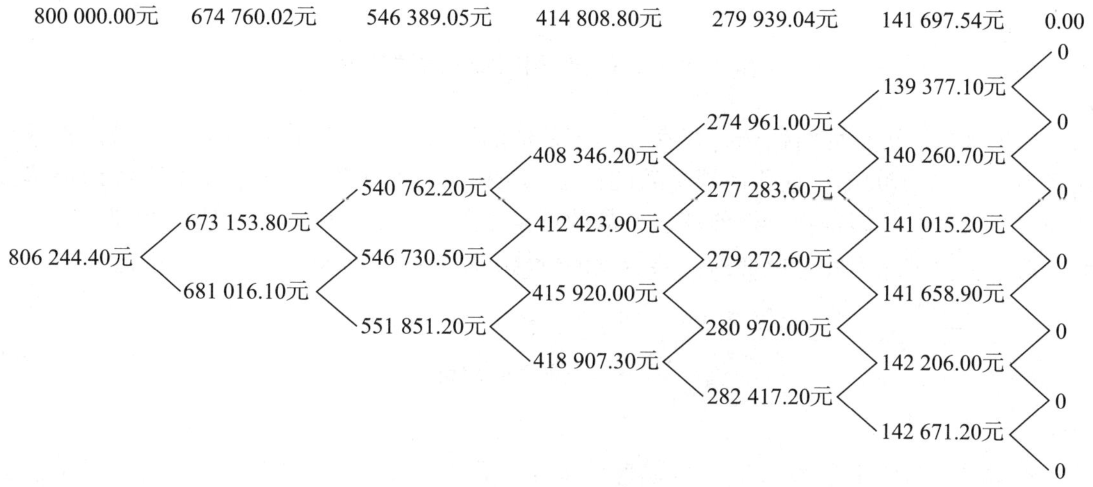

图 8－8　不可提前清偿贷款的价格二叉树

由上述分析可知，可以通过提前支付待偿本金余额而提前结清贷款。因此，当还款的实际价格超过待偿本金余额时，需要考虑是否要执行提前清偿策略。由含权债券定价的经验我们知道，是否执行提前清偿策略取决于以下两个价值的大小关系。即当清偿获得的价值超过保留该权利实现的价值时，应选择提前清偿，反之则应该保留权利，后续再选择执行。我们将执行提前清偿权利的规则和价值计算方法整理于表 8－3 中。

表 8－3　提前清偿权利的规则和价值计算方法

提前清偿权利的价值计算规则： $V_{t,\text{持有}}=\dfrac{0.5V_{t+1}^{u}+0.5V_{t+1}^{d}}{1+r/2}$ $V_{t,\text{执行}}=\max(0,\ P_t-K_t)$ $V_t=\max(V_{t,\text{执行}},\ V_{t,\text{持有}})$ 式中，V_t 为 t 时刻提前清偿权利的价值，P_t 为 t 时刻不可提前清偿贷款的价值，K_t 为 t 时刻待偿本金余额。
可提前清偿权利价格的计算顺序： 从最后一期开始，由后向前倒推，根据此法则计算每个节点的提前清偿权利的价值。

由此得到可提前清偿权利的价格二叉树（如图 8－9 所示）。

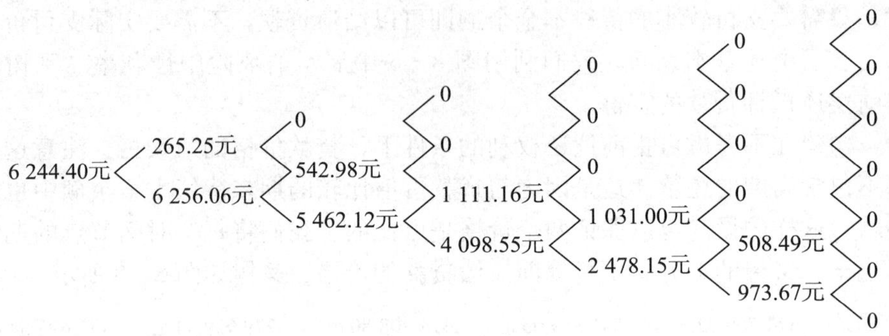

图 8-9　可提前清偿权利的价格二叉树

总体来看，可提前清偿选择权存在非零价值的区域主要位于利率较低的区域。根据公式将图 8-8 所示的不可提前清偿贷款的价格二叉树对应减去图 8-9 所示的可提前清偿权利的价格二叉树，即得到可提前清偿贷款的价格二叉树。由于可提前清偿选择权是赋予借款人的一个权利，因此，可提前清偿贷款的价格较不可提前清偿贷款的价格更低。

8.4　本章小结

本章首先介绍了利率二叉树与零息债券定价的基本原理。由于主观概率无法用于定价，我们需要寻找确定性的关系，并通过无风险收益率对确定性的现金流进行定价。在得到债券价格二叉树的同时，可以获知相应的风险中性概率。而所罗门兄弟模型是一种特殊的利率二叉树，其风险中性概率均为 0.5，为债券的定价提供了便利。对于含权债券，我们需要从无套利均衡原理出发，确定所含权利的真实含义。如可提前赎回债券的价格等于不可赎回债券的价格减去一个看涨期权的价格。这个看涨期权是以不可赎回债券为标的、执行价为赎回价的看涨期权。在计算选择权价值时，注意要从在当期执行权利以及当期不执行而将权利带到下一期两者中选择价值较大者作为最优的策略。带有可提前清偿权利的贷款也是一种含权债券，其定价具有一定的代表性。在此基础上产生的抵押贷款转手证券等是衍生品市场重要的组成部分。

练习题

1. 有如图 8-5 所示的 6 个月期即期利率的风险中性二叉树，每个时间节点向上和向下的风险中性概率都是 0.5。请给出如下 3 年期可提前回售债券价格的二叉树。债券面值为 100 元，票息率为 7%，每半年付息一次。1 年后回售价格为 103 元，1.5 年后回售价格为 102 元，2 年与 2.5 年后回售价格为 101 元，到期时回售价格为 100 元。

2. 有如图 8-5 所示的 6 个月期即期利率的风险中性二叉树，每个时间节点向上和向下的风险中性概率都是 0.5。某借款人需要向银行贷款 100 万元，贷款利率为 6%，分三年按照等额本息的方式还清，每半年还款一次。第一年没有提前清偿的权利，第一年之后可以选择提前清偿。请给出该贷款的价格二叉树，并标记发生提前清偿的状态节点。

第9章

布莱克-斯科尔斯-默顿期权定价

学习目标

- 理解布朗运动、广义布朗运动等随机过程的概念及其性质。
- 掌握布莱克-斯科尔斯-默顿模型的推导、定价公式及应用。
- 学会运用该模型对有股息和无股息的欧式期权进行定价。

章前引例

假设你是一名金融分析师，正在研究某股票的期权定价。该股票当前价格为80元，预期收益率为12%，波动率为25%，无风险利率为3%。你想要对一个行权价为85元、到期日为9个月的欧式看涨期权进行定价。传统的二叉树模型在处理此类问题时，由于其离散性可能无法精准捕捉股价连续波动的情况。而布莱克-斯科尔斯-默顿模型作为一种连续时间下的定价方法，或许能更准确地解决这个问题。通过学习本章内容，你将掌握该模型的原理与应用，从而对期权进行合理定价，并进一步理解其在金融衍生品定价中的重要性与优势。

第6章和第7章介绍的二叉树模型虽容易理解，但不足之处是它将时间分割成离散的步长。为了更准确地对衍生证券定价，我们通常需要将衍生证券的到期时间划分成较长的时间步长，以提高估值的收敛性。即便如此，它依然是一个离散的定价方法，因此可能无法准确地捕捉市场价格的连续波动。本章我们介绍一种连续时间下的衍生证券定价方法——布莱克-斯科尔斯-默顿模型（BSM模型）。在20世纪70年代初，费希尔·布莱克（Fischer Black）、迈伦·斯科尔斯（Myron Scholes）和罗伯特·默顿（Robert Merton）在欧式股票期权定价方面取得了重大突破，该模型对交易员定价和对冲衍生品方式产生了巨大影响。1997年，默顿和斯科尔斯因该模型的重要性而获得了诺贝尔经济学奖。不幸的是，布莱克于1995年去世，否则他无疑也会成为该奖项的获奖者之一。

在介绍BSM模型之前，我们转向连续时间，先引入一些基本的概念。回想一下，二叉树模型假设从时间、节点（i，j）的股票价格开始，二叉树上的下一个股票价格是以下两者之一，具体取决于是向上移动还是向下移动：

$$S_{i+1,j}=S_{i,j}e^{\sigma\sqrt{\Delta t}} \tag{9.1}$$

$$S_{i+1,j+1}=S_{i,j}e^{-\sigma\sqrt{\Delta t}} \tag{9.2}$$

左右两边同时取对数 ln 后可以得到：

$$\ln S_{i+1,\, j}=\ln S_{i,\, j}+\sigma\sqrt{\Delta t} \tag{9.3}$$

$$\ln S_{i+1,\, j+1}=\ln S_{i,\, j}-\sigma\sqrt{\Delta t} \tag{9.4}$$

即：

$$\ln S_{i+1}-\ln S_i=\Delta\ln S=\pm\sigma\sqrt{\Delta t} \tag{9.5}$$

式中，Δt 是时间间隔，σ 是股票价格波动率参数。前面我们的二叉树例子都是针对一个离散时间的，现在考虑一个时间区间［0，1］，并将其分成 n 个子区间，即每个单独区间的大小为 $\Delta t=1/n$，当 $n\to\infty$时，$\Delta t\to 0$。

9.1 布朗运动

9.1.1 布朗运动的定义

我们先介绍布朗运动的概念，固定一个给定的时间间隔［0，T］(例如，$T=1$ 即一年时间)，将其分成 n 个间隔，每个间隔的长度为 $\Delta t=1/n$。对于 $i=1$，…，n，令 Z_i 是一个随机变量，它有 50%的概率等于$\sqrt{\Delta t}$和 50%的概率等于$-\sqrt{\Delta t}$。

因此，Z_i 的两个重要性质如下：

(1) 均值为零：$E[Z_i]=1/2\sqrt{\Delta t}+1/2(-\sqrt{\Delta t})=0$。

(2) 方差为 Δt：$\mathrm{Var}(Z_i)=E[(Z_i-E[Z_i])^2]=1/2(\sqrt{\Delta t})^2+1/2(-\sqrt{\Delta t})^2=\Delta t$。

现在考虑随机变量 Z_i 的求和 X：

$$X_t=\sum_{i=1}^{n}Z_i \tag{9.6}$$

考虑两个时间 t_1 和 t_2，其中 $t_2>t_1$，并且令 m 为 t_1 和 t_2 之间的间隔数。考虑这两个时间点上 X_t 的值：X_{t1} 和 X_{t2}。根据 (9.4) 式中的定义，假设 t_1 和 t_2 之间有 m 个间隔，我们有：

$$X_{t2}-X_{t1}=\sum_{i=1}^{m}Z_i \tag{9.7}$$

于是我们可以得到 X 的性质：

性质 9.1

1. 均值为零：$X_{t2}-X_{t1}$ 的均值为零：$E[(X_{t2}-X_{t1})]=0$；
2. 方差与时间成比例：$X_{t2}-X_{t1}$ 的方差等于 t_2-t_1，$\mathrm{Var}(X_{t2}-X_{t1})=t_2-t_1$；
3. 对称分布：$X_{t2}-X_{t1}$ 的分布围绕零值对称。

这些性质可以从 X 的定义以及期望的性质推导出来。例如，根据统计学的知识，求和的期望是各个部分的期望之和。因此，我们有：

$$E[X_{t2}-X_{t1}]=E\left[\sum_{i=1}^{m}Z_i\right]=\sum_{i=1}^{m}E[Z_i]=0 \tag{9.8}$$

同理，如果一些随机变量是独立同分布的，那么它们的和的方差等于各个部分的方差之和。因此，

$$\begin{aligned}\mathrm{Var}(X_{t2}-X_{t1})&=\mathrm{Var}\Big(\sum_{i=1}^{m}Z_i\Big)=\sum_{i=1}^{m}\mathrm{Var}(Z_i)\\&=\sum_{i=1}^{m}\Delta t=m\Big(\frac{t_2-t_1}{m}\Big)=t_2-t_1\end{aligned}\tag{9.9}$$

最后一个性质源自 Z_i 的分布对称性，因为上升和下降（对称地）的机会相等。

因此，我们正式定义布朗运动如下：布朗运动是当 n 趋向无穷大、$\Delta t=1/n$ 趋于零时，(9.6) 式中定义的随机变量 X_t。

9.1.2 布朗运动的性质

布朗运动的性质是什么？在上一节中讨论的性质 9.1 不依赖于 n，因此它们也必须对当 n 趋向无穷大、Δt 趋于零时的极限情况成立。

性质 9.2：正态分布

和性质 9.1 一样，考虑两个时间点 t_1 和 t_2，其中 $t_2>t_1$，并且令 m 为 t_1 和 t_2 之间的间隔数。当 m 趋向无穷大时，$X_{t2}-X_{t1}$ 的分布收敛到均值为零、方差为 t_2-t_1 的正态分布，即：

$$(X_{t2}-X_{t1})\sim N(0,\ t_2-t_1)\tag{9.10}$$

这里 $N(a,\ b)$ 表示均值为 a、方差为 b 的正态分布。在任意两个时间点 t_1 和 t_2 之间，其中 $t_2>t_1$，布朗运动 $X_{t2}-X_{t1}$ 的变化是服从正态分布的。即使这两个时间点 t_1 和 t_2 非常接近，这个逻辑仍然成立。因为即使这两个时间点在时间上非常接近，我们仍然可以将时间间隔分为 n 个子间隔，并且取 n 趋向无穷大的极限。实际应用中使用小的时间间隔 $\mathrm{d}t=t_2-t_1$ 更加方便。在这个小的时间间隔内，布朗运动的变化量为 $\mathrm{d}X=X_{t2}-X_{t1}$。通常，我们用 $\mathrm{d}X$ 表示在时间 t 和其后续（小）时间 $t+\mathrm{d}t$ 之间的布朗运动变化量，即 $\mathrm{d}X=X_{t+\mathrm{d}t}-X_t$。根据以上性质，我们有：

$$\mathrm{d}X\sim N(0,\ \mathrm{d}t)\tag{9.11}$$

还有一个重要的附加性质：

性质 9.3：鞅性质

布朗运动在未来的价值的最佳预测是它今天的价值。也就是说，如果我们知道在 $t=0$ 时布朗运动 X 的值为 X_0，那么对于每个 $t>0$，

$$E[X_t\,|\,X_0]=X_0\tag{9.12}$$

9.1.3 广义布朗运动

广义布朗运动是一种随机过程，是布朗运动的一种扩展或泛化形式。它包括了一系列与布朗运动相关的过程，具有更广泛的性质和应用。广义布朗运动的特点是：在布朗运动的基础上，引入了不同的随机分布和随机漂移项，从而形成了更多变种的随机过程。

广义布朗运动的一般形式可以表示为：

$$X_t=\mu(t)\mathrm{d}t+\sigma(t)\mathrm{d}Z_t \tag{9.13}$$

在这个方程中，X_t 是广义布朗运动的路径，$\mu(t)$是随机漂移项，$\sigma(t)$是随机波动率项，$\mathrm{d}Z_t$ 是布朗运动的微小变化。

不同类型的广义布朗运动包括：

（1）随机漂移：$\mu(t)$ 是随机的，这意味着漂移项本身是一个随机过程，可以包含各种不确定性，如随机利率、随机风险等。

（2）随机波动率：$\sigma(t)$ 是随机的，这表示波动率在不同时间段可能不同，这在金融领域中用于建模波动率的变化。

（3）混合效应：$\mu(t)$ 和 $\sigma(t)$ 同时是随机的，这意味着漂移项和波动率项都是随机变化的。

广义布朗运动的应用非常广泛，特别是在金融工程和风险管理领域。它可以用来建模更复杂的金融工具和市场情境，包括期权定价、风险估算、投资组合优化等。这种扩展使得模型更加适应实际市场中的各种变化和复杂性。我们先介绍广义布朗运动的一种特殊情形：

$$X_t=\mu\mathrm{d}t+\sigma\mathrm{d}Z_t \tag{9.14}$$

式中，X_t 是布朗运动的路径，μ 是常数漂移项，它表示在每单位时间内的预期增长，用于描述资产或过程的长期平均变化。正值表示布朗运动具有线性增长趋势，负值则表示下降趋势，而 $\mu=0$ 表示没有明显的增长或下降趋势。σ 是常数波动率项，它表示每单位时间内的随机波动，波动率项控制着布朗运动的不规则性和随机性程度。较大的 σ 值表示更大的波动，较小的 σ 值表示较小的波动。$\mathrm{d}Z_t$ 是标准布朗运动的微小变化。这种形式下的布朗运动的路径是连续的，且具有固定的漂移和波动率，因此在许多金融定价问题中具有很好的数学特性。

为了理解（9.14）式，将等式右边的两个部分分开考虑。$\mu\mathrm{d}t$ 项意味着 X 的预期漂移率为每单位时间 μ。如果没有 $\sigma\mathrm{d}Z_t$ 项，方程就变为 $\mathrm{d}X_t=\mu\mathrm{d}t$，这意味着 $\frac{\mathrm{d}X}{\mathrm{d}t}=\mu$。对时间进行积分，我们可以得到：

$$X=X_0+\mu t \tag{9.15}$$

式中，X_0 是时间 0 时 X 的值。在 T 时间段内，变量 X 增加了 μT 的量。（9.14）式右边的 $\sigma\mathrm{d}Z_t$ 项可以被视为给 X 的路径添加噪声，这种噪声的量是 σ 乘以一个布朗运动。

根据布朗运动的性质，我们可以得到以下性质：

性质 9.4：正态分布。

在一个小的时间间隔 Δt，X 的变化 ΔX 为正态分布，且 ΔX 的均值为 $\mu\Delta t$，方差为 $\sigma^2\Delta t$。在时间间隔 T，X 的变化依然为正态分布，且均值为 μT，方差为 $\sigma^2 T$。

图 9－1 展示了模拟的布朗运动路径，其中无波动项、无漂移项分别对应的是当 $\sigma=0$ 或 $\mu=0$ 的情景。如果波动项等于 0，布朗运动的路径将是一条完全的直线，没有随机波动，这实际上等同于确定性漂移项的线性增长。如果漂移项为 0，那么生成的布朗运动将

仅包含随机波动但不包含线性增长。一个既有漂移项又有波动项的布朗运动在时间 t 到 T 之间的变化是由漂移项和波动项的组合决定的，漂移项导致了运动过程的线性增长或下降，而波动项引入了随机性，使得路径不断朝着预期增长波动。

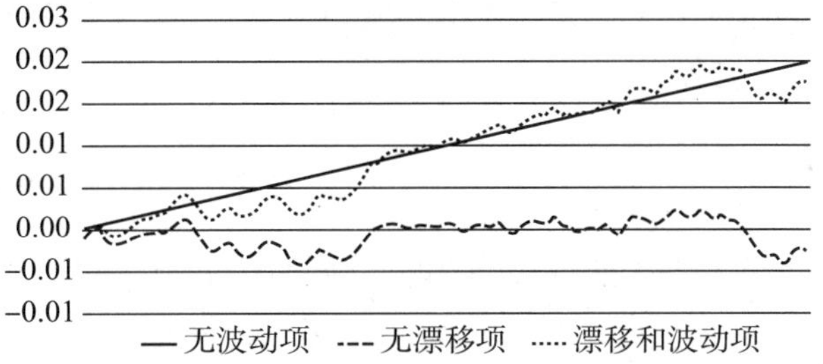

图 9－1　广义布朗运动路径模拟

9.2　股票价格运动过程

在上一节中我们介绍了布朗运动过程，这一节讨论股票价格的随机过程。我们假设股价遵循广义布朗运动过程，同时具有恒定的预期漂移率和恒定的波动率。然而，这个假设未能捕捉到股票价格的一个关键方面，这就是投资者对股票所要求的预期百分比回报与股票价格无关，即如果投资者要求当股票价格为 10 元时的年度预期回报率为 10%，那么若其他条件不变，当股票价格为 100 元时，他们仍将要求 10%的年度预期回报率，而并非价格的绝对变化额。显然，假设恒定的预期漂移率可能是不合适的，需要用预期收益率（即预期漂移除以股票价格）恒定的假设来替代。如果 S 是 t 时刻的股票价格，那么应该假设 S 中的预期漂移率为常数参数 μ 乘以 S。这意味着在一个短时间间隔 t 内，S 的预期增长为 $\mu S\Delta t$，同理，预期波动也与股票价格大小相关，在一个短时间间隔 t 内，S 的预期波动为 $\sigma S\mathrm{d}Z_t$，即股票价格运动过程为：

$$\mathrm{d}S_t=\mu S_t\mathrm{d}t+\sigma S_t\mathrm{d}Z_t \tag{9.16}$$

9.3　伊藤引理

本节我们引入连续时间过程中非常重要的一个引理。我们首先介绍伊藤过程，这是一个广义布朗运动过程，可以表达成：

$$\mathrm{d}x_t=a(x,t)\mathrm{d}t+b(x,t)\mathrm{d}Z_t \tag{9.17}$$

式中，参数 a 和 b 是变量 x 值和时间 t 的函数。因此，伊藤过程的预期漂移率和波动率都可能随时间变化。

如果变量 x 遵循伊藤过程，伊藤引理（Ito's Lemma）表明，一个函数 $G(x,t)$ 则遵循以下过程[①]：

① 为了表达简单起见，我们忽略了下标时间 t。

$$dG=\left(\frac{\partial G}{\partial x}a+\frac{\partial G}{\partial t}+\frac{1}{2}\frac{\partial^2 G}{\partial x^2}b^2\right)dt+\frac{\partial G}{\partial x}b\,dZ \tag{9.18}$$

同样，G 也遵循伊藤过程，其漂移率为：

$$\frac{\partial G}{\partial x}a+\frac{\partial G}{\partial t}+\frac{1}{2}\frac{\partial^2 G}{\partial x^2}b^2 \tag{9.19}$$

波动率为$\frac{\partial G}{\partial x}b$。

考虑（9.16）式，若一个变量 G 是 S 和 t 的函数，将 $a=\mu S_t$ 和 $b=\sigma S_t$ 代入（9.18）式，可得：

$$dG=\left(\frac{\partial G}{\partial S}\mu S+\frac{\partial G}{\partial t}+\frac{1}{2}\frac{\partial^2 G}{\partial S^2}\sigma^2 S^2\right)dt+\frac{\partial G}{\partial S}\sigma S\,dZ \tag{9.20}$$

例 9.1 假设 G 是股票价格 S 的对数，即 $G=\ln(S)$，则$\frac{\partial G}{\partial S}=\frac{1}{S}$，$\frac{\partial^2 G}{\partial S^2}=-\frac{1}{S^2}$，$\frac{\partial G}{\partial t}=0$，代入（9.20）式，可得：

$$dG=\left(\mu-\frac{\sigma^2}{2}\right)dt+\sigma dZ \tag{9.21}$$

由于 μ 和 σ 是常数，（9.21）式表明，$G=\ln(S)$ 遵循广义布朗运动过程，且具有恒定的漂移率 $\mu-\frac{\sigma^2}{2}$ 和恒定的波动率 σ。因此，$\ln(S)$ 在时间 0 和未来某个时间 T 之间的变化呈正态分布，其均值为$\left(\mu-\frac{\sigma^2}{2}\right)T$，方差为 $\sigma^2 T$，即：

$$\ln S_T \sim N\left[\ln S_0+\left(\mu-\frac{\sigma^2}{2}\right)T,\ \sigma^2 T\right] \tag{9.22}$$

（9.22）式表示，$\ln S_T$ 为正态分布。如果一个变量的自然对数是正态分布，那么这个变量本身就是对数正态分布。因此，我们在本章中建立的股票价格行为模型意味着，给定今天的价格，股票在 T 时刻的价格是对数正态分布的。图 9－2 展示了对数正态分布的形状，与正态分布不同，对数正态分布呈现偏斜，导致均值、中位数和众数都不相同。

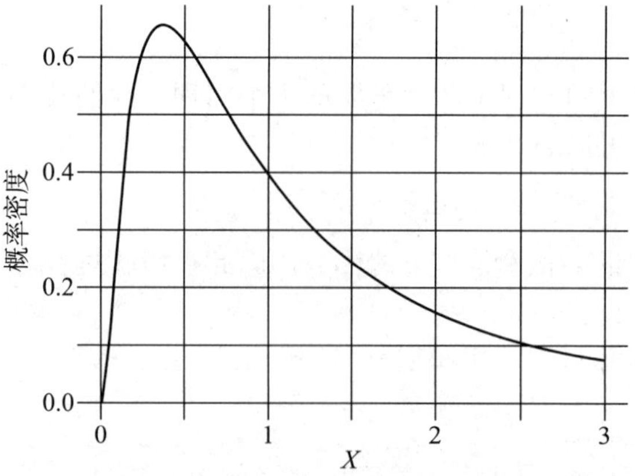

图 9－2　对数正态分布的形状

例 9.2 考虑一种对不支付股息的股票的期货合约，假设无风险利率是恒定的，并且对于所有到期期限都为 r，则根据之前章节的内容 $F_0=S_0e^{rT}$，其中，F_0 是零时刻的期货价格，S_0 是零时刻的现货价格，T 是期货合约的到期时间。定义 F 为 t 时刻的期货价格，S 为 t 时刻的股票价格，其中 $t<T$，则 $F=Se^{r(T-t)}$。F 是 S 和 t 的函数，我们可以使用伊藤引理来推导 F 的运动过程，

$$\frac{\partial F}{\partial S}=e^{r(T-t)}, \frac{\partial^2 F}{\partial S^2}=0, \frac{\partial F}{\partial t}=-rSe^{r(T-t)} \tag{9.23}$$

代入（9.20）式，可得：

$$dF=[e^{r(T-t)}\mu S-rSe^{r(T-t)}]dt+e^{r(T-t)}\sigma S dZ \tag{9.24}$$

代入 $F=Se^{r(T-t)}$，可得：

$$dF=(\mu-r)F dt+\sigma F dZ \tag{9.25}$$

与 S 类似，期货价格 F 也遵循几何布朗运动，它的预期增长率为 $\mu-r$ 而不是 μ。

9.4 布莱克-斯科尔斯-默顿模型

9.4.1 布莱克-斯科尔斯-默顿模型对偏微分方程的推导

布莱克-斯科尔斯-默顿偏微分方程是任何依赖于不支付股息的股票的衍生品价格必须满足的方程。与之前关于二叉树定价的无套利论证类似，我们建立一个包含衍生品和股票头寸的无风险组合，在没有套利机会的情况下，组合的回报必须是无风险利率 r，从而推导出布莱克-斯科尔斯-默顿偏微分方程。对比（9.16）式和（9.20）式可以发现，若 G 是基于标的 S 的一个衍生品，即 G 是关于 S 的一个函数，则 S 和 G 都受到相同的不确定性源 dZ 的影响，理解这一点在推导布莱克-斯科尔斯-默顿方程时是非常重要的。

我们用来推导布莱克-斯科尔斯-默顿方程的假设如下：

（1）股票价格遵循（9.16）式中的随机过程，且 μ 和 σ 是常数；

（2）允许股票卖空交易；

（3）没有交易成本或税收，且所有股票都可以完全分割，即可以交易非整数份股票；

（4）衍生品的存续期内没有股息；

（5）不存在无风险套利机会；

（6）证券交易是连续的；

（7）无风险利率 r 是常数，对所有到期期限都相同。

我们假设的股票价格过程见（9.16）式：

$$dS_t=\mu S_t dt+\sigma S_t dZ_t$$

假设 G 是看涨期权或任何一个依赖 S 的衍生品的价格，因此变量 G 必须是 S 和 t 的某种函数。所以，G 的变化过程一定如（9.20）式所示：

$$dG=\left(\frac{\partial G}{\partial S}\mu S+\frac{\partial G}{\partial t}+\frac{1}{2}\frac{\partial^2 G}{\partial S^2}\sigma^2 S^2\right)dt+\frac{\partial G}{\partial S}\sigma S dZ$$

构建一个包含股票 S 和衍生品 G 的投资组合，这个投资组合 π 由做空一份衍生品 G 和做多$\frac{\partial G}{\partial S}$份股票构成，即 $\pi=-G+\frac{\partial G}{\partial S}S$。则投资组合 π 的变化过程为：

$$d\pi_t=-dG_t+\frac{\partial G}{\partial S}dS_t \tag{9.26}$$

将上述 dG 和 dS 的公式代入（9.26）式，可得①：

$$\begin{aligned} d\pi &=-\left(\frac{\partial G}{\partial S}\mu S+\frac{\partial G}{\partial t}+\frac{1}{2}\frac{\partial^2 G}{\partial S^2}\sigma^2 S^2\right)dt-\frac{\partial G}{\partial S}\sigma S dZ+\frac{\partial G}{\partial S}\mu S dt+\frac{\partial G}{\partial S}\sigma S dZ \\ &=\left(-\frac{\partial G}{\partial t}-\frac{1}{2}\frac{\partial^2 G}{\partial S^2}\sigma^2 S^2\right)dt \end{aligned} \tag{9.27}$$

由于（9.27）式不涉及波动随机项 Z，在时间 t 内该投资组合是无风险的，这意味着该投资组合必须获得与短期无风险证券相同的回报率 r。如果它获得的回报率超过这个水平，套利者可以通过借钱购买该投资组合来无风险地赚取利润；如果它获得的回报不足，他们可以通过卖空该投资组合并购买无风险证券来无风险地赚取利润。由此我们可以得出：

$$d\pi=r\pi dt \tag{9.28}$$

再代入 $\pi=-G+\frac{\partial G}{\partial S}S$，可得：

$$d\pi=\left(-rG+r\frac{\partial G}{\partial S}S\right)dt \tag{9.29}$$

令（9.27）式和（9.29）式相等，即：

$$\left(-rG+r\frac{\partial G}{\partial S}S\right)dt=\left(-\frac{\partial G}{\partial t}-\frac{1}{2}\frac{\partial^2 G}{\partial S^2}\sigma^2 S^2\right)dt \tag{9.30}$$

整理之后可得：

$$\frac{\partial G}{\partial t}+rS\frac{\partial G}{\partial S}+\frac{1}{2}\sigma^2 S^2\frac{\partial^2 G}{\partial S^2}=rG \tag{9.31}$$

（9.31）式就是著名的布莱克-斯科尔斯-默顿偏微分方程。它有许多解，对应于可以用 S 作为标的资产的不同衍生品。解这个方程时得到的特定衍生品取决于使用的边界条件，这些条件规定了在 S 和 t 的可能性边界上的衍生品的值。比如，对于欧式看涨期权，关键的边界条件是：

$G=\max(S-K, 0)$，当 $t=T$ 时

而对于欧式看跌期权，边界条件是：

---

① 为了表达简单起见，我们忽略了下标时间 t。

$$G=\max(K-S, 0), \text{当 } t=T \text{ 时}$$

例 9.3　一个不支付股息的股票的期货合约也是依赖于该股票的衍生品。因此，它应该满足公式（9.31）。我们知道期货合约在时间 t 的价值可以用以下公式表示：

$$G=S-Ke^{-r(T-t)}$$

式中，K 是期货的执行价，因此

$$\frac{\partial G}{\partial t}=-rKe^{-r(T-t)}, \frac{\partial G}{\partial S}=1, \frac{\partial^2 G}{\partial S^2}=0$$

代入（9.31）式，可得：

$$-rKe^{-r(T-t)}+rS+0=rG$$

符合布莱克-斯科尔斯-默顿偏微分方程。

9.4.2　风险中性定价

我们在第 7 章中介绍了与二叉树模型相关的风险中性估值，这一属性不涉及任何受到投资者风险偏好的影响。出现在方程中的变量是当前股票价格、时间、股票价格的波动率和无风险利率。所有这些变量都与风险偏好无关。在一个投资者都是风险中性的世界中，投资者不需要额外回报来承担风险，因此，所有投资资产的预期回报都是无风险利率 r，所以任何现金流的现值都可以通过无风险利率贴现其期望值来求解。假设世界是风险中性的大大简化了衍生品的分析。考虑一个在特定时间提供回报的衍生品，可以使用风险中性估值通过以下步骤对其进行估值：

（1）假设标的资产的预期回报是无风险利率 r；

（2）计算衍生品的预期支付现金流；

（3）以无风险利率对预期支付现金流进行贴现。

值得强调的是，风险中性估值（或所有投资者都是风险中性的假设）仅仅是为了获取布莱克-斯科尔斯-默顿偏微分方程的解而采用的一种人为手段，得到的解在所有世界中都是有效的，而不仅仅是在风险中性世界。当我们从风险中性的世界转向风险厌恶的世界时，股票价格的预期增长率发生了变化，用于衍生品支付的贴现率也发生了变化，恰好这两个变化总是完全相互抵消。需要注意的是，回想我们对风险对冲的论证，我们组成了一个无风险投资组合，组合是无风险的，因此必须获得无风险利率。我们在（9.31）式中的推导也表明，股票预期增长率 μ 抵消了，并没有出现在公式中，也就是说，期权估值不依赖于 μ。同时，上述投资组合还提供了一种对冲期权头寸的方法。

9.4.3　布莱克-斯科尔斯-默顿定价公式

偏微分方程（9.31）最著名的解是布莱克-斯科尔斯-默顿公式[①][②]，用于计算欧式看

---

① Black, F. and Scholes, M. The Pricing of Options and Corporate Liabilities [J]. Journal of Political Economy, 1973, 81 (3): 637 - 654.

② Merton, R. C. Theory of Rational Option Pricing [J]. The Bell Journal of Economics and Management Science, 1973, 4 (1): 141 - 183.

涨期权 c 和看跌期权 p 的价格，公式分别为

$$c_0=S_0N(d_1)-Ke^{-rT}N(d_2)$$
$$p_0=Ke^{-rT}N(-d_2)-S_0N(-d_1) \tag{9.32}$$

其中：

$$d_1=\frac{\ln(S_0/K)+(r+\sigma^2/2)T}{\sigma\sqrt{T}}$$
$$d_2=\frac{\ln(S_0/K)+(r-\sigma^2/2)T}{\sigma\sqrt{T}}=d_1-\sigma\sqrt{T} \tag{9.33}$$

式中，$N(x)$ 是标准正态分布变量的累积概率分布函数，表示具有标准正态分布的变量小于 x 的概率，S_0 是零时刻的股票价格，K 是行权价格，r 是连续复利无风险利率，σ 是股票价格波动率，T 是期权到期的时间。

下面的 R 语言代码展示了使用布莱克-斯科尔斯-默顿公式对欧式期权的定价过程。

例 9.4 使用布莱克-斯科尔斯-默顿欧式期权定价函数。

```
bs_option_price <- function(S,K,r,T,sigma,type){
  # S:标的资产当前价格
  # K:期权行权价
  # r:无风险利率
  # T:期权到期时间(以年为单位)
  # sigma:标的资产的波动率
  # type:期权类型('call' 或 'put')

  d1 <-(log(S/K)+(r + 0.5 * sigma^2) * T)/(sigma * sqrt(T))
  d2 <- d1 - sigma * sqrt(T)

  if(type == "call"){
    option_price <- S * pnorm(d1)- K * exp(-r * T) * pnorm(d2)
  } else if(type == "put"){
    option_price <- K * exp(-r * T) * pnorm(-d2)- S * pnorm(-d1)
  } else {
    stop("Invalid option type!")
  }

  return(option_price)
}

#使用示例
S <- 10   #当前标的资产价格
```

```
K <- 12    #期权行权价
r <- 0.03   #无风险利率
T <- 0.5      #期权到期时间(以年为单位)
sigma <- 0.3  # 标的资产的波动率
type <- "call"  #期权类型('call' 或 'put')

option_price <- bs_option_price(S,K,r,T,sigma,type)
print(paste("Option Price:",option_price))
```

如何理解布莱克-斯科尔斯-默顿公式呢？以看涨期权为例，到期日期权的收益为 $c_T=\max(S_T-K,0)$，我们可以把（9.32）式重新表达为：

$$c_0=S_0N(d_1)-K\mathrm{e}^{-rT}N(d_2)=\mathrm{e}^{-rT}N(d_2)[S_0\mathrm{e}^{rT}N(d_1)/N(d_2)-K] \tag{9.34}$$

对比期权到期日的收益 c_T 和 c_0，我们可以这样理解：e^{-rT} 为贴现因子；$N(d_2)$ 为行权的概率，即 $S_T>K$ 的概率；$\mathrm{e}^{rT}N(d_1)/N(d_2)$ 为在风险中性的世界中，如果期权被行权，标的股价的预期增长百分比。当股票价格 S_0 变得非常大时，看涨期权几乎肯定会被行权，这时，它变得非常类似于具有交割价格 K 的期货合约。从数学上来看，对比（9.32）式，当 S_0 变得非常大时，d_1 和 d_2 也变得非常大，因此，$N(d_1)$ 和 $N(d_2)$ 接近 1，$c_0=S_0N(d_1)-K\mathrm{e}^{-rT}N(d_2)\cong S_0-K\mathrm{e}^{-rT}$。

9.5　有股息分红的欧式期权定价

迄今为止，我们假设期权基于的股票不支付股息。在本节中，我们修改布莱克-斯科尔斯-默顿模型，以考虑股息的影响。下面分两种情形讨论：一是在期权生命周期内，股息的金额和时间可以被准确地预测；二是假设知道的是确定的股息率而不是具体的股息金额支付。

9.5.1　确定股息金额

当期权的到期时间相对较短时，假设股息的具体金额和时间可以准确预测也具有合理性。从操作上来说，只要将股票价格调整为减去期权生命周期内所有股息的现值，就可以使用布莱克-斯科尔斯-默顿公式。

例 9.5　考虑一只到期时间为 6 个月的股票欧式看涨期权，其中有 2 个月和 4 个月的除息日。每个除息日的股息预计为 0.1 元。当前股价为 10 元，行权价为 10 元，股价波动率为每年 30%，无风险利率为每年 3%。则股息的现值为：

$$0.1\mathrm{e}^{-0.03\times 2/12}+0.1\mathrm{e}^{-0.03\times 4/12}=0.1985$$

我们可以继续使用布莱克-斯科尔斯-默顿公式来对该期权定价，其中参数调整为：$S_0=10-0.1985=9.8015$ 元，$K=10$，$r=0.03$，$\sigma=0.3$，$T=0.5$。代入（9.32）式和例 9.4 的代码可得：$d_1=0.0823$ 元，$d_2=-0.1299$ 元，该欧式看涨期权的价格为 0.8055 元。

```
#使用示例
S <- 9.8015    #当前标的资产价格
K <- 10    #期权行权价
r <- 0.03    #无风险利率
T <- 0.5    #期权到期时间(以年为单位)
sigma <- 0.3    #标的资产的波动率
type <- "call"    #期权类型('call' 或 'put')
option_price <- bs_option_price(S,K,r,T,sigma,type)
print(paste("Option Price:",option_price))
```

9.5.2 确定股息率

假设我们知道的是确定的股息率而不是具体的股息金额，我们同样可以使用布莱克-斯科尔斯-默顿公式定价。股息在除息日导致股价下降，下降的幅度等于股息支付的金额。因此，以百分比股息率 q 支付的股息导致股票价格的增长速率小于在没有股息的情况下的增长速率，两者的差额为 q。如果在股息率为 q 的情况下，股票价格从今天的 S_0 增长到时间 T 的 S_T，那么在没有股息的情况下，它将从今天的 S_0 增长到时间 T 的 $S_T e^{qT}$。或者，如果没有股息，它将从今天的 $S_0 e^{-qT}$ 增长到时间 T 的 S_T。这也表明，无论股票是以价格 S_0 开始，提供百分比股息率 q 的股息收益，还是以价格 $S_0 e^{-qT}$ 开始但不支付股息，我们在时间 T 时都得到相同的股票价格概率分布。

因此，我们在对支付已知股息率 q 的股票的欧式期权估值时，可以将当前股价从 S_0 降低到 $S_0 e^{-qT}$，然后将期权的估值视为股票不支付股息时的估值，代入（9.32）式即可：

$$c_0 = S_0 e^{-qT} N(d_1) - K e^{-rT} N(d_2) \tag{9.35}$$

$$p_0 = K e^{-rT} N(-d_2) - S_0 e^{-qT} N(-d_1) \tag{9.36}$$

式中：

$$d_1 = \frac{\ln(S_0/K) + (r - q + \sigma^2/2)T}{\sigma\sqrt{T}} \tag{9.37}$$

$$d_2 = \frac{\ln(S_0/K) + (r - q - \sigma^2/2)T}{\sigma\sqrt{T}} = d_1 - \sigma\sqrt{T} \tag{9.38}$$

下面的 R 语言代码展示了使用布莱克-斯科尔斯-默顿公式对确定股息率的欧式期权的定价过程。

例 9.6 使用布莱克-斯科尔斯-默顿公式对确定股息率的欧式期权的定价函数。

```
bs_option_dividend_price <- function(S,K,r,T,sigma,q,type){
  # S:标的资产当前价格
  # K:期权行权价
  # r:无风险利率
```

```
  # T:期权到期时间(以年为单位)
  # sigma:标的资产的波动率
  # q:确定股息率
  # type:期权类型('call' 或 'put')

  d1 <-(log(S/K)+(r - q + 0.5 * sigma^2) * T)/(sigma * sqrt(T))
  d2 <- d1 - sigma * sqrt(T)

  if(type == "call"){
    option_price <- S * exp(-q * T) * pnorm(d1)- K * exp(-r * T) * pnorm(d2)
  } else if(type == "put"){
    option_price <- K * exp(-r * T) * pnorm(-d2)- S * exp(-q * T) *
pnorm(-d1)
  } else {
    stop("Invalid option type!")
  }

  return(option_price)
}

#使用示例
S <- 10   #当前标的资产价格
K <- 10   #期权行权价
r <- 0.03  #无风险利率
T <- 0.5  # 期权到期时间(以年为单位)
sigma <- 0.3  #标的资产的波动率
q <- 0.01
type <- "call"  #期权类型('call' 或 'put')

option_price <- bs_option_dividend_price(S,K,r,T,sigma,q,type)
print(paste("Option Price:",option_price))
```

9.6　本章小结

随机过程描述了变量的概率演变。本章介绍了布朗运动、广义布朗运动、伊藤过程、股票价格运动过程等概念和特性，并引入了伊藤引理，这是一种从变量本身的随机过程计算函数的随机过程的方法。伊藤引理在衍生品定价中起着非常重要的作用。关键点是：股票价格变量的随机过程和基于股票的衍生品函数的随机过程都受相同的不确定性的影响。

因此，任何依赖股票的衍生品价格的偏微分方程都可以通过创建一个由衍生品和股票组成的无风险投资组合来获得。由于衍生品价格和股票价格都取决于相同的潜在不确定性来源，这在理论上总是可行的。所以，无风险投资组合的回报必须始终是无风险利率，以确保没有套利机会。股票的预期回报不影响布莱克-斯科尔斯-默顿偏微分方程，在估值依赖股票价格的衍生品时，我们可以假设世界是风险中性的。这意味着我们可以假设从股票获得的预期回报等于无风险利率，然后以无风险利率贴现预期的支付。欧式看涨和看跌期权的布莱克-斯科尔斯-默顿方程可以通过求解它们的偏微分方程推导出来。此外，布莱克-斯科尔斯-默顿期权定价法的结果可以推广到涵盖支付股息的股票的欧式看涨期权和看跌期权。

练习题

1. 假设短期利率 r 遵循以下随机过程：

$$\mathrm{d}r=a(b-r)\mathrm{d}t+rc\mathrm{d}Z$$

式中，a、b、c 为常数，$\mathrm{d}Z$ 为一个布朗运动过程，描述 r 这个过程的性质。

2. 股票价格遵循几何布朗运动，无股息，预期收益率为 15%，波动率为 30%，当前价格为 10 元。

(a) 一个欧式看涨期权，行权价为 12 元，到期日为 6 个月，该期权被行权的概率是多少？该期权价格等于多少？

(b) 一个欧式看跌期权，行权价为 12 元，到期日为 6 个月，该期权被行权的概率是多少？该期权价格等于多少？

第10章

蒙特卡罗模拟法

学习目标

- 理解蒙特卡罗模拟法的原理及在衍生品估值中的应用步骤。
- 掌握通过模拟股票价格路径和现金流来估值衍生品的方法。
- 学会运用方差缩减技术提高模拟的准确性。

章前引例

假设你是一名金融工程师，正在研究一种新型的奇异期权。该期权的收益不仅取决于到期时股票的价格，还与股票价格在期权存续期内的平均价格有关。已知股票当前价格为120元，预期收益率为15%，波动率为30%，无风险利率为3%。你想要对这个期权进行定价，但传统的定价方法难以处理这种复杂的路径依赖情况。而蒙特卡罗模拟法可以通过模拟大量可能的股票价格路径，计算出期权的预期收益，进而对期权进行定价。通过学习本章的内容，你将掌握蒙特卡罗模拟法的核心要点，能够运用该方法解决此类复杂衍生品的定价问题，同时了解如何通过方差缩减技术提高模拟的准确性和效率。

在前面的章节中我们首先介绍了二叉树定价法，接着在第9章介绍了布莱克-斯科尔斯-默顿期权定价法。布莱克-斯科尔斯-默顿期权定价法的优点是利用连续时间金融可以推导出公式解，但对一些复杂边界条件的期权衍生品，可能无法或者较难推导得到闭合解。二叉树定价法和本章要介绍的蒙特卡罗（Monte Carlo）模拟法同样属于数值求解法，因此更加灵活，可以很方便地拓展到对复杂期权衍生品定价。但是对一些边界条件高度路径依赖的衍生品，二叉树定价法会变得异常复杂，比如，考虑估值一个高度路径依赖的衍生品——亚式期权（Asian options）——其到期支付取决于一定时间内的平均资产价格，而非像欧式期权那样仅取决于期末价格。在二叉树模型中，每个节点代表一个时间步，有两个可能的价格变动，如表10-1所示。对于一般的欧式期权，我们只需考虑期末价格，但对于亚式期权，我们需要考虑整个期间的平均价格。而在二叉树中，每个节点的平均价格取决于股票价格路径，比如在$S_{2,ud}$这个节点求平均价格的时候，二叉树的运行路径可能是$S_0 \rightarrow S_{1,u} \rightarrow S_{2,ud}$，也有可能是$S_0 \rightarrow S_{1,d} \rightarrow S_{2,ud}$，因此同一节点会有多个平均价格，这导致树的结构变得庞大。这不仅增加了计算的复杂性，还可能导致模型变得难以解释和理解，这也是我们本章要引入蒙特卡罗模拟法的原因。学完本章之后你就会发现，使用蒙特卡罗模拟法对高度路径依赖的衍生品估值变得异常容易。

表 10-1　两步二叉树

期数	$i=0$	$i=1$	$i=2$
时间（年）	$t=0$	$t=0.25$	$t=0.5$
	S_0	$S_{1,u}$ $S_{1,d}$	$S_{2,uu}$ $S_{2,ud}$ $S_{2,dd}$

10.1　蒙特卡罗模拟法介绍

蒙特卡罗模拟法是金融学中一项强大的工具，用于解决复杂的数学和金融问题。通过模拟大量可能的未来路径，我们能够评估风险、定价期权及其他衍生品。在蒙特卡罗模拟中，我们以随机生成的多个场景来模拟资产价格的未来演变。这种随机性反映了金融市场中的不确定性和变化。通过观察大量可能的发展轨迹，我们能够更全面地理解资产价格的概率分布，从而为期权定价提供基础。

举个例子，我们尝试用蒙特卡罗模拟法来估计 π 的值，就像是在玩一个简单而有趣的游戏（见图 10-1）。我们可以想象在一个巨大的画布上画了一个巨大的正方形，边长等于 $2r$，然后在里面画了一个圆，半径等于 r。这个圆是我们的目标，我们想知道它的面积，从而得到 π。现在开始玩“点点游戏”：我们随机往这个画布上扔了一大堆点。这些点有的掉进了圆里，有的落在了圆外。因为圆的面积除以正方形的面积等于 $\frac{\pi r^2}{4r^2}=\frac{\pi}{4}$，我们只需要数一数掉在圆里的点和总共扔出的点的比例，然后乘以 4，就能得到 π 的估计值。

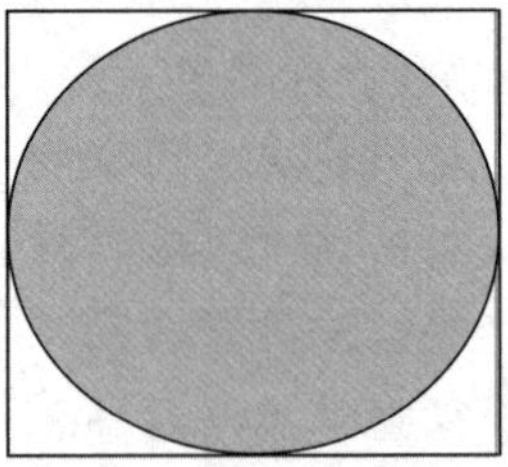

图 10-1　用蒙特卡罗模拟法估计 π 值

扔的点越多，我们得到的比例就越接近真实的 π 值。蒙特卡罗模拟法就像是在进行一场有趣的实验，通过不断投点，我们逐渐接近 π 的真实值，而不需要进行繁复的数学计算。通过简单的规则，我们能够近似地找到 π 的值。由上述计算 π 的例子，我们可以总结出一般的蒙特卡罗模拟算法的步骤。这个算法可以用于估计各种问题的解，而不仅仅是 π 的估计：

（1）定义问题：明确要解决的问题，并确立问题的数学表达式或模型（估计 π 值）。

（2）生成随机样本：随机生成大量样本，这些样本可能是问题的可能解或者系统的可能状态（往画布上随机扔一大堆点）。

（3）模拟过程：对于每个样本，模拟问题的相关过程或演变。这可能涉及随机变量的抽样、状态的变化等（统计掉在圆里的点和总共扔出的点的比例）。

（4）计算结果：根据模拟的结果，计算问题的相关指标或者感兴趣的量（π 值＝比例乘以 4）。

（5）统计分析：对所有的模拟结果进行统计分析，计算均值、方差等，以得到对问题的估计（估计 π 值计算的精确度）。

（6）结果输出：输出估计结果，通常伴随着不确定性的度量，如置信区间（估计 π 值计算的可靠性，与扔的点的次数相关）。

这个通用算法显示了蒙特卡罗模拟法的灵活性，可以适用于各种问题领域，包括金融、物理、统计学等。通过随机抽样和统计分析，蒙特卡罗模拟法为复杂问题提供了一种近似解的方法，特别适用于那些难以用传统方法精确解决的问题。

10.2　运用蒙特卡罗模拟法对衍生品估值

在前面章节中我们学习了如何使用风险中性定价法对衍生品进行估值，风险中性定价法提供了一种通用的方法来定价任何证券。考虑一个在特定时间提供回报的衍生品，我们可以使用风险中性定价法通过以下步骤对其进行估值：

（1）假设标的资产的预期回报是无风险利率 r。

（2）计算衍生品的预期支付现金流。

（3）以无风险利率对预期支付现金流进行贴现。

对应于蒙特卡罗模拟法，上述估值步骤变为：

（1）定义问题：对标的为某股票的衍生品进行估值；

（2）生成随机样本：根据股票价格运动的随机过程分布假设，生成大样本符合该分布的随机数；

（3）模拟过程：在风险中性的环境中，根据股票价格运动过程，抽样生成股票价格 S 的随机路径。

（4）计算结果：根据衍生品到期的边界条件，计算衍生品的支付现金流。

（5）重复步骤（2）和（3），以获得在风险中性下衍生品支付现金流的大量样本值。

（6）计算样本支付额的平均值，得到在风险中性下预期支付现金流的估计。

（7）以无风险利率贴现这一预期支付现金流，得到对衍生品现值的估计。

接下来具体介绍上述步骤。

10.2.1　模拟股票价格随机路径

同第 9.4 节，假设在风险中性世界中，股票价格运动过程为：

$$\mathrm{d}S_t=\mu S_t\mathrm{d}t+\sigma S_t\mathrm{d}Z_t \tag{10.1}$$

式中，$\mathrm{d}Z_t$ 是布朗运动的微小变化，根据第 9 章的定义，其符合均值为零、方差为 $\mathrm{d}t$ 的正态分布。因此，为了模拟 S 的路径，我们可以将衍生品的生命周期分成 N 个长度为 Δt 的短区间，并将（10.1）式近似为：

$$S(t+\Delta t)-S(t)=\mu S(t)\Delta t+\sigma S(t)\epsilon\sqrt{\Delta t} \tag{10.2}$$

式中，$S(t)$ 表示时间 t 时 S 的值，ϵ 是从均值为零、标准差为 1.0 的正态分布中抽取的随机样本。

在实践中，通常来说，比起模拟 S，模拟 $\ln S$ 更为准确。根据第 9.5 节中的例 9.1：

$$\mathrm{d}\ln S=\left(\mu-\frac{\sigma^2}{2}\right)\mathrm{d}t+\sigma\mathrm{d}Z \tag{10.3}$$

近似为

$$\ln S(t+\Delta t)-\ln S(t)=\left(\mu-\frac{\sigma^2}{2}\right)\Delta t+\sigma\epsilon\sqrt{\Delta t} \tag{10.4}$$

即：

$$S(t+\Delta t)=S(t)\exp\left[\left(\mu-\frac{\sigma^2}{2}\right)\Delta t+\sigma\epsilon\sqrt{\Delta t}\right] \tag{10.5}$$

当知道 $S(0)$ 的价格后，我们可以通过抽取正态分布随机数ϵ，重复（10.5）式来构建整条 S 从 0 到 T 的路径，比如，$S(\Delta t)=S(0)\exp\left[\left(\mu-\frac{\sigma^2}{2}\right)\Delta t+\sigma\epsilon\sqrt{\Delta t}\right]$，$S(2\Delta t)=S(\Delta t)\exp\left[\left(\mu-\frac{\sigma^2}{2}\right)\Delta t+\sigma\epsilon\sqrt{\Delta t}\right]$，以此类推。

10.2.2 模拟衍生品现金流

考虑一种到期日为 T 且支付为 $g(S_T)$ 的衍生品，我们需要计算这个支付的期望贴现值，其中期望值是从风险中性过程中获得的，贴现使用无风险利率 r 计算。特别是，我们想要计算

$$V_0=E[\mathrm{e}^{-rT}g(S_T)] \tag{10.6}$$

蒙特卡罗模拟法表明，我们可以通过以下路径近似这个期望值：

（1）按照第 10.2.1 小节中的方法模拟 J 次股票价格的随机路径，比如 $J=1\,000$ 次，于是我们可以得到 J 条股票路径 S_0^j，S_1^j，…，S_{N-1}^j，S_N^j，这里 $N=T/\Delta t$，$j=1$，2，…，J；

（2）使用每条股票路径 j，$j=1$，2，…，J 来计算支付现金流的现值，从而获得衍生品贴现现值的 J 个值，即

$$\begin{aligned}&V_0^1=\mathrm{e}^{-rT}g(S_N^1)\\&V_0^2=\mathrm{e}^{-rT}g(S_N^2)\\&\cdots\\&V_0^{J-1}=\mathrm{e}^{-rT}g(S_N^{J-1})\\&V_0^J=\mathrm{e}^{-rT}g(S_N^J)\end{aligned} \tag{10.7}$$

（3）计算这 J 个贴现现值的平均价格来代替 V 的期望值：

$$\widehat{V}_0\approx\frac{1}{J}\sum_{j=1}^{J}V_0^j \tag{10.8}$$

下面的 R 语言代码展示了使用蒙特卡罗模拟法模拟股票价格随机路径，以及对一个欧式看涨期权的定价过程。

例 10.1　使用蒙特卡罗模拟法模拟股票价格随机路径的函数。

```
monte_carlo_simulation <- function(S0,r,sigma,T,N,J){
  dt <- T / N
  paths <- matrix(0,ncol = N + 1,nrow = J)
  paths[,1] <- S0

  for(i in 2:(N + 1)){
    # 生成随机数
    z <- rnorm(J)

    # 计算股票价格路径
    paths[,i] <- paths[,i - 1] * exp((r - 0.5 * sigma^2) * dt + sigma * sqrt(dt) * z)
  }

  return(paths)
}

# 定义欧式看涨期权定价函数
european_call_option_pricing <- function(S,K,r,T){
  payoff <- pmax(S - K,0)
  discounted_payoff <- mean(exp(-r * T) * (payoff))
  return(discounted_payoff)
}

# 设置参数
S0 <- 100  # 初始股票价格
sigma <- 0.2  # 波动率
T <- 1  # 期权到期时间
N <- 252  # 模拟路径步数
J <- 10000  # 模拟路径数量
K <- 105  # 期权行权价
r <- 0.03  # 无风险利率

# 进行蒙特卡罗模拟
stock_paths <- monte_carlo_simulation(S0,r,sigma,T,N,J)

# 计算欧式看涨期权价格
option_price <- european_call_option_pricing(stock_paths[,N + 1],K,r,T)

# 输出结果
cat("蒙特卡罗模拟生成的欧式看涨期权价格:",option_price,"\n")
```

图 10－2 描绘了上述 R 语言蒙特卡罗模拟的前 100 条股票路径（共 10 000 条），所有股票路径都是从 $S_0=100$ 出发，从当前日到期权到期日共 252 步，所以每步的时间间隔 $\Delta t=1/252$ 年，风险中性下的期望年收益率为 3%，20%的波动率决定了股票沿着预期收益率运动的干扰波动程度。根据（10.8）式，我们可以计算出 10 000 次蒙特卡罗模拟下的欧式看涨期权价格为 7.038 9 元，同样参数下我们使用第 9 章例 9.4 的布莱克-斯科尔斯-默顿期权定价函数计算出的价格为 7.128 1 元。虽然我们并不需要使用蒙特卡罗模拟法对有公式解的欧式期权进行定价，但我们可以考察对比蒙特卡罗模拟法的准确度。

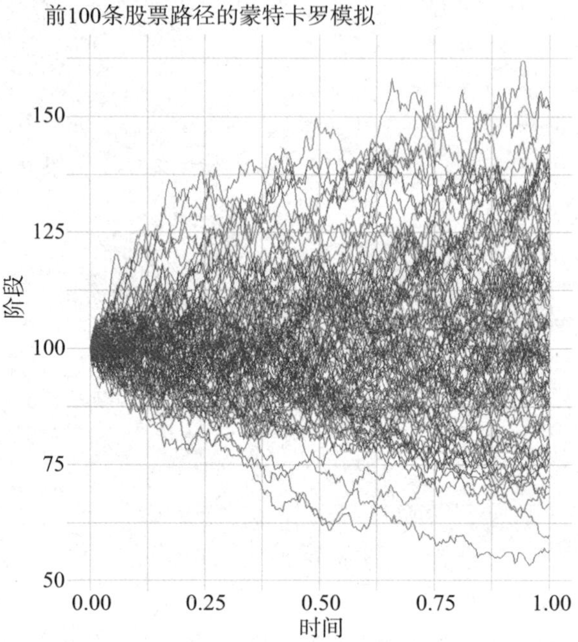

图 10－2　蒙特卡罗模拟的 100 条股票路径

例 10.2　蒙特卡罗模拟法下欧式看涨期权定价的表现。

模拟 5 000 条股票路径，使用蒙特卡罗模拟法对欧式看涨期权定价，重复上述步骤，每次模拟增加 5 000 条路径，直到 100 000 条股票路径。比较不同模拟次数路径下的定价准确度。

```
# 设置参数
S0 <- 100   # 初始股票价格
sigma <- 0.2  # 波动率
T <- 1  # 期权到期时间
N <- 252  # 模拟路径步数
J <- 10 000   # 模拟路径数量
K <- 105  # 期权行权价格
r <- 0.03  # 无风险利率
option_price1 <- c()
```

```
for(i in seq(5 000,100 000,5 000)){
  # 进行蒙特卡罗模拟
  stock_paths1 <- monte_carlo_simulation(S0,r,sigma,T,N,i)
  # 计算欧式看涨期权价格
  option_price1 <- c(option_price1,european_call_option_pricing(stock_paths1[,N +
1],K,r,T))
}
```

图 10－3 比较了不同模拟次数下的期权价格和布莱克-斯科尔斯-默顿（BSM）期权价格，可以看出，随着模拟次数的增加，蒙特卡罗模拟法下的期权价格逐渐向布莱克-斯科尔斯-默顿期权价格收敛，这一方面验证了模拟法的准确性，另一方面说明，为了提高准确度，我们通常需要模拟较多的次数，而这也需要更多的计算时间成本，这体现了蒙特卡罗模拟法的缺点在于它在计算上可能非常耗时。

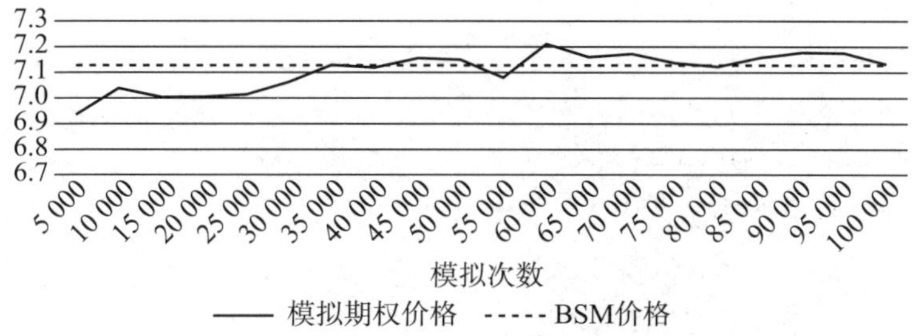

图 10－3　不同模拟次数下的期权价格

蒙特卡罗模拟法的主要优势在于，它既可以在衍生品到期支付仅依赖于 S 的最终值时使用（比如欧式期权），也可以在衍生品的收益依赖于标的资产 S 所遵循的路径时使用（例如，当收益依赖于时间 0 到时间 T 之间 S 的平均值时的亚式期权）。前面我们介绍过，对这些高度路径依赖的衍生品定价时，用布莱克-斯科尔斯-默顿方程可能无法推导出公式解，而用二叉树定价法不仅增加了计算的复杂度，还可能导致模型变得难以解释和理解，但是，使用蒙特卡罗模拟法对高度路径依赖的衍生品进行估值变得异常容易。下面的 R 语言代码展示了使用蒙特卡罗模拟法对一个亚式看涨期权的定价过程，该期权的到期收益为 $G=\max(S_{AVG}-K,\ 0)$，其中 $S_{AVG}=\frac{1}{N}\sum_{i=0}^{N}S_i$。可以看出，使用蒙特卡罗模拟法估值仅需在例 10.1 的代码上增加一行代码而已。

例 10.3　使用蒙特卡罗模拟法对亚式看涨期权定价的函数。

```
monte_carlo_simulation <- function(S0,r,sigma,T,N,J){
  dt <- T / N
  paths <- matrix(0,ncol = N + 1,nrow = J)
  paths[,1] <- S0
```

```
  for(i in 2:(N + 1)){      # 生成随机数
    z <- rnorm(J)

    # 计算股票价格路径
    paths[,i] <- paths[,i - 1] * exp((r - 0.5 * sigma^2) * dt + sigma * sqrt
(dt) * z)
  }

  return(paths)
}

# 定义亚式看涨期权定价函数
Asian_call_option_pricing <- function(S,K,r,T){
  # 计算股票的平均价格
  S <- rowMeans(S)
  payoff <- pmax(S - K,0)
  discounted_payoff <- mean(exp(-r * T) * (payoff))
  return(discounted_payoff)
}

# 设置参数
S0 <- 100  # 初始股票价格
sigma <- 0.2  # 波动率
T <- 1  # 期权到期时间
N <- 252  # 模拟路径步数
J <- 10 000  # 模拟路径数量
K <- 105  # 期权行权价
r <- 0.03  # 无风险利率

# 进行蒙特卡罗模拟
stock_paths <- monte_carlo_simulation(S0,r,sigma,T,N,J)

# 计算亚式看涨期权价格
option_price <-Asian_call_option_pricing(stock_paths,K,r,T)

# 输出结果
cat("蒙特卡罗模拟生成的亚式看涨期权价格:",option_price,"\n")
```

10.2.3　模拟次数标准差

在例 10.2 中我们演示了模拟次数增加后定价的收敛性，我们如何确定适当的模拟次数呢？在图 10-3 的情况下，我们将真实值（使用实际的布莱克-斯科尔斯-默顿公式）与模拟值进行比较，以判断模拟次数 J 是否足够。然而，更多时候我们没有真实值作为参考，这就是我们使用蒙特卡罗模拟来获取衍生品价格的原因。一种常见的方法是计算估计值的标准差。也就是说，在（10.7）式中给定模拟值 V_0^j，$j=1$，…，J，我们可以计算值 V_0^j 的标准差，从而得到估计值 $\widehat{V}_0$ 的标准差。我们定义 V 的期望值 $\widehat{V}_0 \approx \frac{1}{J}\sum_{j=1}^{J} V_0^j$ 的标准差为$\frac{标准差}{\sqrt{J}}$，其中标准差$=\sqrt{\frac{1}{J}\sum_{j=1}^{J}(V_0^j-\widehat{V}_0)^2}$。

大致而言，标准差的值提供了对衍生品模拟价格准确性的指导。如果标准差较高，表示计算得到的值并不太好，需要进行更多的模拟。标准差的公式表明，衍生品价值的不确定性与模拟次数的平方根成反比。要将模拟的准确性提高 1 倍，我们必须将试验次数增加 4 倍；要将模拟的准确性提高 10 倍，试验次数必须增加 100 倍。统计上来看，在 95%的概率下，衍生品的真实值在模拟值的 1.96 个标准差范围内，也就是说，在 95%的概率下，定价的真实解应该包含在以下这个置信区间内：

$$置信区间=[\widehat{V}_0-1.96\times 标准差，\widehat{V}_0+1.96\times 标准差]$$

例 10.4　使用蒙特卡罗模拟法对亚式看涨期权定价的置信度。

以例 10.3 中的亚式期权为例，表 10-2 报告了不同模拟次数下的价格、标准差和置信区间。例如，在模拟次数 $J=100$ 的情况下，蒙特卡罗模拟价格为 2.593 8 元。然而，由于不知道真实价格（如果知道，就不需要蒙特卡罗模拟了），我们必须判断价格 2.593 8 元是否准确。标准差提供了答案，在这种情况下，标准差为 0.497 0，这意味着置信区间为 1.619 7 元到 3.567 9 元。也就是说，我们可以有 95%的概率认为真实价格在 1.619 7 元和 3.567 9 元之间。这显然是一个非常大的差异，无法使交易员自信地报价。通过增加模拟次数，我们得到了一个更紧凑的区间。例如，在 $J=10\ 000$ 的情况下，我们得到了一个蒙特卡罗价格 3.105 5 元。对于这个模拟价格，我们有多大的信心呢？在这种情况下，标准差要小得多，只有 0.060 5。这意味着置信区间为 2.986 9 元到 3.224 1 元，相对较小，交易员对于在这个区间内进行报价会有更加足够的信心。

表 10-2　模拟次数和置信区间上下限

模拟次数	价格（元）	标准差	置信度下限（元）	置信度上限（元）
100	2.593 8	0.497 0	1.619 7	3.567 9
1 000	3.373 3	0.203 7	2.974 0	3.772 6
5 000	3.064 2	0.083 1	2.901 3	3.227 1
10 000	3.105 5	0.060 5	2.986 9	3.224 1
50 000	3.159 9	0.027 4	3.106 2	3.213 6

10.3　方差缩减技术

上一节我们介绍了标准差，这是一种衡量模拟结果准确程度的统计指标。较大的标准差可能导致模拟结果的不稳定性，使得难以准确地估计真实值。较小的标准差意味着结果更加稳定和可靠。然而，为了降低标准差和缩小置信区间，我们不得不提高模拟次数，这会大大增加计算成本。方差缩减技术旨在通过一系列技术手段来改善模拟的性能，目标是通过提高模拟样本的利用效率，使得在给定模拟次数的情况下，得到更准确和更可靠的估计结果。本节将介绍几种常用的方差缩减技术。

10.3.1　反向模拟法

反向模拟法（antithetic variable technique）的基本思想是生成一组相对于原始模拟结果的对称样本。简单来说，如果我们得到了一组随机数用于模拟，那么反向模拟就是通过考虑这些随机数的相反数来创建另一组样本。这种一对一的关系有助于减小模拟结果的方差，提高定价的准确性。在反向模拟法中，一次模拟涉及计算衍生品的两个值。第一个值 $G1$ 通常按上面介绍的常规方式计算，第二个值 $G2$ 通过改变所有来自标准正态分布的随机样本的符号来计算（如果 ϵ 是用于计算 $G1$ 的样本，则 $-\epsilon$ 是用于计算 $G2$ 的相应样本），衍生品最终的值是 $G1$ 和 $G2$ 的平均值 $\frac{G1+G2}{2}$。

具体而言，反向模拟法的步骤如下：

（1）生成原始模拟样本：使用标准的蒙特卡罗模拟法生成一组随机样本，用于估计我们感兴趣的衍生品，比如亚式期权的价格。

（2）生成反向模拟样本：通过改变原始模拟样本的符号（正负反转），得到相应的反向模拟样本。

（3）计算对称样本的衍生品值：对于每一次模拟，计算原始模拟样本和相应的反向模拟样本的衍生品值。

（4）取平均值：对于每次模拟，将原始模拟值和相反的模拟值取平均，得到的平均值作为最终的估计结果。

反向模拟法原理的关键在于：通过引入对称的反向模拟样本，当一个值偏离真实值时，另一个往往会朝相反的方向偏离真实值。因此，将两者的平均值作为估计结果，有助于抵消误差，减小整体估计的方差，这样可以提高蒙特卡罗模拟的稳定性和准确性。

例 10.5　使用反向模拟法对亚式看涨期权定价。

```
monte_carlo_simulation <- function(S0,r,sigma,T,N,J){
  dt <- T / N
  paths1 <- matrix(0,ncol = N + 1,nrow = J)
  paths1[,1] <- S0
```

```
  #反向模拟
  paths2 <- matrix(0,ncol = N + 1,nrow = J)
  paths2[,1] <- S0

  for(i in 2:(N + 1)){
    # 生成随机数
    z <- rnorm(J)

    # 计算股票价格路径
    paths1[,i] <- paths1[,i - 1] * exp((r - 0.5 * sigma^2) * dt + sigma * sqrt
(dt) * z)
    paths2[,i] <- paths2[,i - 1] * exp((r - 0.5 * sigma^2) * dt + sigma * sqrt
(dt) * (-z))
  }

  return(list(paths1,paths2))
}

# 定义亚式看涨期权定价函数
Asian_call_option_pricing <- function(S,K,r,T){
  # 计算股票的平均价格
  S <- rowMeans(S)
  payoff <- pmax(S - K,0)
  discounted_payoff <- mean(exp(-r * T) * (payoff))
  return(discounted_payoff)
}

# 设置参数
S0 <- 100  # 初始股票价格
sigma <- 0.2  # 波动率
T <- 1  # 期权到期时间
N <- 252  # 模拟路径步数
J <- 10 000  # 模拟路径数量
K <- 105  # 期权行权价
r <- 0.03  # 无风险利率

# 进行蒙特卡罗模拟
stock_paths <- monte_carlo_simulation(S0,r,sigma,T,N,J)
```

```
# 计算亚式看涨期权价格
option_price <-(Asian_call_option_pricing(stock_paths[[1]],K,r,T)+ Asian_call_option_pricing(stock_paths[[2]],K,r,T))/2

# 输出结果
cat("蒙特卡罗模拟生成的亚式看涨期权价格:",option_price,"\n")
```

图 10-4 绘制了正常蒙特卡罗模拟和反向模拟下的亚式看涨期权价格估值对比，相对而言，反向模拟具有更快的收敛速度。

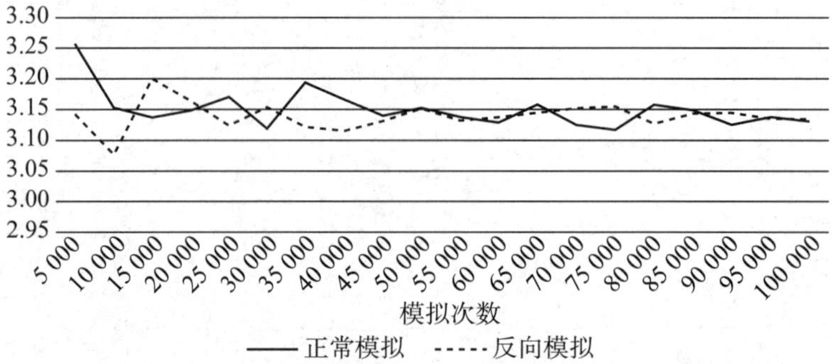

图 10-4 不同模拟次数下的反向模拟法计算的期权价格

10.3.2 控制变量法

控制变量法的原理基于通过引入一个或多个已知结果的辅助变量（控制变量）来降低蒙特卡罗模拟的方差，从而提高对目标变量的估计精度。具体来说，控制变量法包括以下关键步骤：

（1）引入控制变量：选择一个或多个与目标变量相关的已知结果作为控制变量。这些变量通常是容易估计或已知的衍生品价格或其他相关指标，比如欧式看涨期权。

（2）计算控制变量的值：对于每次模拟，计算控制变量的值。

（3）调整控制变量：将控制变量的值调整到一定的水平，使得在模拟过程中与目标变量之间存在某种相关性。这样，通过控制变量的引入，我们期望能够抵消目标变量中的一部分方差。

（4）计算模拟结果：计算目标变量和控制变量的值，并得到模拟结果。

（5）估计目标变量：通过调整控制变量，使得模拟结果的方差降低，从而提高对目标变量的估计准确性。

控制变量法适用于存在两个相似衍生品 A 和 B 的情况。衍生品 A 是需要定价的对象，而衍生品 B 与衍生品 A 相似，并且具有可用的解析解。在相同的随机数和相同的时间步长下，进行两个并行的模拟。第一个用于获取衍生品 A 价值的估计值 G_A^*，第二个用于获取衍生品 B 价值的估计值 G_B^*。然后，使用以下公式调整来获得对衍生品 A 价值的更好估计 G_A：

$$G_A = G_A^* - G_B^* + G_B$$

式中，G_B 是通过解析计算得到的已知的衍生品 B 的真实值（比如欧式看涨期权的布莱克-斯科尔斯-默顿公式值）。

例 10.6　使用控制变量法对亚式看涨期权定价。

```
monte_carlo_simulation <- function(S0,r,sigma,T,N,J){
  dt <- T / N
  paths <- matrix(0,ncol = N + 1,nrow = J)
  paths[,1] <- S0

  for(i in 2:(N + 1)){
    # 生成随机数
    z <- rnorm(J)

    # 计算股票价格路径
    paths[,i] <- paths[,i - 1] * exp((r - 0.5 * sigma^2) * dt + sigma * sqrt
(dt) * z)
  }

  return(paths)
}

# 定义亚式看涨期权定价函数
Asian_call_option_pricing <- function(S,K,r,T){
  # 计算股票的平均价格
  S <- rowMeans(S)
  payoff <- pmax(S - K,0)
  discounted_payoff <- mean(exp(-r * T) * (payoff))
  return(discounted_payoff)
}

# 定义欧式看涨期权定价函数
european_call_option_pricing <- function(S,K,r,T){
  payoff <- pmax(S - K,0)
  discounted_payoff <- exp(-r * T) * mean(payoff)
  return(discounted_payoff)
}

bs_option_price <- function(S,K,r,T,sigma,type){
```

```
  # S：标的资产当前价格
  # K：期权行权价
  # r：无风险利率
  # T：期权到期时间(以年为单位)
  # sigma：标的资产的波动率
  # type：期权类型('call' 或 'put')

  d1 <- (log(S/K) + (r + 0.5 * sigma^2) * T)/(sigma * sqrt(T))
  d2 <- d1 - sigma * sqrt(T)

  if(type == "call"){
    option_price <- S * pnorm(d1) - K * exp(-r * T) * pnorm(d2)
  } else if(type == "put"){
    option_price <- K * exp(-r * T) * pnorm(-d2) - S * pnorm(-d1)
  } else {
    stop("Invalid option type!")
  }

  return(option_price)
}

# 设置参数
S0 <- 100  # 初始股票价格
sigma <- 0.2  # 波动率
T <- 1  # 期权到期时间
N <- 252  # 模拟路径步数
J <- 50 000  # 模拟路径数量
K <- 105  # 期权行权价
r <- 0.03  # 无风险利率

# 进行 Monte Carlo 模拟
stock_paths <- monte_carlo_simulation(S0,r,sigma,T,N,J)

# 计算亚式看涨期权价格
option_price <- Asian_call_option_pricing(stock_paths,K,r,T)

# 计算欧式看涨期权价格
option_price_European <- european_call_option_pricing(stock_paths[,N + 1],K,r,T)
```

```
# 计算欧式看涨期权 BSM 公式解
option_price_BSM <- bs_option_price(S0,K,r,T,sigma,'call')

# 控制变量后的价格
option_price <- option_price - option_price_European + option_price_BSM

# 输出结果
cat("蒙特卡罗模拟生成的亚式看涨期权价格:",option_price,"\n")
```

控制变量法下的亚式看涨期权价格估值对比如图 10-5 所示。

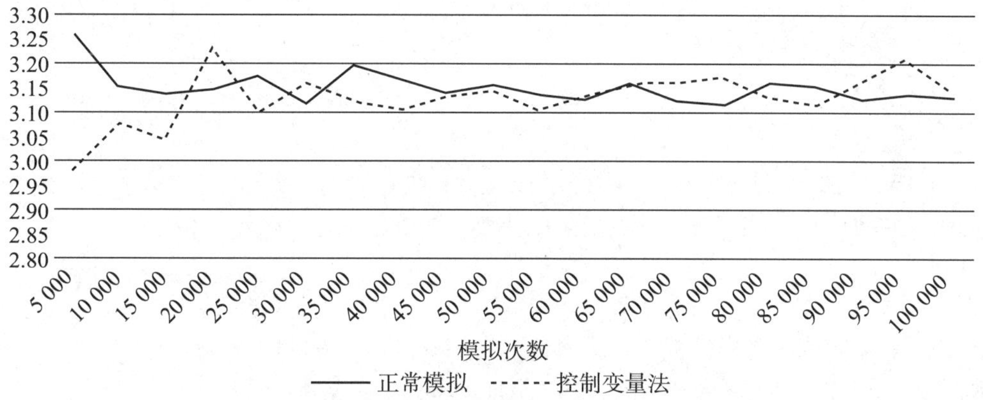

图 10-5　不同模拟次数下的控制变量法计算的期权价格

10.3.3　矩匹配法

矩匹配法是指调整从标准正态分布中取得的样本，以便匹配第一、第二甚至更高阶的矩。具体来说，矩匹配法在蒙特卡罗模拟中的步骤如下：

(1) 生成模拟数据：使用蒙特卡罗模拟生成一组模拟数据。

(2) 计算模拟数据的矩：对生成的模拟数据计算矩，例如均值、方差等。

(3) 调整模拟数据的参数：调整模拟数据的参数，使其矩与目标数据的矩尽可能匹配。

(4) 重新生成模拟数据：使用调整后的参数重新生成模拟数据。

假设我们从均值为 0、标准差为 1 的正态分布中抽取样本，以计算某一变量在特定时间段内的变化。假设样本为ϵ_i ($1 \leqslant i \leqslant n$)。为了匹配前两阶矩，我们计算样本的均值 m 和样本的标准差 s。然后，我们定义调整后的样本ϵ_{i*} ($1 \leqslant i \leqslant n$) 如下：

$$\epsilon_{i*} = \frac{\epsilon_i - m}{s}$$

这些调整后的样本具有确定的均值 0 和标准差 1，而这正是我们对随机数分布的假设，于是我们可以在所有计算中使用这些调整后的样本。

例 10.7 使用矩匹配法对亚式看涨期权定价。

```
monte_carlo_simulation <- function(S0,r,sigma,T,N,J){
  dt <- T / N
  paths <- matrix(0,ncol = N + 1,nrow = J)
  paths[,1] <- S0

  for(i in 2:(N + 1)){
    # 生成随机数
    z <- rnorm(J)
    z <-(z-mean(z))/sd(z)

    # 计算股票价格路径
    paths[,i] <- paths[,i - 1] * exp((r - 0.5 * sigma^2) * dt + sigma * sqrt(dt) * z)
  }

  return(paths)
}

# 定义亚式看涨期权定价函数
Asian_call_option_pricing <- function(S,K,r,T){
  # 计算股票的平均价格
  S <- rowMeans(S)
  payoff <- pmax(S - K,0)
  discounted_payoff <- mean(exp(-r * T) * (payoff))
  return(discounted_payoff)
}

# 设置参数
S0 <- 100  # 初始股票价格
sigma <- 0.2  # 波动率
T <- 1  # 期权到期时间
N <- 252  # 模拟路径步数
J <- 10 000  # 模拟路径数量
K <- 105  # 期权行权价
r <- 0.03  # 无风险利率

# 进行 Monte Carlo 模拟
stock_paths <- monte_carlo_simulation(S0,r,sigma,T,N,J)
```

```
# 计算亚式看涨期权价格
option_price <- Asian_call_option_pricing(stock_paths,K,r,T)

# 输出结果
cat("蒙特卡罗模拟生成的亚式看涨期权价格:",option_price,"\n")
```

10.3.4 准随机序列

蒙特卡罗模拟法估值的准确程度依赖于随机抽样数的准确性，当我们假设ϵ是从均值为零、标准差为 1.0 的正态分布中抽取的随机样本时，我们所有后面步骤的计算都依赖于ϵ符合该正态分布属性。因此，一种常见的提高蒙特卡罗模拟法准确性的方法则是抽取更加准确的随机数，即准随机序列（quasi-random sequence）。准随机序列的原理基于均匀分布的高维性质，被设计为在高维空间中更均匀地填充，以更好地逼近均匀分布的性质。常见的准随机序列生成方法之一是使用低差异序列，比如 Halton 序列或 Sobol 序列。它们通常具有以下特征：

（1）均匀分布：准随机序列被设计为在多维空间中均匀分布点，这意味着在序列中的每个维度上，样本点在整个范围内更加均匀地分散。

（2）低差异：准随机序列通常具有低差异性，这表示在生成的序列中相邻样本点之间的距离更加均匀。相比之下，伪随机序列可能在某些维度上具有不均匀的分布。

（3）避免重复：准随机序列旨在尽可能避免样本点的重复，以确保更好地覆盖整个样本空间。

（4）低相关性：准随机序列的样本点之间通常具有低的线性相关性，这有助于提高在高维空间中的均匀性。

因此，使用准随机序列在蒙特卡罗模拟等数值计算中能够更快地收敛到准确的结果，尤其是对于高维积分或定价问题，它们导致估计的标准差与样本大小 J 成正比，而不是与 $\sqrt{J}$ 成正比，其中 J 为样本大小。这意味着要使模拟的准确性提高一倍，我们只需将试验次数增加一倍即可。

例 10.8　使用准随机序列对亚式看涨期权定价。

```
# 安装并加载 'randtoolbox' 包以生成 Sobol 序列
# install.packages("randtoolbox")
library(randtoolbox)


monte_carlo_simulation <- function(S0,r,sigma,T,N,J){
  dt <- T / N
  paths <- matrix(0,ncol = N + 1,nrow = J)
  paths[,1] <- S0
```

```
  # 生成 Sobol 序列
  sobol_sequence <- sobol(J,dim = N,normal = TRUE)

  for(i in 2:(N + 1)){
    z <- sobol_sequence[,(i-1)]

    # 计算股票价格路径
    paths[,i] <- paths[,i - 1] * exp((r - 0.5 * sigma^2) * dt + sigma * sqrt(dt) * z)
  }

  return(paths)
}

# 定义亚式看涨期权定价函数
Asian_call_option_pricing <- function(S,K,r,T){
  # 计算股票的平均价格
  S <- rowMeans(S)
  payoff <- pmax(S - K,0)
  discounted_payoff <- mean(exp(-r * T) * (payoff))
  return(discounted_payoff)
}

# 设置参数
S0 <- 100  # 初始股票价格
sigma <- 0.2  # 波动率
T <- 1  # 期权到期时间
N <- 252  # 模拟路径步数
J <- 10 000  # 模拟路径数量
K <- 105  # 期权行权价
r <- 0.03  # 无风险利率

# 进行 Monte Carlo 模拟
stock_paths <- monte_carlo_simulation(S0,r,sigma,T,N,J)

# 计算亚式看涨期权价格
option_price <- Asian_call_option_pricing(stock_paths,K,r,T)
# 输出结果
cat("蒙特卡罗模拟生成的亚式看涨期权价格:",option_price,"\n")
```

10.4　本章小结

当一个衍生品估值没有公式解的时候，我们通常都要依赖数值法求解，但是当衍生品的到期收益高度路径依赖的时候，二叉树定价法变得异常复杂。本章我们介绍了蒙特卡罗模拟法，蒙特卡罗模拟法是一项强大的工具，对于解决金融学中的不确定性问题至关重要。深入理解和熟练运用蒙特卡罗模拟法，对金融领域的学者和从业者都具有重要意义，有助于他们更好地理解和应对金融市场的动态变化。

蒙特卡罗模拟法使用随机数来采样衍生品标的资产在风险中性世界中可能遵循的许多条不同的路径。对于每条路径，计算衍生品的回报并以无风险利率贴现，贴现回报的算术平均值即为衍生品的估值。但是，该方法的不足之处在于估值结果收敛可能较慢，导致了模拟结果的不稳定性，这会大大增加计算成本。为了在一定程度上解决这个问题，本章最后介绍了几种常用的方差缩减技术，以得到更准确和可靠的估计结果。

练习题

1. 假设你是一家投资公司的风险经理，负责评估公司在未来 6 个月内可能面临的股票投资风险。假设公司在投资组合中持有某科技公司的股票，该股票的价格变动符合几何布朗运动。股票的当前价格为 150 元，漂移率为 10%，波动率为 25%。你需要使用蒙特卡罗模拟法，估计该股票在未来 6 个月内可能的价格分布。请编写使用 R 语言进行蒙特卡罗模拟的简单脚本，模拟股票价格的未来路径，并绘制价格分布的直方图。

2. 假设有一家互联网公司股票，其未来价格的变化符合几何布朗运动。你需要使用蒙特卡罗模拟法对该公司的欧式看涨期权进行定价。假设未来股票价格的几何布朗运动的漂移率为 8%，波动率为 20%，当前股票价格为 100 元，期权到期日为 3 个月，执行价为 100 元。请编写使用 R 语言进行蒙特卡罗模拟的简单脚本，并运行足够多的模拟路径（例如 10 000 条），计算期权的估值和置信区间。

第11章

期权价值敏感性分析——希腊字母

学习目标

- 理解期权价值敏感性分析中希腊字母的概念与意义。
- 掌握各希腊字母（Delta、Vega、Gamma、Theta、Rho）的计算方法。
- 学会运用希腊字母进行投资组合管理与风险对冲。

章前引例

假设你是一名金融机构的投资顾问，你的客户持有一个包含多种股票期权的投资组合。当前市场波动较大，客户担心股票价格、波动率以及利率等因素的变化会对其投资组合价值产生重大影响。例如，客户持有某股票的看涨期权，该股票当前价格为80元，行权价为85元，无风险利率为3%，波动率为25%，期权到期时间为9个月。客户想知道如果股票价格上涨或下跌10元、波动率上升或下降5%、利率上升或下降0.5个百分点时，其期权价值会如何变化。通过学习本章的期权价值敏感性分析（希腊字母），你将能够帮助客户量化这些因素对期权价值的影响程度，从而制定更合理的投资策略，如是否需要进行对冲操作以及如何调整投资组合等。

到目前为止，我们已经学习了使用二叉树、蒙特卡罗模拟和布莱克-斯科尔斯-默顿公式对衍生品进行估值。除了定价，我们在实际工作中可能面临以下情景：

- 你购买了一个期权，担心未来标的股票价格或波动率的变动会对期权价格产生不利影响，想要量化这种影响的大小。
- 你卖出了一个期权，希望对冲标的股票价格的波动风险，需要计算买卖标的股票的份额。
- 你估计中国人民银行可能会在近期降息50个基点，想了解这次降息对组合中持有的期权价格的影响程度。

对于上述情景，你可以替换相应情景下的股票价格、波动率或利率等参数，重新估值期权，然后比较估值前后的价格以分析影响。然而，这种方法存在一个不足之处，即计算成本较高。尤其是对于一些复杂的衍生品，数值求解法本身就存在计算耗时的问题。想象一下，当你持有的不只是一个期权，而是一揽子行权价和到期时间都不同的期权组合时，对每一个期权都随时重新估值将显著增加计算成本。

在本章中，我们将探讨解决这一问题的一些替代方法。我们介绍期权价值的敏感性分析方法，通常称为希腊字母（Greeks）。每个希腊字母都是测量期权头寸风险的不同维度，而投资者的目标则是有效地管理这些希腊字母，以实现风险分析或套期保值的交易目标。在讲希腊字母之前，我们先回顾一下期权估值都用到了哪些参数。以一个不分红付息的看涨欧式期权 c 为例，这些参数包括：标的股票价格 S、行权价 K、股票收益率波动率 σ、无风险利率 r、到期时间 $T-t$。其中除了行权价 K 之外，其余参数在期权到期之前都可能会发生变化，因此，期权价值敏感性分析指的就是衡量上述参数变化对期权价值的影响程度。

当一个期权 c 的价值是 S 和 t 的函数的时候，从泰勒展开式我们可以得到以下关系：

$$\Delta c=\frac{\partial c}{\partial S}\Delta S+\frac{\partial c}{\partial t}\Delta t+\frac{1}{2}\frac{\partial^2 c}{\partial S^2}\Delta S^2+\frac{1}{2}\frac{\partial^2 c}{\partial t^2}\Delta t^2+\frac{\partial^2 c}{\partial S\partial t}\Delta S\Delta t+\cdots \tag{11.1}$$

式中，Δc 和 ΔS 表示 c 和 S 在一个小的时间间隔 Δt 后的价格变化，其中第四项和之后项的阶数高于 Δt。为了简洁和实用，我们通常牺牲一点精确度而忽略它们，于是（11.1）式变为：

$$\Delta c=\frac{\partial c}{\partial S}\Delta S+\frac{\partial c}{\partial t}\Delta t+\frac{1}{2}\frac{\partial^2 c}{\partial S^2}\Delta S^2$$

同理，当 c 的价值是 S、σ、r 和 t 的函数的时候，泰勒展开式告诉我们：

$$\Delta c=\frac{\partial c}{\partial S}\Delta S+\frac{\partial c}{\partial \sigma}\Delta \sigma+\frac{\partial c}{\partial r}\Delta r+\frac{\partial c}{\partial t}\Delta t+\frac{1}{2}\frac{\partial^2 c}{\partial S^2}\Delta S^2+\frac{1}{2}\frac{\partial^2 c}{\partial \sigma^2}\Delta \sigma^2+\frac{1}{2}\frac{\partial^2 c}{\partial r^2}\Delta r^2+\cdots \tag{11.2}$$

其中，剩余展开项和忽略项取决于期权的复杂程度，对大多数股票类衍生品而言，我们通常在精确度和实用性角度做一个权衡，忽略 $\Delta\sigma^2$、Δr^2 项和交叉项，（11.2）式可以简化调整为

$$\Delta c=\frac{\partial c}{\partial S}\Delta S+\frac{\partial c}{\partial \sigma}\Delta \sigma+\frac{1}{2}\frac{\partial^2 c}{\partial S^2}\Delta S^2+\frac{\partial c}{\partial t}\Delta t+\frac{\partial c}{\partial r}\Delta r \tag{11.3}$$

于是，衡量期权价值 c 的敏感性等同于衡量上述（11.3）式中各项表达式的变化，这也是希腊字母的由来。

11.1　Delta

11.1.1　定义

Delta(Δ) 是一种度量期权价格对标的资产价格变动的敏感性的指标，具体而言，它表示期权价格相对于标的资产价格变动的变化率，即（11.3）式中的第一项中的$\frac{\partial c}{\partial S}$①。从一阶导的定义来看，$\frac{\partial c}{\partial S}$为期权价格 c 与标的资产价格 S 关联的曲线的斜率。图 11－1 展示

① 若是看跌期权 p，delta$=\frac{\partial p}{\partial S}$。

了看涨期权价格与标的股票价格之间的关系。当股票价格对应于点 A 时，期权价格对应于点 B，Δ 是曲线的斜率，假设为 0.6，这意味着当股票价格发生微小变动时（1 元），期权价格的相应变动约为 0.6 元。

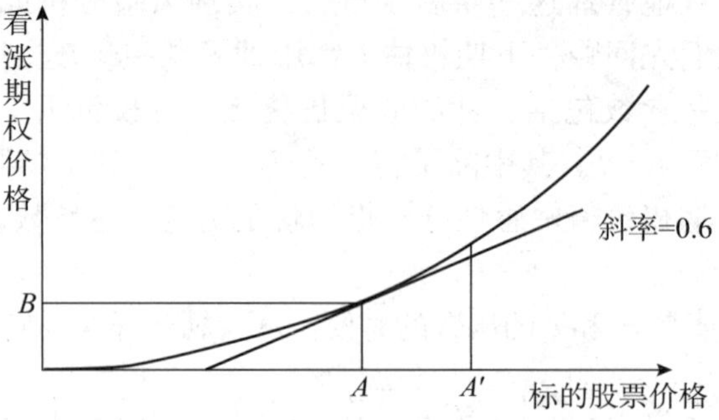

图 11-1　看涨期权的 Delta 斜率图

Delta 衡量了期权价格变动对标的股票价格变动的敏感程度，这一方面有助于投资者进行风险分析，另一方面也为交易员计算了对冲比例的值。假设交易员卖出了 1 000 份看涨期权，股票价格上涨会导致看涨期权价格随之上涨，从风险控制角度来看，交易员决定进行对冲操作。由于每份期权的 Delta＝0.6，交易员的净暴露为－1 000×0.6＝－600 元，即股票价格若上涨 1 元，交易员的潜在收益约为－600 元。因此，交易员可以买入 600 份标的股票，假设股价从 10 元上涨到 11 元，期权价格上升，卖出期权的亏损大约为 0.6×1 000×(11－10)＝600 元，而买入股票的盈利为 600×(11－10)＝600 元，期权头寸上的盈亏可以用股票上的盈亏弥补，这也称作 Delta 对冲。要注意的是，随着时间的推移和股价的变化，斜率变化，Delta 也会改变，因此需要及时调整对冲比例，从而重新实现 Delta 中性。比如，若股票价格接下来从 A 上涨到 A'，斜率也随之增大，假设此时计算后的 Delta＝0.7。这意味着交易员在期权上的暴露为－1 000×0.7＝－700 元。为了对冲股票价格变动带来的风险，交易员需要买入 700 份标的股票来弥补盈亏，而之前交易员买入了 600 份，所以需要再额外买入 100 份股票，这也称作动态对冲。

性质 11.1　Delta 的属性

图 11-2 绘制了标准看涨期权和看跌期权的 Delta 形态，Delta 具有以下属性：取值范围在－1 和 1 之间，看涨期权的 Delta 为正，Delta 的范围为从 0 到 1，看跌期权的 Delta 为负，Delta 的范围为从－1 到 0。标的股票价格越高，看涨期权的 Delta 越趋近 1，看跌期权的 Delta 越趋近 0；标的股票价格越低，看涨期权的 Delta 越趋近 0，看跌期权的 Delta 越趋近－1。

如何理解以上属性呢？从定义来看，看涨期权的 Delta＝$\frac{\partial c}{\partial S}$，而看涨期权到期的收益为 $\max(S_T-K,\ 0)$，因此股票价格越高，期权价格越高，两者呈正向关系，当股票价格无穷大时，看涨期权价格趋近股票价格，一阶导的 Delta 趋近 1。同理，看跌期权的 Delta＝$\frac{\partial p}{\partial S}$，看跌期权的到期收益为 $\max(K-S_T,\ 0)$，股票价格越高，期权价格越低，两者呈负向关系，当股票价格无穷大时，看跌期权价格趋近 0，Delta 趋近 0。

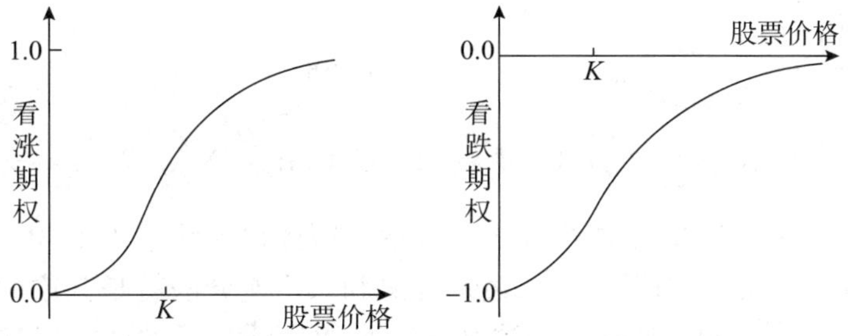

图 11-2　看涨期权（左）和看跌期权（右）的 Delta

11.1.2　计算方法

计算 Delta 等于计算$\frac{\partial c}{\partial S}$或者$\frac{\partial p}{\partial S}$，若我们有期权的公式解，则对公式求 S 的一阶导即可。以（9.30）式中的布莱克-斯科尔斯-默顿的无分红付息的欧式看涨期权定价公式为例：

$$c=SN(d_1)-Ke^{-rT}N(d_2)$$

其中：

$$d_1=\frac{\ln(S/K)+(r+\sigma^2/2)T}{\sigma\sqrt{T}}$$

$$d_2=\frac{\ln(S/K)+(r-\sigma^2/2)T}{\sigma\sqrt{T}}=d_1-\sigma\sqrt{T}$$

$N(x)$ 是标准正态分布变量的累积概率分布函数。

$$\frac{\partial c}{\partial S}=N(d_1)+SN'(d_1)\frac{\partial d_1}{\partial S}-Ke^{-rT}N'(d_2)\frac{\partial d_2}{\partial S} \tag{11.4}$$

$$N'(x)=\frac{1}{\sqrt{2\pi}}e^{-\frac{x2}{2}} \tag{11.5}$$

$$\frac{\partial d_1}{\partial S}=\frac{\partial d_2}{\partial S}=\frac{1}{S\sigma\sqrt{T}} \tag{11.6}$$

将 d_1 和 d_2 代入（11.4）式，可得：

$$\frac{\partial c}{\partial S}=N(d_1) \tag{11.7}$$

同理，欧式看跌期权的 Delta 为$\frac{\partial p}{\partial S}=N(d_1)-1$。

例 11.1　布莱克-斯科尔斯-默顿定价公式下的 Delta 求解。

一个欧式期权的标的股票价格为 10 元，行权价为 12 元，无风险利率为 3%，标的股票的波动率为 30%，期权到期时间为 0.5 年，分别计算看涨期权和看跌期权的 Delta。

$$d_1=\frac{\ln\left(\frac{10}{12}\right)+\left(0.03+\frac{0.3^2}{2}\right)\times 0.5}{0.3\times\sqrt{0.5}}=-0.6827$$

看涨期权的 Delta$=N(d_1)=0.2474$，看跌期权的 Delta$=N(d_1)-1=-0.7526$。

由于很多复杂的衍生品并不能推导出公式解，因此也无法求出上述一阶导，数值方法于是成为估计希腊字母的常用手段，单边差分法和双边差分法就是其中两种常见的数值估计方法。以计算 Delta 为例，单边差分法基于微小的变动，通过计算期权价格对标的资产价格的变化的比率来估计 Delta：

$$\Delta=\frac{\partial c}{\partial S}\approx\frac{c(S+\Delta S)-c(S)}{\Delta S} \tag{11.8}$$

式中，$c(S)$ 是标的资产价格为 S 时的期权价格，ΔS 是股票价格一个微小的变动，通常用价格的 1%来衡量。双边差分法是对单边差分法的改进，它考虑了标的资产价格的提高和降低对期权价格的影响：

$$\Delta=\frac{\partial c}{\partial S}\approx\frac{c(S+\Delta S)-c(S-\Delta S)}{2\Delta S} \tag{11.9}$$

这两种方法的核心思想都是通过微小的价格变动来估计 Delta，可以在没有解析解的情况下，通过计算实际的期权价格变动来近似估计对应的 Delta 值。需要注意的是，选择合适的差分步长 ΔS 对结果的精确性有影响，通常需要在精度和计算效率之间进行权衡。

以二叉树定价法为例，当我们如表 11－1 所示构建好二叉树对期权估值后，可以通过如下方法计算 Delta：

$$\Delta=\frac{V_{1,u}-V_{1,d}}{S_{1,u}-S_{1,d}} \tag{11.10}$$

表 11－1　二叉树结构

期数	$i=0$	$i=1$	
时间（年）	$t=0$	$t=\Delta t$	
	$S_0=0$	$S_{1,u}=S_0u$	概率为 p^*
		$S_{1,d}=S_0d$	概率为 $(1-p^*)$
	V_0	$V_{1,u}=f(S_{1,u})$	概率为 p^*
		$V_{1,d}=f(S_{1,d})$	概率为 $(1-p^*)$

例 11.2 展示了使用 200 步二叉树法计算无分红欧式看涨期权的 Delta，结果为 0.246 9。

例 11.2　使用二叉树法计算无分红欧式看涨期权的 Delta。

```
EuropeanOptionBinomialTreeDelta <- function(S,K,r,T,vol,n){
  #计算参数
  dt <- T/n
  u <-exp(vol * sqrt(dt))
```

```
  d <- 1/u
  p <-(exp(r * dt)- d)/(u - d)

  #创建空的矩阵以存储股票价格
stock_prices <- matrix(0,n+1,n+1)

  #填充矩阵中每个节点的股票价格
  for(j in0:n){
    for(i in 0:j){
stock_prices[i+1,j+1] <- S *(u^(j-i)) *(d^i)
    }
  }

  #创建空的矩阵以存储期权价值
option_values <- matrix(0,n+1,n+1)

  #计算期权在最后节点的价值
  for(i in 0:n){
    option_values[i+1,n+1] <- max(stock_prices[i+1,n+1] - K,0)
  }

  #使用反向归纳法计算较早节点的期权价值
  for(i in n:1){
    for(j in 0:(i - 1)){
      option_values[j + 1,i] <-(p * option_values[j + 1,i + 1] +(1 - p) * op-
tion_values[j + 2,i + 1]) * exp(-r * dt)
    }
  }

  delta <-(option_values[1,2] - option_values[2,2])/(stock_prices[1,2] - stock_
prices[2,2])
  #返回初始节点的 Delta
  return(delta)
}

#参数
S <- 10  #当前股票价格
K <- 12  #行权价
```

```
r <- 0.03  #无风险利率
T <- 0.5  #到期时间(以年为单位)
vol <- 0.3  # 股票价格波动率
n <- 200  #二叉树中的步数

#计算期权 Delta
option_delta <- EuropeanOptionBinomialTreeDelta(S,K,r,T,vol,n)

#打印期权价值
cat("欧式看涨期权的 Delta 为:",option_delta,"\n")
```

我们也可以按照（11.8）式中的单边差分法或（11.9）式中的双边差分法，使用蒙特卡罗模拟计算 Delta。从第 10 章中我们已经掌握了如何使用蒙特卡罗模拟对期权定价。为了计算 Delta，我们将当前股价上升和下降某一个微小值（比如股价的 1%），重新模拟股价过程后分别计算上升和下降对应的期权价格，再代入（11.8）式或者（11.9）式，即可得到 Delta 的近似值。

11.1.3 投资组合的 Delta

在计算了每一个期权的 Delta 之后，投资组合的 Delta 就可以通过各个期权在组合中的 Delta 的加权之和来计算。如果一个投资组合包含 n 个期权，第 i 个期权（其中 $1\leqslant i\leqslant n$）的数量为 w_i，Delta 为 Δ_i，则该投资组合的 Delta 为：

$$\Delta=\sum_{i=1}^{n}w_i\Delta_i \tag{11.11}$$

比如，假设投资者在一只股票的期权上有以下三个头寸：10 份行权价为 15、到期日为 3 个月的看涨期权，每份期权的 Delta 为 0.353；20 份行权价为 16、到期日为 5 个月的看涨期权，每份期权的 Delta 为 0.368；5 份行权价为 11、到期日为 2 个月的看跌期权，每份期权的 Delta 为 −0.505。则整个投资组合的 Delta 为：$10\times0.353+20\times0.368+5\times(-0.505)=8.365$，这意味着通过卖出 8.365 份股票，该投资组合可以实现 Delta 中性对冲。其他希腊字母的投资组合加权计算方法与 Delta 一样，后文不再重复。

11.2 Vega

Vega 表示期权价格对波动率变动的敏感性。具体而言，Vega 衡量了标的资产价格波动率的微小变动对期权价格的影响，即（11.3）式中的第二项中的 $\frac{\partial c}{\partial\sigma}$。Vega 通常以每百分之一（1%）的变动为单位。Vega 对于风险管理非常重要，特别是在波动率的变动对市场造成较大波动的情况下，投资者和交易员可以使用 Vega 来评估他们的投资组合对波动率变动的敏感性，从而采取相应的对冲策略。如果 Vega 非常正或非常负，那么投资组合的价值对波动率的轻微变化非常敏感。如果 Vega 接近零，波动率的变化对投资组合的价值影响相对较小，因此，Vega 的变动对投资者的期权策略和仓位管理至关重要。

如同上一节中的 Delta 求解，我们用布莱克-斯科尔斯-默顿期权定价公式对波动率求一阶导，可以推导出一个不付息的欧式看涨期权或看跌期权的 Vega 为：

$$\nu=\frac{\partial c}{\partial \sigma}=\frac{\partial p}{\partial \sigma}=S\sqrt{T}N'(d_1) \tag{11.12}$$

$N'(d_1)$ 的定义同（11.5）式。

若使用数值法求解，我们可以采用单边差分法或双边差分法，使用二叉树或者蒙特卡罗模拟计算 Vega。以双边差分法为例，让当前波动率上升和下降某一个微小值（比如波动率的 1%），重新构建二叉树或者模拟股价过程后分别计算与上升和下降对应的期权价格，再代入（11.12）式，即可得到 Vega 的近似值。

$$\nu=\frac{\partial c}{\partial \sigma}\approx\frac{c(\sigma+\Delta\sigma)-c(\sigma-\Delta\sigma)}{2\Delta\sigma} \tag{11.13}$$

式中，$c(\sigma)$ 是股票波动率为 σ 时的期权价格，$\Delta\sigma$ 是波动率的一个微小的变动，通常用变动 1%来衡量。

例 11.3　布莱克-斯科尔斯-默顿公式下的 Vega 求解。

一个欧式期权的标的股票价格为 10 元，行权价为 12 元，无风险利率为 3%，标的股票波动率为 30%，期权到期时间为 0.5 年。计算该期权的 Vega。

$$d_1=-0.682\,7,\ N'(x)=\frac{1}{\sqrt{2\pi}}e^{-\frac{x^2}{2}}$$

$$\nu=S\sqrt{T}N'(d_1)=2.234\,5$$

这意味着波动率每上升 1%，期权的价值会上涨约 $0.01\times2.234\,5=0.022\,3$。

性质 11.2　Vega 的属性

图 11-3 绘制了欧式期权的 Vega 形态，Vega 在平值期权时偏高，因为期权处于平值附近时，标的股票的一个波动变化可能改变期权属性（从虚值到实值，或者从实值到虚值），从而对期权价格造成较大影响，此时尤其需要对冲！而当期权是深度实值或者深度虚值时（S 远大于 K，或者 S 远小于 K），股票波动率变化对期权属性的影响较小，因此 Vega 也偏低。

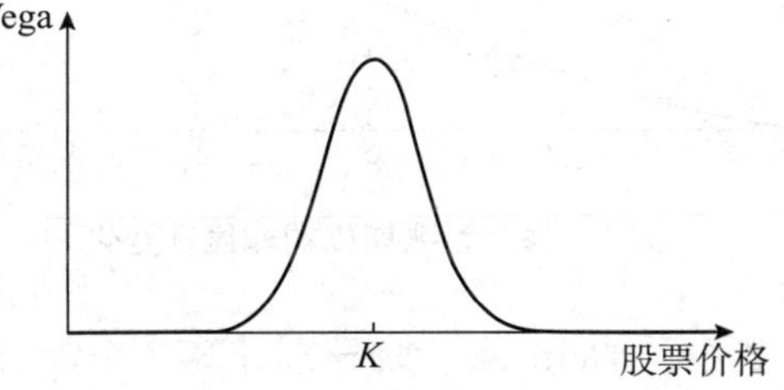

图 11-3　欧式期权的 Vega

如何对冲 Vega 呢？Delta 对冲告诉我们，可以通过持有标的资产头寸改变 Delta，而为了调整波动风险，需要持有期权及其他衍生品的头寸，因为标的股票本身的 Vega 为零，增大或减小标的股票比例并不能改变 Vega。

例 11.4 同时对冲 Vega 和 Delta。

考虑一个期权组合，其 Delta 为 200、Vega 为 6 000。我们打算使用标的股票和另一个 Delta 为 0.5、Vega 为 10 的期权使组合变成 Delta 和 Vega 中性（即 Delta＝0，Vega＝0）。需要交易多少份标的股票及多少份期权合约？

我们首先处理 Vega 会更容易，然后再考虑使用股票调整 Delta。为了实现 Vega 中性，当前 Vega＝6 000，因此需要卖出 6 000÷10＝600 份期权合约；同时，由于组合中期权的增加，组合的 Delta 变为 200－0.5×600＝－100。为了使得 Delta 中性，还需要买入 100 份标的股票。

11.3 Gamma

（11.3）式的第三项含有 Gamma：$\Gamma=\dfrac{\partial^2 c}{\partial S^2}$，是期权价格相对于标的股票价格的二阶导数，衡量 Delta 的变化与标的资产价格变化的比率，即 Delta 对标的资产价格的敏感性。如果 Gamma 较小，Delta 变化较慢，为了保持投资组合的 Delta 中性，只需要相对较少地进行调整。然而，如果 Gamma 负得非常大或正得非常大，Delta 对标的资产价格就非常敏感。在这种情况下，将 Delta 中性的投资组合长时间保持不变是很不准确的。图 11－4 说明了这一点，对比图 11－1 中看涨期权的 Delta 斜率图，当股票价格有一个较大的上涨，从 S 变动到 S' 时，Delta 对冲假设期权价格从 A 变动到 A'，实际上它从 A 变动到 A''。A' 和 A'' 之间的差异即对冲误差。误差的大小取决于期权价格和股票价格之间关系的曲率，而二阶导 Gamma 则测量了这种曲率。也就是说，Delta 对冲基于短时间内的小范围变动，假设期权和股票价格的关系是局部线性；当 Gamma 较高时，两者的关系更是表现出曲线形态（凸性），而不是线性，因此，当股价出现大的变动时，对冲误差可能较大。

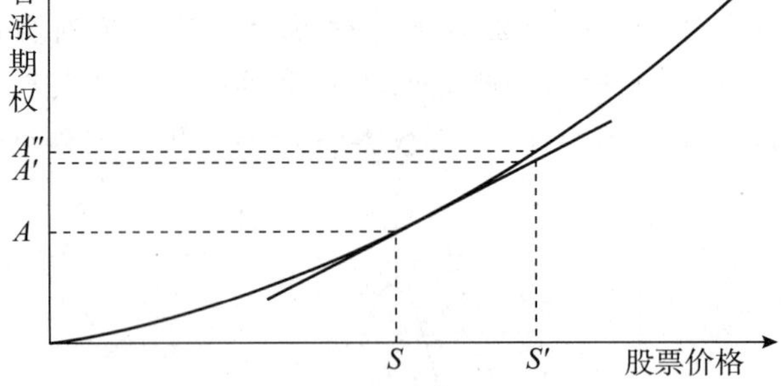

图 11－4 看涨期权的非线性变化

我们可以对（11.5）式中的 Delta 求一阶导来计算一个没有付息的欧式看涨期权或看跌期权的 Gamma：

$$\Gamma=\frac{\partial^2 c}{\partial S^2}=\frac{\partial^2 p}{\partial S^2}=\frac{N'(d_1)}{S\sigma\sqrt{T}} \tag{11.14}$$

式中，$N'(x)=\frac{1}{\sqrt{2\pi}}\mathrm{e}^{-\frac{x2}{2}}$。用数值法求解二阶导的一种近似方法为：

$$\frac{\partial^2 c}{\partial S^2}=\frac{c(S+\Delta S)+c(S-\Delta S)-2c(S)}{(\Delta S)^2} \tag{11.15}$$

因此，当用二叉树或者蒙特卡罗估计 Gamma 的时候，我们让股票价格上升和下降某一个微小值（比如 1%），重新构建二叉树或者模拟股价过程后分别计算与上升和下降对应的期权价格，代入上述公式，即可得到 Gamma 的近似值。

例 11.5　布莱克-斯科尔斯-默顿公式下的 Gamma 求解。

一个欧式期权的标的股票价格为 10 元，行权价为 12 元，无风险利率为 3%，标的股票的波动率为 30%，期权到期时间为 0.5 年。计算该期权的 Gamma。

$$d_1=-0.6827$$

$$\Gamma=\frac{N'(d_1)}{S\sigma\sqrt{T}}=0.149$$

这意味着股票价格每上升 1%，期权的 Delta 会上涨约 0.01×0.149=0.001 49。

性质 11.3　Gamma 的属性

图 11－5 绘制了欧式期权的 Gamma 形态，Gamma 在平值期权时偏高。对比图 11－2 的 Delta 形态不难看出，当期权处于平值附近（即 S 接近 K）时，Delta 陡度较大，标的股票的变化对期权 Delta 的影响较大，而当期权是深度实值或者深度虚值（S 远大于 K，或者 S 远小于 K）时，Delta 的变化比较平稳，预示着 Gamma 也较小。因此，当期权处于平值状态时，投资者需要更加关注股价变化和对冲比例的调整。高 Gamma 意味着 Delta 的变化率偏大，因此需要进行更频繁的组合头寸再平衡去保持低 Delta 风险。

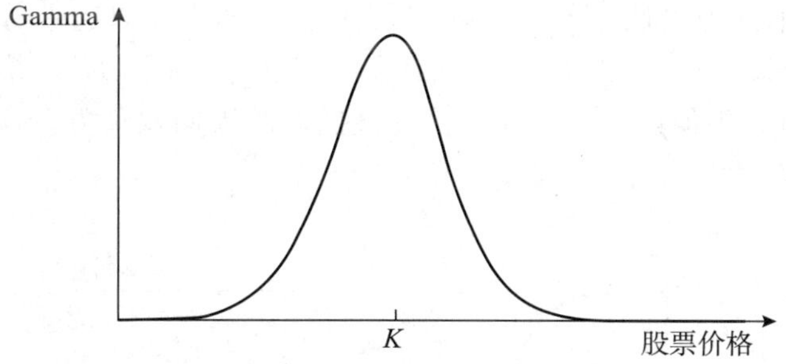

图 11－5　欧式期权的 Gamma

我们可以使用可交易期权调整组合的 Gamma，与 Vega 对冲策略的做法相似。

例 11.6　同时对冲 Gamma 和 Delta。

假设一个期权组合已经是 Delta 中性，Gamma 为 500。我们打算使用标的股票和另一个 Delta 为 0.5、Gamma 为 5 的期权使组合变成 Delta 和 Gamma 中性。需要交易多少份标的股票及多少份期权合约？

为了实现 Gamma 中性，当前 Gamma=500，因此需要卖出 500÷5=100 份期权合约；同时，由于组合中期权的增加，组合的 Delta 变为 0−0.5×100=−50。为了使得 Delta 重新恢复中性，还需要买入 50 份标的股票。

11.4 Theta

Theta$\left(\frac{\partial c}{\partial t}\right)$衡量了期权价值变化与时间变化的比率。看涨期权或看跌期权的 Theta 通常为负，这意味着，当标的资产价格和其波动率不变时，随着到期时间临近，看涨期权或看跌期权的多头头寸价值将会下降，因为到期时间越近，期权获利的机会越小。Theta 通常以每一天的时间衰减量为单位，表示期权每过一天，由于时间流逝而导致的期权价格的下降幅度。如果 Theta 为−0.03，那么意味着每天期权价格会下降 0.03。对于购买期权的投资者而言，Theta 是一个负值，时间对期权价格有不利影响。因此，投资者需要谨慎考虑时间价值的损耗。相反，对于卖出期权的投资者而言，Theta 是正值，时间对其有利，因为卖方希望时间价值衰减，使得期权变得更便宜。

求布莱克-斯科尔斯-默顿期权定价公式对 t 的一阶导，可以得到 Theta 的表达式为：

$$\theta_c=\frac{\partial c}{\partial t}=-\frac{SN'(d_1)\sigma}{2\sqrt{T}}-rK\mathrm{e}^{-rT}N(d_2)$$

$$\theta_p=\frac{\partial p}{\partial t}=-\frac{SN'(d_1)\sigma}{2\sqrt{T}}+rK\mathrm{e}^{-rT}N(-d_2) \tag{11.16}$$

式中，Theta 是年化指标（因为 T 和 σ 也是年化指标），若要以每一天的时间衰减量为单位，把（11.16）式除以 365（每公历日 Theta）或者 252（每交易日 Theta）即可。用数值方法求 Theta 与求其他希腊字母类似，采用单边差分法或双边差分法近似估计。对比（11.14）式可以看到，Theta 和 Gamma 存在负相关关系。图 11-6 绘制了欧式看涨期权的 Theta，可以看到，平值期权的 Theta 接近最低，作为期权买方，这个时候尤其要注意时间损耗对期权价格的影响。

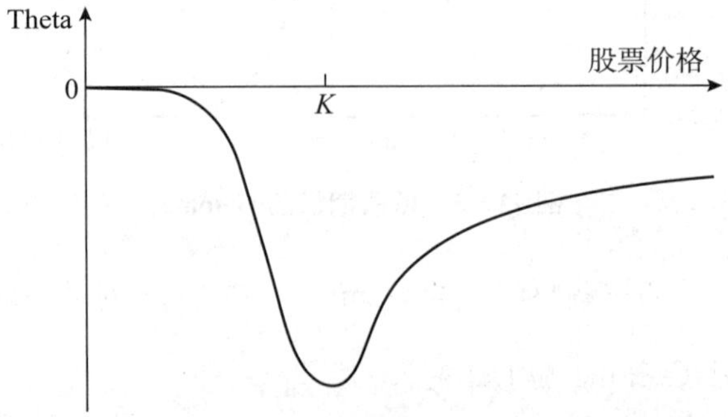

图 11-6 欧式看涨期权的 Theta

例 11.7　布莱克-斯科尔斯-默顿公式下的 Theta 求解。

一个欧式看涨期权的标的股票价格为 10 元，行权价为 12 元，无风险利率为 3%，标的股票的波动率为 30%，期权到期时间为 0.5 年。计算该期权的 Theta。

$$\theta_c = -\frac{SN'(d_1)\sigma}{2\sqrt{T}} - rKe^{-rT}N(d_2) = -0.736\ 1$$

即每个交易日的 Theta 为 −0.002 9，这意味着时间流逝一个交易日，其他条件不变，期权多头持有者的价值会降低约 0.002 9 元，而空头的收益会增加 0.002 9 元。

11.5　Rho

(11.3) 式中最后一项含有 Rho$\left(\frac{\partial c}{\partial r}\right)$，表示期权价格对无风险利率的变化率。具体而言，Rho 衡量了无风险利率每变动 1%，期权价格的变化幅度。相比前面所述的希腊字母，Rho 通常对股票期权的影响较小，除非市场预期无风险利率会发生较大的变动。

将布莱克-斯科尔斯-默顿公式对 r 求一阶导，可以得到无分红付息的欧式期权的 Rho：

$$\rho_c = \frac{\partial c}{\partial r} = KTe^{-rT}N(d_2) \tag{11.17}$$

$$\rho_p = \frac{\partial p}{\partial r} = -KTe^{-rT}N(-d_2)$$

其数值求解与其他希腊字母的近似估计类似。

例 11.8　布莱克-斯科尔斯-默顿公式下的 Rho 求解。

一个欧式看涨期权的标的股票价格为 10 元，行权价为 12 元，无风险利率为 3%，标的股票的波动率为 30%，期权到期时间为 0.5 年。计算该期权的 Rho。

$$\rho_c = KTe^{-rT}N(d_2) = 1.096\ 1$$

这意味着无风险利率每上升 1%，看涨期权的价值会上涨约 0.01×1.096 1=0.011 元。

下面的 R 语言代码展示了布莱克-斯科尔斯-默顿公式下的希腊字母的计算。

例 11.9　布莱克-斯科尔斯-默顿公式下的希腊字母的 R 语言代码。

```
#定义 Black-Scholes-Merton 模型的希腊字母计算函数
bsm_greeks <- function(S,K,T,r,sigma,type){
  d1 <-(log(S / K)+(r +(sigma^2)/ 2) * T)/(sigma * sqrt(T))
  d2 <- d1 - sigma * sqrt(T)

  #计算希腊字母
  if(type == "call"){
```

```
    delta <- pnorm(d1)
    gamma <- dnorm(d1)/(S * sigma * sqrt(T))
    vega <- S * dnorm(d1) * sqrt(T)
    rho <- K * T * exp(-r * T) * pnorm(d2)
    theta <- -(S * sigma * dnorm(d1)/(2 * sqrt(T))) - r * K * exp(-r * T) *
pnorm(d2)
  } else if(type == "put"){
    delta <- pnorm(d1) - 1
    gamma <- dnorm(d1)/(S * sigma * sqrt(T))
    vega <- S * dnorm(d1) * sqrt(T)
    rho <- -K * T * exp(-r * T) * pnorm(-d2)
    theta <- -(S * sigma * dnorm(d1)/(2 * sqrt(T))) + r * K * exp(-r * T) *
pnorm(-d2)
  } else {
stop("Invalid option type. Use 'call' or 'put'. ")
  }

  #返回希腊字母
return(c(Delta = delta,Gamma = gamma,Vega = vega,Rho = rho,Theta = theta))
}

#定义参数
S <- 10          #当前标的资产价格
K <- 12          #期权行权价
T <- 0.5           #期权到期时间(年)
r <- 0.03        #无风险利率
sigma <- 0.3   #标的资产年化波动率
type <- "call"   #期权类型,这里为看涨期权

#调用函数计算希腊字母
greeks <- bsm_greeks(S,K,T,r,sigma,type)

#打印结果
cat("Delta:",greeks["Delta"],"\n")
cat("Gamma:",greeks["Gamma"],"\n")
cat("Vega:",greeks["Vega"],"\n")
cat("Rho:",greeks["Rho"],"\n")
cat("Theta:",greeks["Theta"],"\n")
```

11.6　有分红付息的期权的希腊字母

到目前为止我们都假设期权的标的资产无分红付息，与期权定价公式拓展类似，当标的股票的股息率为 q 时，布莱克-斯科尔斯-默顿公式下的希腊字母计算见表 11－2。

表 11－2　股息率为 q 时的希腊字母公式

	无分红付息		股息率 q	
希腊字母	欧式看涨期权	欧式看跌期权	欧式看涨期权	欧式看跌期权
Delta	$N(d_1)$	$N(d_1)-1$	$e^{-qT}N(d_1)$	$e^{-qT}[N(d_1)-1]$
Gamma	$\frac{N'(d_1)}{S\sigma\sqrt{T}}$	$\frac{N'(d_1)}{S\sigma\sqrt{T}}$	$\frac{e^{-qT}N'(d_1)}{S\sigma\sqrt{T}}$	$\frac{e^{-qT}N'(d_1)}{S\sigma\sqrt{T}}$
Vega	$S\sqrt{T}N'(d_1)$	$S\sqrt{T}N'(d_1)$	$e^{-qT}S\sqrt{T}N'(d_1)$	$e^{-qT}S\sqrt{T}N'(d_1)$
Theta	$-\frac{SN'(d_1)\sigma}{2\sqrt{T}}-rKe^{-rT}N(d_2)$	$-\frac{SN'(d_1)\sigma}{2\sqrt{T}}+rKe^{-rT}N(-d_2)$	$-\frac{e^{-qT}SN'(d_1)\sigma}{2\sqrt{T}}+e^{-qT}qSN(d_1)-rKe^{-rT}N(d_2)$	$-\frac{e^{-qT}SN'(d_1)\sigma}{2\sqrt{T}}-e^{-qT}qSN(-d_1)+rKe^{-rT}N(-d_2)$
Rho	$KTe^{-rT}N(d_2)$	$-KTe^{-rT}N(-d_2)$	$KTe^{-rT}N(d_2)$	$-KTe^{-rT}N(-d_2)$

11.7　希腊字母的应用

至此，我们就能较好地回答本章开始的情景分析或压力测试了，投资者可以根据研究判断，假设不同情景下股票价格的变化 ΔS、波动率的变化 $\Delta\sigma$ 和利率的变化 Δr，代入（11.3）式，即可计算出期权组合的价值变化 Δc：

$$\Delta c=\frac{\partial c}{\partial S}\Delta S+\frac{\partial c}{\partial\sigma}\Delta\sigma+\frac{1}{2}\frac{\partial^2 c}{\partial S^2}\Delta S^2+\frac{\partial c}{\partial t}\Delta t+\frac{\partial c}{\partial r}\Delta r$$

从对冲角度来看，在理想的情况下，交易员希望能够经常重新平衡其投资组合，以保持所有希腊字母等于零。然而，在实际操作中，由于交易成本等原因，这样的频繁重新平衡调整是不太可能的。相对而言，Delta 是投资组合中最容易管理的希腊字母，因为它直接与标的资产的价格变化有关。交易员可以通过调整标的资产的头寸来维持 Delta 中性。然而，要实现零 Gamma 和零 Vega 则更为困难。Gamma 测量 Delta 对标的资产价格变化的敏感性，在实际操作中，追求零 Gamma 是相当困难的，因为这要求找到能够以有竞争力的价格交易的期权，且这些期权的 Delta 组合能够抵消彼此的变化。Vega 衡量了期权价格对波动率变动的敏感性，达到零 Vega 同样面临挑战，因为寻找足够数量的能够以有竞争力的价格进行交易的期权，且这些期权的波动率变动能够相互抵消，同样是一项复杂的任务。因此，一种常见的情形是期权交易员在每天交易结束时会使自己的Delta保持中性，或者接近Delta中性。同时监控Gamma和Vega，在合适的时机，比如到了一个阈值，或是寻找到合适的期权交易机会的时候加以干预。

11.8 本章小结

本章介绍了衡量期权价值敏感性的希腊字母。Delta衡量期权价格相对于标的资产价格的变化率。为达到Delta中性，需要建立一个Delta为零的头寸，这也被称为Delta中性头寸。由于标的资产的Delta为1，通常采取的对冲方式是为每个需要对冲的多头期权持有者建立Delta个标的资产的头寸。然而，随着时间的推移和股价的变化，期权的Delta会变化，因此需要频繁调整标的资产的头寸。

一旦期权头寸设为Delta中性，交易员通常会观察Gamma，即期权的Delta相对于标的资产价格的变化率。Gamma是衡量期权价格和资产价格之间关系曲率的指标，为减少这种曲率对Delta对冲表现的影响，通常采取使期权头寸保持Gamma中性的方法。同时，Vega衡量了期权或期权投资组合的价值相对于波动性的变化率，为免受波动性变化的影响，交易员通常会使期权头寸保持Vega中性。

除了Delta、Gamma和Vega，还有Theta和Rho这两个衡量期权头寸风险的指标。Theta衡量了头寸价值相对于时间的变化率，而Rho衡量了头寸价值相对于利率的变化率。在实际操作中，交易员通常每天要重新平衡其投资组合，以保持Delta中性。然而，Gamma和Vega中性通常都涉及交易其他期权，要在定期的基础上保持Gamma和Vega中性通常不可行。因此，交易员会定期监控这些指标，以确保它们不会变得过大，或者在需要时采取纠正措施。

练习题

1. 已知期权定价公式为 $c=S_0N(d_1)-Ke^{-rT}N(d_2)$，其中：

$$d_1=\frac{\ln(S_0/K)+(r+\sigma^2/2)T}{\sigma\sqrt{T}}$$

$$d_2=\frac{\ln(S_0/K)+(r-\sigma^2/2)T}{\sigma\sqrt{T}}=d_1-\sigma\sqrt{T}$$

推导Theta的值 $\theta_c=\frac{\partial c}{\partial t}$。

2. 假设你是一个基金经理，拥有一个分散投资的投资组合，其表现与沪深300指数相似，价值为1亿元。沪深300指数的当前点位为3 000，你希望购买期权作为保险，以防止投资组合在接下来的6个月内价值下降超过5%。无风险利率为年化3%。投资组合和沪深300指数的股息率均为1%，指数的波动率为每年30%。

(1) 如果你打算购买一个欧式看跌期权作为保险，需要支付的保费是多少？

（2）如果你打算用欧式看涨期权来替代（1）中的欧式看跌期权，你的策略是什么？运用看涨看跌期权平价定理解释你的策略。

（3）如果你决定通过持有无风险国债和股票的投资组合来提供保险，你的初始股票头寸应该是什么？运用 Delta 对冲原理解释。

3. 一个欧式期权的标的股票价格为 10 元，行权价为 12 元，无风险利率为 3%，标的股票的波动率为 30%，期权到期时间为 0.5 年。编程使用蒙特卡罗模拟法计算看涨期权和看跌期权的 Delta 值。

第12章 非标准化衍生品定价及风险分析——以雪球为例

学习目标

- 理解雪球结构化产品的特点、收益情景与风险。
- 掌握运用蒙特卡罗模拟法对雪球产品进行定价的步骤。
- 学会运用希腊字母分析雪球产品的风险特征。

章前引例

假设你是一名金融产品分析师，某金融机构计划推出一款与沪深300指数挂钩的新型结构化产品。该产品期限为18个月，敲出水平设定为指数期初价格的105%，敲入水平为期初价格的80%，年化敲出票息为18%。产品运行期间，每月月底观察是否敲出、每日观察是否敲入。若在敲出观察日指数收盘价大于等于敲出价格，产品提前终止，投资者获得本金与相应的票息；若未敲入未敲出，到期投资者获得本金与票息；若敲入未敲出且到期指数价格高于期初价，投资者收回本金；若敲入未敲出且到期指数价格低于期初价，投资者承担下跌损失。现在机构需要你对该产品进行定价和风险分析。通过学习本章内容，你将能够运用蒙特卡罗模拟法完成定价任务，并利用希腊字母准确分析产品的风险特征，为产品的推出和后续风险管理提供重要依据。

本章继续讲解应用案例，重点分析对非标准化衍生品进行估值和风险分析的方法。标准化衍生品在交易所上市交易，其合约条款和规格相对统一，方便进行买卖，如期货合约和期权合约。相比之下，非标准化结构化衍生品是根据特定的投资者需求或交易条件而定制的合约，可能具有特定的支付结构、交割条件和基础资产选择等个性化特征，使其更具灵活性，能够满足特殊风险管理需求或投资策略。由于非标准化特性，这类衍生品的估值通常较为复杂，难以通过公式得到解。本章以国内常见的雪球（snowball）结构化产品为例，详细说明如何运用蒙特卡罗模拟法进行定价和计算风险指标。

12.1 雪球结构化产品介绍

雪球结构化产品是一种金融衍生品，通常是指那些具有复杂支付结构的投资工具，将固定收益产品与衍生品策略结合，提供潜在的高回报和一定程度的本金保护。在亚洲市场，这类产品尤其受欢迎。作为路径依赖型奇异衍生品，雪球结构化产品呈现出相当复杂的形态。自 2019 年以来，市场对这类收益凭证的兴趣逐渐增长，各类金融机构积极参与，进一步加强了雪球在市场上的影响力。

雪球型收益凭证的本质实际上是通过出售敲入结构的看跌期权构建的。只要标的资产未经历大幅下跌，持有该收益凭证的时间越长，就能获得越丰厚的票息收益。这一机制类似于滚雪球的过程，只要地面没有出现异常大的坑洼，雪球就能持续增大。在整体利率下行的市场环境中，很少有产品能像雪球一样提供年化约 20%的票息。然而，需要注意的是，高票息背后必然潜藏着潜在的风险。

表 12－1 详细列出了一个雪球结构化产品的合约要素。该产品的期限为 12 个月，与中证 500 指数挂钩。根据产品条款，敲出水平设定为标的资产期初价格的 103%，而敲入水平为期初价格的 85%。雪球结构化产品的运行方式是：合约生效后，每月月底观察期权是否敲出，并在每日观察期间检查是否敲入。在任何一个敲出观察日，如果挂钩标的的收盘价格大于或等于期初价格的 103%，即表示发生了敲出事件，合约提前终止，投资者可获得全部本金和年化敲出票息。如果观察期内既没有敲出也没有敲入，投资者将获得全部本金和红利票息，而产品到期则自动结束。在观察期内，如果发生敲入而未发生敲出，且到期时标的价格高于期初标的价格，投资者将仅能收回全部本金，没有票息和红利收益。然而，如果到期标的价格低于期初价格，那么投资者需承担标的下跌所带来的全部损失。从这个例子可以看出，该雪球结构化产品类似于投资者持有标的为中证 500 指数的看跌期权空头，行权价为敲入价格。若中证 500 指数的到期价格高于敲入价格，则该看跌期权卖方将不会有损失；反之，若中证 500 指数到期价格低于敲入价格，卖方会产生损失。

表 12－1　某挂钩中证 500 的雪球结构化产品的合约要素

期限	12 个月（可能提前敲出终止）	
标的	中证 500 指数	
敲出价格	期初价格×103%	
敲入价格	期初价格×85%	
敲出票息（红利票息）	20%（年化）	
敲出事件（每月月底观察）	任一敲出观察日，挂钩标的收盘价格大于敲出价格	
敲入事件（每日观察）	任一敲入观察日，挂钩标的收盘价格小于敲入价格	
收益	敲出（合约终止）	20%×本金×计息天数/365
	敲入且未敲出	min(期末价格/期初价格－1，0)×本金
	未敲入未敲出	20%×本金×计息天数/365

根据上述合约条件，假设投资者购买了名义本金为 100 万元人民币的该雪球产品，合约到期时的收益情况分为以下五个不同的场景。

场景 1： 若在某一月末观察日，中证 500 指数的收盘价高于其敲出价格，交易提前结束，投资者获得年化票息。如图 12－1 所示，标的资产从未触及敲入水平，但在第七个月末观察日发生了敲出事件。根据合约规定，这导致雪球产品提前终止。投资者的收益计算如下：年化票息率 20%乘以合约持有期限年化（7 个月/12 个月），约等于 11.67%。因此，投资者可以收回 100 万元的本金，并获得额外的 11.67 万元的票息收益，产品提前终止。

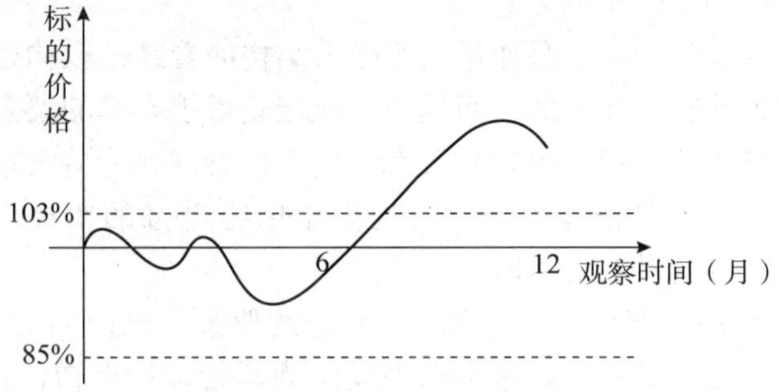

图 12－1　合约敲出示意图

场景 2：标的资产在合约存续期内的任何交易日和观察日均未触及敲入和敲出水平（见图 12－2）。根据合约规定，雪球产品在到期时自动终止，投资者的收益计算如下：年化票息率 20%乘以合约持有年化期限（12 个月/12 个月），等于 20%。因此，投资者可以收回 100 万元的本金，并获得额外的 20 万元的票息收益。

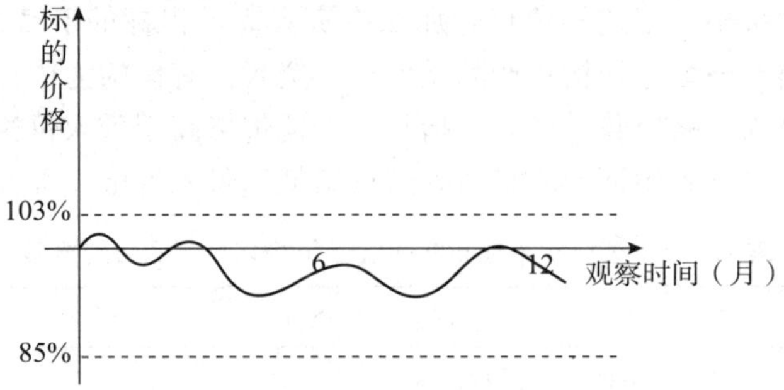

图 12－2　合约既未敲出也未敲入示意图

场景 3：在合约存续期的任何交易日内，假设标的资产曾经低于敲入水平，在到期前的所有观察日内都未发生敲出事件，并且在到期时标的价格高于期初标的价格，投资者将能够收回全部本金，但不会有其他附加的收益。如图 12－3 所示，在持有期内的观察日中出现了敲入事件，但由于到期时标的价格高于期初标的价格，根据合约规定，该雪球产品在到期时自动结束，投资者取回 100 万元的本金。

场景 4：在合约存续期的任何交易日内，假设标的资产曾经跌破敲入水平，在到期前的所有观察日内都未发生敲出事件，并且在到期时标的价格低于期初标的价格，投资者将不得不承担标的下跌所导致的全部损失。具体而言，在持有期内的观察日中发生了敲入事件，而合约到期时，标的价格低于期初标的价格，根据合约规定，该雪球产品在到期时自动终止。与场景 3 不同的是，此时期末价格低于期初价格，投资者需要承担标的下跌所导致的损失。在这个示例中，假设与期初相比标的价格下跌了 20%，到期时投资者亏损了 20 万元，只能收回 80 万元的本金（见图 12－4）。

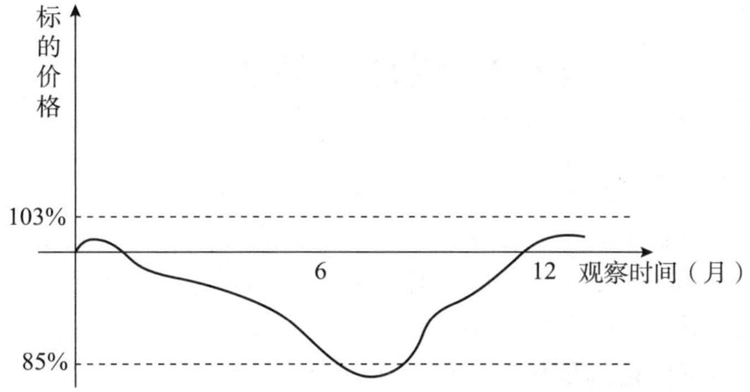

图 12－3　合约敲入且收盘价高于期初价格示意图

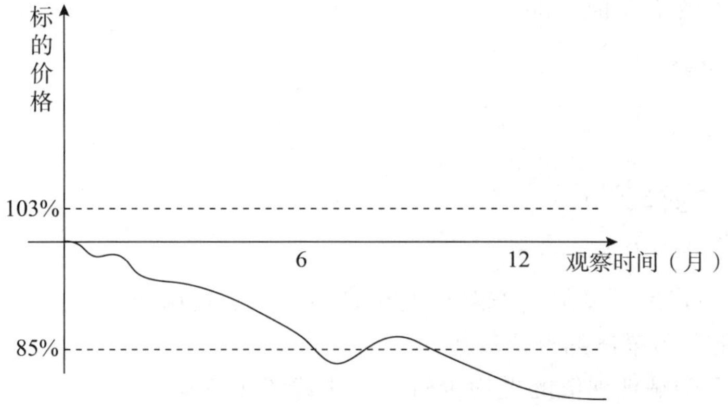

图 12－4　合约敲入且收盘价低于期初价格示意图

场景 5：在合约存续期的任何交易日内，标的资产曾经跌破敲入水平，并且在到期前的某个观察日发生敲出事件，则交易提前结束，投资者获得年化票息。如图 12－5 所示，标的资产在持有期的观察日中发生了敲入事件，但在第十个月末观察日发生了敲出事件。根据合约规定，这导致雪球产品提前终止。投资者的收益计算如下：年化票息率 20%乘以合约年化持有期限（10 个月/12 个月），约等于 16.67%。因此，投资者可以收回 100 万元的本金，并获得额外的 16.67 万元的票息收益。

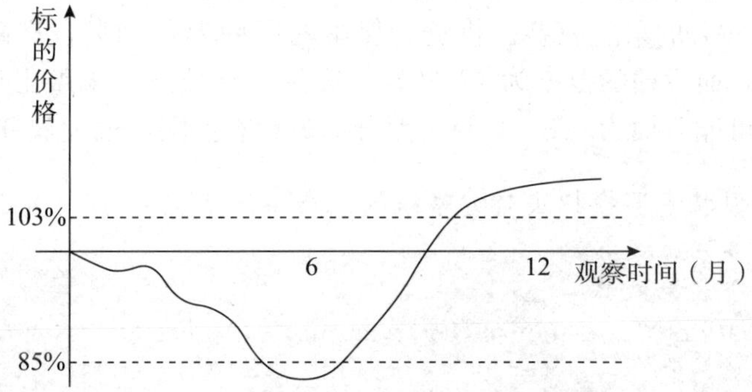

图 12－5　合约敲入后又敲出示意图

12.2 雪球产品估值

通过上述对雪球产品的描述，我们可以得知其收益高度依赖具体的运行路径，这取决于到期日和到期前标的股票的表现（是否敲入或敲出，以及到期日价格是否高于期初价格）。同时，合约一旦敲出即终止，到期时间不固定。正如第10章所述，蒙特卡罗模拟法的灵活性使其非常适用于对这类高度路径依赖的衍生品进行估值。其定价步骤如下：

（1）模拟 J 次股票价格的随机路径，比如 $J=10\ 000$ 次，于是我们可以得到 J 条股票路径 S_0^j，S_1^j，…，S_{N-1}^j，S_N^j，这里 $N=T/\Delta t$，$j=1$，2，…，J。

（2）使用每条股票路径 j，$j=1$，2，…，J 来计算支付现金流的现值，从而获得雪球衍生品贴现现值 f 的 J 个值，即

$$
\begin{aligned}
&f_0^1=\mathrm{e}^{-r\tau}g(S_i^1)\\
&f_0^2=\mathrm{e}^{-r\tau}g(S_i^2)\\
&\cdots\\
&f_0^{J-1}=\mathrm{e}^{-r\tau}g(S_i^{J-1})\\
&f_0^J=\mathrm{e}^{-r\tau}g(S_i^J)
\end{aligned}
\tag{12.1}
$$

式中，$i=0$，1，…，N，表示整条路径的运动过程，τ 表示合约终止时间，$g()$ 表示合约收益，取决于上一节描述的五个场景。

（3）计算这 J 个贴现现值的平均价格，来代替 f 的期望值：

$$
\widehat{f_0}\approx\frac{1}{J}\sum_{j=1}^{J}f_0^j \tag{12.2}
$$

例12.1展示了采用表12-1中的参数使用蒙特卡罗模拟法计算雪球结构化产品的R语言代码。假设中证500指数的估计波动率为年化20%，进行了100 000次模拟，得出该雪球产品的初始价格为5.149 1%，即假定名义本金为100万元，合约价值为5.149 1万元。通过模拟计算，表12-2的结果显示，约73.82%的概率在到期前将会发生敲出并自动结束。只有13.67%的概率会持有至到期，并且在此期间未发生任何敲入和敲出事件，投资者能获得全部20%的票息收益。投资者保本的概率为0.21%，即敲入未敲出且到期价格高于期初价格，而亏损的概率为12.30%，即标的指数敲入未敲出且到期价格低于期初价格。合约最大可能亏损为−40.95%，而合约盈利有上限，最大盈利约为19.41%①。

例12.1 使用蒙特卡罗模拟法对雪球结构化产品估值。

```
#定义 Monte Carlo 模拟函数
monte_carlo_simulation <- function(S0,r,sigma,T,N,J){
  dt <- T / N
```

① 由于蒙特卡罗模拟法的结果依赖模拟次数和随机数，因此计算结果可能与例子中的值略有不同。

```
  paths <- matrix(0,ncol = N + 1,nrow = J)
  paths[,1] <- S0

  for(i in 2:(N + 1)){
    #生成随机数
    z <- rnorm(J)
    #计算股票价格路径
    paths[,i] <- paths[,i - 1] * exp((r - 0.5 * sigma^2) * dt + sigma * sqrt
(dt) * z)
  }

  return(paths)
}

#定义雪球结构化产品定价函数
snowball_pricing <- function(S,K1,K2,r,T,N,coupon){
  dt <- T / N
  T1 <- seq(1/12,1,by = 1/12)  #月底日期
  N1 <- round(T1 / dt)#月底敲出观察日近似的步数
  #储存每次模拟收益
  payoff <- rep(0,nrow(S))
  for(i in 1:nrow(S)){
    #判断是否有敲出
    inx1 <- which(S[i,N1]>=K1)
    #判断是否有敲入
    inx2 <- which(S[i,]<=K2)

    if(length(inx1)>0){ #有敲出
      payoff[i] <- coupon * T1[inx1[1]] * exp(-r * T1[inx1[1]])#敲出对应的
收益贴现
    } else if(length(inx2)==0){ #没有敲入
      payoff[i] <- coupon * exp(-r * T)#无敲出敲入对应的收益贴现
    } else {
      payoff[i] <- min(S[i,ncol(S)]/S[i,1]-1,0) * exp(-r * T)#敲入且未敲出对
应的收益贴现
    }
  }
  payoff <- mean(payoff)
```

```
  return(payoff)
}

#设置参数
S0 <- 1  #初始股票价格
sigma <- 0.2  #波动率
T <- 1  #期权到期时间
N <- 252  #模拟路径步数
J <- 100 000  #模拟路径数量
K1 <- 1.03  #敲出价格
K2 <- 0.85 # 敲入价格
r <- 0.03  #无风险利率
coupon <- 0.2 #票息

#进行 Monte Carlo 模拟
stock_paths <- monte_carlo_simulation(S0,r,sigma,T,N,J)

#计算雪球产品价格
option_price <- snowball_pricing(stock_paths,K1,K2,r,T,N,coupon)

#打印期权价值
cat("雪球产品的价值为:",option_price,"\n")
```

表 12-2 蒙特卡罗模拟雪球产品结果

敲出概率（盈利）	73.82%
未敲入也未敲出概率（盈利）	13.67%
敲入未敲出且到期价格高于期初价格概率（保本）	0.21%
敲入未敲出且到期价格低于期初价格概率（亏损）	12.30%
最大盈利	19.41%
最大亏损	−40.95%
雪球合约价格	5.149 1%

12.3 风险分析

本节我们运用第 11 章的希腊字母来分析雪球产品的风险。根据（11.3）式，雪球结构化产品（f）的变化可以大致表达为：

$$\Delta f=\frac{\partial f}{\partial S}\Delta S+\frac{\partial f}{\partial \sigma}\Delta \sigma+\frac{1}{2}\frac{\partial^2 f}{\partial S^2}\Delta S^2+\frac{\partial f}{\partial t}\Delta t+\frac{\partial f}{\partial r}\Delta r \tag{12.3}$$

本例中重点关注 Delta$\left(\frac{\partial f}{\partial S}\right)$、Gamma$\left(\frac{\partial^2 f}{\partial S^2}\right)$和 Vega$\left(\frac{\partial f}{\partial \sigma}\right)$，使用双边差分法估计这些希腊字母的值。具体而言，

$$\Delta=\frac{\partial f}{\partial S}\approx\frac{f(S+\Delta S)-f(S-\Delta S)}{2\Delta S} \tag{12.4}$$

$$\Gamma=\frac{\partial^2 f}{\partial S^2}=\frac{f(S+\Delta S)+f(S-\Delta S)-2f(S)}{(\Delta S)^2} \tag{12.5}$$

$$\nu=\frac{\partial f}{\partial \sigma}\approx\frac{f(\sigma+\Delta\sigma)-f(\sigma-\Delta\sigma)}{2\Delta\sigma} \tag{12.6}$$

我们令股票价格上升和下降一个较小的值，在本例中 $\Delta S=\Delta\sigma=0.05$，重新模拟股价运动过程，分别计算与上升和下降对应的雪球产品价格，代入上述公式，即可得到 Delta 和 Gamma 的近似值。同理，我们能计算 Vega 的值。例 12.2 展示了计算代码，在 100 000 次模拟下，Delta＝－0.155 9，Gamma＝－11.209 7，Vega＝－0.874 1。

例 12.2　使用蒙特卡罗模拟法估计雪球产品的希腊字母。

```
S0 <- 1  #初始股票价格
sigma <- 0.13# 波动率
T <- 1  #期权到期时间
N <- 252  #模拟路径步数
J <- 100000  #模拟路径数量
K1 <- 1.03  #敲出价格
K2 <- 0.85  #敲入价格
r <- 0.03  #无风险利率
coupon <- 0.2 #票息

#进行 Monte Carlo 模拟
stock_paths <- monte_carlo_simulation(S0,r,sigma,T,N,J)
#计算雪球产品价格
c0 <- snowball_pricing(stock_paths,K1,K2,r,T,N,coupon)

#进行 Monte Carlo 模拟
stock_paths <- monte_carlo_simulation(S0+0.05,r,sigma,T,N,J)
#计算雪球产品价格
c1 <- snowball_pricing(stock_paths,(S0+0.05)*K1,(S0+0.05)*K2,r,T,N,coupon)

#进行 Monte Carlo 模拟
stock_paths <- monte_carlo_simulation(S0-0.05,r,sigma,T,N,J)
```

```
#计算雪球产品价格
c2 <- snowball_pricing(stock_paths,(S0-0.05) * K1,(S0-0.05) * K2,r,T,N,coupon)

#计算 Delta
delta <-(c1-c2)/(2 * 0.05)
#计算 Gamma
gamma <-(c1+c2-2 * c0)/((0.05)^2)

#进行 Monte Carlo 模拟
stock_paths <- monte_carlo_simulation(S0,r,sigma+0.05,T,N,J)
#计算雪球产品价格
c1 <- snowball_pricing(stock_paths,K1,K2,r,T,N,coupon)

#进行 Monte Carlo 模拟
stock_paths <- monte_carlo_simulation(S0,r,sigma-0.05,T,N,J)
#计算雪球产品价格
c2 <- snowball_pricing(stock_paths,K1,K2,r,T,N,coupon)

#计算 Vega
vega <-(c1-c2)/(2 * 0.05)

#打印希腊字母值
cat("雪球产品的 Delta 为:",delta,"\n")
cat("雪球产品的 Gamma 为:",gamma,"\n")
cat("雪球产品的 Vega 为:",vega,"\n")
```

为了更好地分析希腊字母的变化，图 12-6 绘制了雪球产品的买方投资者在不同股票指数价位下的 Delta、Gamma 和 Vega 值，横坐标表示相对于当前价格的百分比。

图 12-6（a）给出的是 Delta 值，它度量了雪球产品价格对标的指数价格变动的敏感性。观察该图可见，雪球奇异衍生品的 Delta 可以大于 1。当标的价格接近敲入边界 0.85 时，Delta 接近最大值。随着标的价格的上涨，Delta 迅速下降。当标的价格超出敲出边界 1.03 后，合约敲出提前终止的概率大幅上涨，雪球产品的价格对标的价格的变化不再敏感，因此 Delta 趋近于 0。相反，当标的价格从敲出价格下跌时，可能的敲入生效看跌期权空头对产品收益逐渐产生影响，此时 Delta 开始增大，标的资产价格越下跌，雪球产品的亏损越大，因此，雪球产品买方持有逐渐增大的正 delta，损失逐渐加速。

雪球产品做市商为了对冲，头寸的整体 Delta 值需要保持为 0。对于雪球产品而言，券商作为雪球产品的卖方，其 Delta 值如图 12-7 所示，与图 12-6 相反。在市场下跌时，Delta 进一步为负，券商会因此需要买入更多标的股票资产进行对冲，使得 Delta 中性（对中证 500 指数而言，通常买入中证 500 股指期货)；而在市场上涨时，Delta 上升，券商则会选择抛出股指期货。因此，在市场震荡幅度较小时，券商高抛低吸的操作对于稳定市场起到了一定的作用。然而，在临近敲入价格（85%）时，雪球产品可能对市场造成较大的负向冲击。例如，当标的价格大幅下跌并趋近于敲入价格时，Delta 会逐步下跌达到最低值，券商需要大量买入股指期货；但是，当标的价格跌破敲入价格后，Delta 会迅速回升（在本例中从−1.554 7 迅速上升到−1)，券商本来购买 1.554 7 份股指期货对冲，但为了继续保持 Delta 中性，它不再需要那么多的股指期货，因此会快速抛出股指期货，从而进一步加速市场下跌。

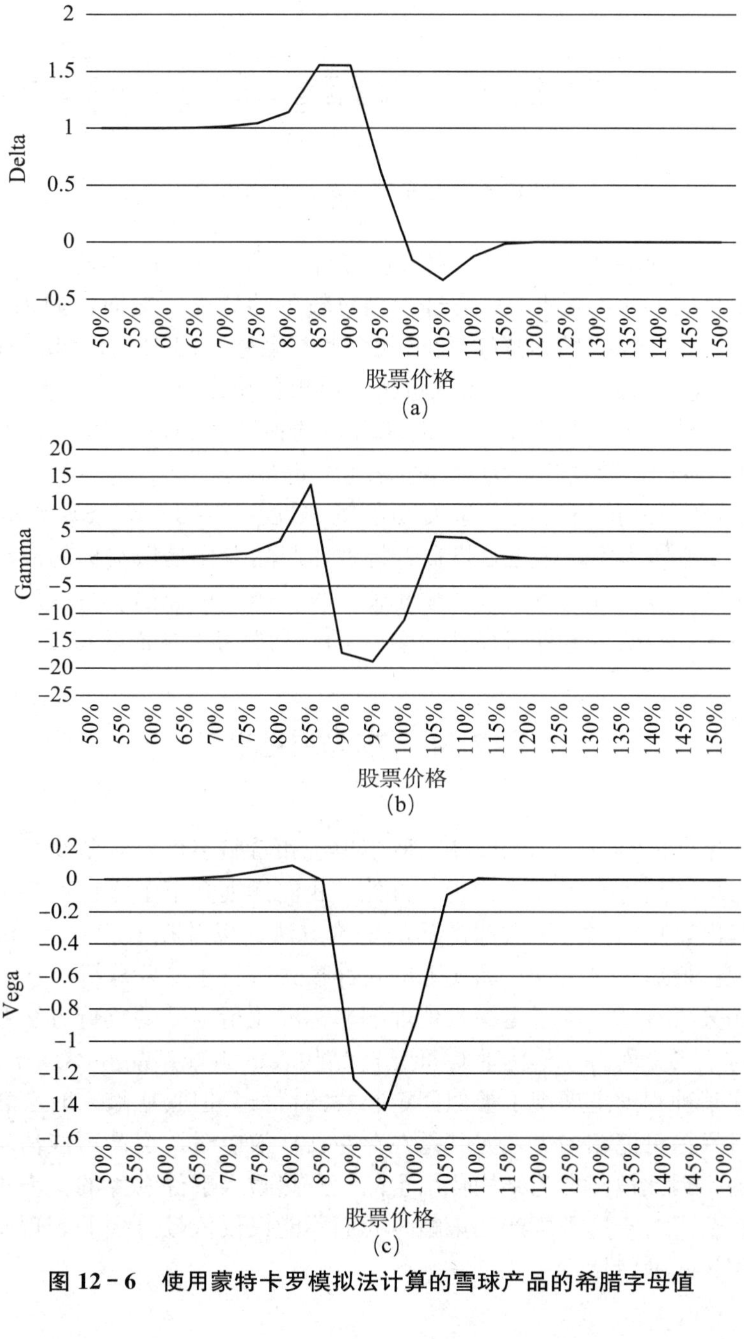

图 12－6　使用蒙特卡罗模拟法计算的雪球产品的希腊字母值

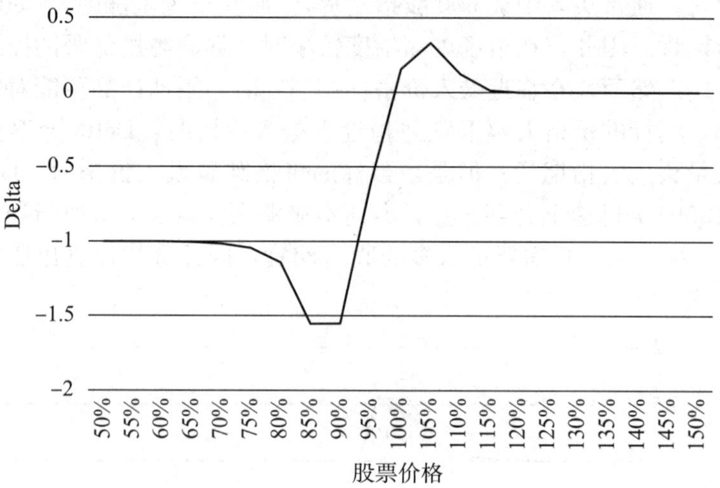

图 12-7 雪球产品卖方的 Delta 值

Gamma 度量了 Delta 对标的资产价格的敏感性。如果 Gamma 较小，Delta 变化较慢，为了保持投资组合的 Delta 中性，只需进行相对较少的调整。然而，如果 Gamma 负得非常大或正得非常大，Delta 对标的资产价格就会非常敏感。图 12-6（b）描述了雪球产品 Gamma 的形态。可以看到，由于在敲入价格和敲出价格之外，Delta 趋向于 1 或者 0，在临近敲入价格时波动较大，并在敲入附近随着标的指数价格的下跌经历了由负转正的过程。这导致了 Delta 的迅速变化，为对冲带来了一定难度。

Vega 表示雪球产品价格对波动率变动的敏感性。图 12-6（c）展示了雪球产品的 Vega 形态，Vega 整体为负，这也是投资者将雪球产品看作是做空标的波动率的原因。从投资者的收益角度来看，标的资产波动率越低，价格越窄幅震荡，雪球产品既不敲出也不敲入的可能性越大，投资者到期可以获得 20%的红利票息，从而获得最大的收益。

12.4 本章小结

本章综合运用前面章节学到的蒙特卡罗模拟法和希腊字母，对备受关注的国内场外衍生品市场中的雪球产品进行了深入分析。首先，我们详细介绍了雪球产品的合约规则和到期收益情景。其次，重点探讨了雪球产品的定价方法，以及在 Delta、Gamma 和 Vega 分布特征上的表现。最后，对雪球产品卖方的对冲模式进行了简要分析。

本章的案例分析有助于读者更深入地理解非标准化衍生品的定价方法和风险分析。需要注意的是，对于买方而言，作为非标准化产品代表的雪球产品并不属于固定收益类别。尽管这类产品在某种程度上展现了类似固定收益的特征，但其在敲入时会转变为具有亏损风险的资产，且亏损可能相当大，尤其是在存在杠杆效应时，资产可能清零。由于其收益特性是非线性的，因此被归类为结构化衍生品，虽然敲入事件发生的概率可能较低，但这种可能性仍然存在。对于这类资产和策略，我们不能仅仅依赖过去的表现来简单评估，而是要警惕其长尾风险的特性。

对于卖方而言，需要认识到雪球产品希腊字母大幅度变动对对冲带来的难度，尤其是在标的指数接近敲入敲出临界点时。由于市面上产品雷同可能导致对冲的“羊群效应”，对市场造成大幅冲击，这也需要引起关注。

练习题

1. 假设某雪球产品的合约要素见表 12－3，当标的中证 500 指数大幅下跌敲入时，该产品最大亏损为 20%，使用蒙特卡罗模拟法编写程序对该产品估值。

表 12－3　某挂钩中证 500 指数的雪球结构化产品的合约要素

期限	12 个月（可能提前敲出终止）	
标的	中证 500 指数	
敲出价格	期初价格×103%	
敲入价格	期初价格×80%	
敲出票息（红利票息）	20%（年化）	
敲出事件（每月月底观察）	任一敲出观察日，挂钩标的收盘价格大于敲出价格	
敲入事件（每日观察）	任一敲入观察日，挂钩标的收盘价格小于敲入价格	
收益	敲出（合约终止）	20%×本金×计息天数/365
	敲入且未敲出	min(max(期末价格/期初价格－1，－20%)，0)×本金
	未敲入未敲出	20%×本金×计息天数/365

2. 如图 12－6 所示，计算上述产品的希腊字母（Delta、Gamma 和 Vega）值并加以解释。

图书在版编目（CIP）数据

金融工程/郭彪，何林编著. -- 北京：中国人民大学出版社，2025. 9. --（经济管理类课程教材）.
ISBN 978-7-300-34326-6

Ⅰ. F830. 49

中国国家版本馆 CIP 数据核字第 2025K56A23 号

经济管理类课程教材·金融系列

金融工程

郭 彪　何 林　编著

Jinrong Gongcheng

出版发行	中国人民大学出版社		
社　　址	北京中关村大街 31 号	邮政编码	100080
电　　话	010－62511242（总编室）		010－62511770（质管部）
	010－82501766（邮购部）		010－62514148（门市部）
	010－62511173（发行公司）		010－62515275（盗版举报）
网　　址	http://www. crup. com. cn		
经　　销	新华书店		
印　　刷	北京市鑫霸印务有限公司		
开　　本	787 mm×1092 mm　1/16	版　　次	2025 年 9 月第 1 版
印　　张	11	印　　次	2025 年 9 月第 1 次印刷
字　　数	257 000	定　　价	42. 00 元

教学支持说明

1. 教辅资源获取方式

为秉承中国人民大学出版社对教材类产品一贯的教学支持，我们将向采纳本书作为教材的教师免费提供丰富的教辅资源。您可直接到中国人民大学出版社官网的教师服务中心注册下载——http://www.crup.com.cn/Teacher。

如遇到注册、搜索等技术问题，可咨询网页右下角在线QQ客服，周一到周五工作时间有专人负责处理。

注册成为我社教师会员后，您可长期根据您所属的课程类别申请纸质样书、电子样书和教辅资源，自行完成免费下载。您也可登录我社官网的“教师服务中心”，我们经常举办赠送纸质样书、赠送电子样书、线上直播、资源下载、全国各专业培训及会议信息共享等网上教材进校园活动，期待您的积极参与！

2. 高校教师可加入下述学科教师QQ交流群，获取更多教学服务

经济类教师交流群：809471792

财政金融教师交流群：766895628

国际贸易教师交流群：162921240

税收教师交流群：119667851

3. 购书联系方式

网上书店咨询电话：010－82501766

邮购咨询电话：010－62515351

团购咨询电话：010－62513136

中国人民大学出版社经济分社

地址：北京市海淀区中关村大街甲59号文化大厦1506室　100872

电话：010－62515803　010－62516948

传真：010－62514775

E-mail：jjfs@crup.com.cn